知识产权密集型产业研究

理论、实践与政策

Intellectual
Property-Intensive
Industries

Theory, Practice and Policy

王博雅　著

中国社会科学出版社

图书在版编目（CIP）数据

知识产权密集型产业研究：理论、实践与政策／王博雅著.—北京：中国
社会科学出版社，2021.10
ISBN 978 - 7 - 5203 - 9214 - 3

Ⅰ.①知… Ⅱ.①王… Ⅲ.①知识产权—研究—中国 Ⅳ.①D923.404

中国版本图书馆 CIP 数据核字（2021）第 193089 号

出 版 人	赵剑英
责任编辑	王　衡
责任校对	王玉静
责任印制	王　超

出　　版	中国社会科学出版社
社　　址	北京鼓楼西大街甲 158 号
邮　　编	100720
网　　址	http://www.csspw.cn
发 行 部	010 - 84083685
门 市 部	010 - 84029450
经　　销	新华书店及其他书店

印　　刷	北京明恒达印务有限公司
装　　订	廊坊市广阳区广增装订厂
版　　次	2021 年 10 月第 1 版
印　　次	2021 年 10 月第 1 次印刷

开　　本	710×1000　1/16
印　　张	21
字　　数	292 千字
定　　价	118.00 元

凡购买中国社会科学出版社图书，如有质量问题请与本社营销中心联系调换
电话：010 - 84083683

序　言

进入 21 世纪，以知识为基础、以脑力劳动为主体的知识经济已在全球形成规模，对投资模式、产业结构等产生了深刻影响，在此背景下，知识产权日益取代传统的资本、劳动要素，成为国家发展重要的战略资源和新一轮国际竞争的焦点。与传统要素相比，知识产权要素的经济效益越来越高，高密度的知识产权已成为产业基础高级化不可替代的"基础软件"，拥有关键性的知识产权，才能化解产业链卡脖子堵点，提高产业链现代化水平。知识产权密集型产业是：将知识产权作为关键中间投入要素，以较高密度应用到产业链条各环节中的，由一系列企业和经济组织组成的集合。依据知识产权的类型划分，知识产权密集型产业主要包括专利密集型产业、版权密集型产业和商标密集型产业，也包括地理标志密集型产业、植物品种权密集型产业等其他知识产权密集型产业。知识产权密集型产业是产业知识化的重要载体，是一片创新沃土，知识产权密集型产业的产出效率和收入水平，是创新经济体活力的重要支撑。

习近平总书记在 2019 年 8 月 26 日召开的中央财经委员会第五次会议上强调，打好产业基础高级化、产业链现代化的攻坚战，党的十九届五中全会将"产业基础高级化、产业链现代化水平明显提高"，列入"十四五"时期经济社会发展主要目标，为从产业层面推动高质量发展指明了方向。国家统计局已经发布了《知识产权（专利）

密集型产业统计分类（2019）》（国家统计局令第 25 号），中共中央和国务院印发的《知识产权强国建设纲要（2021—2035 年）》中也提出了"到 2025 年，专利密集型产业增加值占 GDP 比重达到13%，版权产业增加值占 GDP 比重达到 7.5%"的发展目标，进一步凸显了知识产权密集型产业发展在知识产权强国建设中的重要作用。

　　知识产权密集型产业是经济发展阶段的必然产物，进入 21 世纪，学术界开始把研究的目光投向了知识产权密集型产业，进行了有益的理论探索，但是，研究的深度、系统性还不能满足当前以及今后促进知识产权密集型产业健康发展的需要，有着进一步提升的空间和必要，如需要我们解答：提出知识产权密集型产业概念的缘由是什么？知识产权密集型产业的理论内涵是什么？知识产权密集型产业范围的边界在哪里？知识产权密集型产业与高新技术产业和战略性新兴产业有什么关联？知识产权密集型产业的发展现状如何？知识产权密集型产业发展面临哪些问题？如何从政策上推动知识产权密集型产业的健康快速发展？对于这些问题，本书从理论、现状和政策三个方面对知识产权密集型产业的基本情况进行了介绍，通过理论分析，明晰了知识产权密集型产业的概念内涵和特征；通过国际比较，提出了中国知识产权密集型产业面临的主要问题，并结合国情提出了中国知识产权密集型产业的发展建议。希望借助本书的研究成果，为中国知识产权密集型产业的发展贡献一份力量。

　　本书包括三个部分十二章内容，具体布局如下：第一部分是背景与理论，其中第一章是知识产权密集型产业的时代背景、战略意义与研究综述，第二章阐述了知识产权密集型产业的概念、特征与分类，第三章对知识产权密集型产业的范围界定进行了梳理分析，第四章对知识产权密集型产业、高新技术产业和战略性新兴产业进行了比较分析；第二部分是实践与经验，其中第五章梳理了美国、欧盟和中国知识产权密集型产业的发展现状，第六章梳理了美国、欧盟和中国知识产权密集型产业的区域分布情况，第七章从微观视角剖析了华为、京东方和海尔三个知识产权密集型产业中的经典案例，第八章对中国发明专利密集型产业的发展情况进行了详细分析；第三部分是政策梳理与分析，其中第九章对国外创新产业的支持政策进行了系统梳理，第十章对中国创新产业的支持政策进行了系统梳理；第四部分是问题与建议，其中第十一章从产业发展、发展环境和支持政策三个方面分析了中国知识产权密集型产业面临的问题，第十二章则给出了中国知识产权密集型产业的发展建议。

目　　录

第一部分　背景与理论

第一章 知识产权密集型产业的时代背景、战略意义与研究综述

一 知识产权密集型产业发展的时代背景

（一）全球经济进入知识经济时代

进入 21 世纪以来，全球经济发展发生了翻天覆地的变化。新一轮的技术革命和产业革命带来了技术系统、生产方式和产业组织等诸多领域的变革，越来越多国家的经济发展建立在知识和信息的基础之上，知识成为提高生产率和推动经济增长的驱动器。1996 年，经济合作组织（OECD）发表了《以知识为基础的经济》报告，提出了知识经济的概念，战略性地指出人类已经由传统的农业经济和工业经济迈入"基于知识和信息的生产、分配和使用"的"知识经济"时代。在农业经济和工业时代，土地和物质资本分别是最重要的生产要素。在知识经济时代，知识成为独立的生产要素，并取代物质资本成为最重要的生产要素。在知识经济时代，高效地进行知识的创造、积累、使用和交易是财富创造的主要方式，深刻影响着国家未来的命运变迁。

（二）知识产权成为全球范围内的重要资产

知识产权是知识要素的法律载体，是知识创造和占有的主要体现

形式。随着知识经济的发展，知识产权成为全球范围内的重要资产。20 世纪 90 年代以来，以知识产权资产为代表的无形资产在全球经济中的份额日益增大。美欧等发达经济体无形资产投资在 GDP 中的占比逐年上升，有形资产投资在 GDP 中的占比则逐渐下降，2009 年无形资产投资额在 GDP 中的占比首次超过有形资产投资①。为此，在相关国家的推动下，联合国修订了国民经济核算体系标准，首次引入了"知识产权产品"这一概念。2013 年，美国首次将包括专利研发在内的知识产权产品指标纳入 GDP 统计，使此前的 GDP 水平平均提高约 2.6%。2016 年，国家统计局将知识产权研发支出纳入国民经济核算体系，将长期以来无法被传统统计体系识别的专利等无形资产计入中国 GDP，引导政府和企业更加重视知识产权在产业发展中的作用。

截至目前，标准普尔排名前 500 家公司市值份额中，无形资产比重从 1985 年的 32% 提高到 2020 年的 90%②。全球知识产权使用费从 1985 年的 81 亿美元增长到 2019 年的 4416 亿美元，34 年间增长了 54 倍；知识产权使用费占服务贸易出口收入的比例从 1985 年的 2.58% 增长到 2019 年的 7.51%，占货物和服务出口收入的比例从 1985 年的 0.52% 增长到 2019 年的 2.54%③。

（三）知识产权密集型产业具备显著的经济价值和战略价值

知识产权本身并不能带来直接的经济增长，必须将知识产权产业化才能转化为现实的生产力。知识产权密集型产业是高知识产权密度的产业，是最为依赖知识产权的产业。知识产权密集型产业具有更高的创新强度、产出效率和收入水平。美国知识产权密集型产业的比

---

① Haskel J., Westlake S., *Capitalism Without Capital*, 2017, Princeton：Princeton University Press.

② Ocean Tomo, Intangible Asset Market Value Study, https：//www.oceantomo.com/intangible-asset-market-value-study/.

③ 笔者依据世界银行数据测算。

较劳动生产率是非知识产权密集型产业的 2.8 倍（比较劳动生产率分别为 2.78 和 0.76，2014 年数据），平均周薪是非知识产权密集型产业的 1.5 倍（平均周薪分别为 1312 美元/每周和 896 美元/每周，2014 年数据）。

为了考察知识产权密集型产业的经济贡献，美国和欧盟的官方机构先后发布了数版知识产权密集型产业报告。最新的测算结果表明，知识产权密集型产业已经成为美国和欧盟国家的支柱性产业，也已经成为中国重要的经济支撑。2014 年，美国知识产权密集型产业增加值达到了 6.6 万亿美元，占 GDP 的 38.2%[①]；2019 年，美国版权产业增加值达到 2.6 万亿美元，GDP 占比达 12.0%（美国国际知识产权联盟，2020）。2014—2016 年，欧盟知识产权密集型产业年均增加值为 14.6 万亿欧元，对 GDP 的贡献率达 44.8%[②]。2018 年和 2019 年，中国知识产权（专利）密集型产业增加值分别达到了 10.7 万亿元和 11.5 万亿元，GDP 占比均为 11.6%[③]；2019 年，全国版权产业增加值达到 7.3 万亿元，占 GDP 的 7.4%[④]。

二　中国培育发展知识产权密集型产业的战略意义

（一）中央政府出台文件部署知识产权密集型产业培育发展工作

基于知识产权密集型产业重要的战略和经济价值，中国政府对知识

① United States Patent and Trademark Office, "Intellectual property and the U. S. Economy: 2016 Update", 2016 - 10 - 26, https://www.uspto.gov/sites/default/files/documents/IPandtheUSEconomySept2016.pdf.

② European Patent Office, "Intellectual Property Rights Intensive Industries and Economic Performance in the European Union", 2019 - 09 - 25, http://documents.epo.org/projects/babylon/eponet.nsf/0/9208BDA62793D113C125847A00500CAA/$File/IPR-intensive_industries_and_economic_performance_in_the_EU_2019_en.pdf.

③ 笔者依据国家统计局和国家知识产权局共同发布的《2018 年全国专利密集型产业增加值数据公告》和《2019 年全国专利密集型产业增加值数据公告》相关数据整理。

④ 中国新闻出版研究院：《2019 年中国版权产业经济贡献》，2020 年。

产权密集型产业的培育发展进行了一系列部署，作为推动中国创新经济发展的重要抓手。2014年《深入实施国家知识产权战略行动计划（2014—2020年）》（国办发〔2014〕64号）中提出"知识产权密集型产业增加值占国内生产总值的比重显著提高"的目标以及"推动知识产权密集型产业发展"的具体举措，如"建设一批知识产权密集型产业集聚区，在产业集聚区推行知识产权集群管理，构筑产业竞争优势"等。2015年《关于在部分区域系统推进全面创新改革试验的总体方案》（中办发〔2015〕48号）中将"知识产权密集型产业在国民经济中的比重大幅提升"列入主要目标，并将知识产权密集型产业比重居前列作为承担改革试验的区域必须具备的基本条件之一。

2015年《国务院关于新形势下加快知识产权强国建设的若干意见》（国发〔2015〕71号）提出"培育知识产权密集型产业。探索制定知识产权密集型产业目录和发展规划。引导社会资金投入知识产权密集型产业。加大政府采购对知识产权密集型产品的支持力度，试点建设知识产权密集型产业集聚区和知识产权密集型产业产品示范基地"。2016年《"十三五"国家知识产权保护和运用规划》（国发〔2016〕86号）提出"大力发展知识产权密集型产业。制定知识产权密集型产业目录和发展规划，发布知识产权密集型产业的发展态势报告。运用股权投资基金等市场化方式，引导社会资金投入知识产权密集型产业。加大政府采购对知识产权密集型产品的支持力度。鼓励有条件的地区发展知识产权密集型产业集聚区，构建优势互补的产业协调发展格局。建设一批高增长、高收益的知识产权密集型产业，促进产业提质增效升级"。

2019年国家统计局公布了《知识产权（专利）密集型产业统计分类（2019）》（国家统计局令第25号），明确了国家重点发展和亟须知识产权支持的重点产业，为进一步推动中国知识产权密集型产业发展打下了良好基础。2021年3月，《中华人民共和国国民经济和社会发展第十四个五年规划和2035年远景目标纲要》（以下简称《"十四五"规划纲要》）发布，进一步强调"培育专利密集型产业"。2021 年 9 月，中共中央和国务院印发《知识产权强国建设纲要（2021—2035 年)》，提出"加强专利密集型产业培育，建立专利密集型产业调查机制"，提出"到 2025 年，专利密集型产业增加值占 GDP 比重达到 13%，版权产业增加值占 GDP 比重达到 7.5%"。

（二）培育发展知识产权密集型产业是支持国家战略发展的需要

中国已经进入"十四五"时期，这一时期是中国全面建成小康社会、实现第一个百年奋斗目标之后，乘势而上开启全面建设社会主义现代化国家新征程、向第二个百年奋斗目标进军的第一个五年。然而，当前中国发展不平衡不充分问题仍然突出，重点领域关键环节改革任务仍然艰巨，创新能力不适应高质量发展要求。为此，在谋划"十四五"时期发展路径时，《"十四五"规划纲要》作出了一系列规划，强调把"创新"放在首位，提出"坚持创新在我国现代化建设全局中的核心地位，把科技自立自强作为国家发展的战略支撑"，强调"深入实施科教兴国战略、人才强国战略、创新驱动发展战略，完善国家创新体系，加快建设科技强国"，指出"这一时期的经济社会发展，必须坚定不移贯彻创新、协调、绿色、开放、共享的新发展理念，以推动高质量发展为主题，以深化供给侧结构性改革为主线，以改革创新为根本动力，以满足人民日益增长的美好生活需要为根本目的，加快建设现代化经济体系，加快构建以国内大循环为主体、国内国际双循环相互促进的新发展格局，为全面建设社会主义现代化国家开好局、起好步"。

知识产权密集型产业是集技术性、创新性、经济性和战略性于一体的产业，是科技战略、创新战略和产业战略的战略交汇点。要实现经济的创新驱动发展，就要在科技发展和产业发展中构建起"技术—知识产权—商业价值—技术更新"的正向循环。知识产权密集型产业是知识产权创造、使用、商业化和产业化的主要载体，既是知识产权等创新要素的生产机器，也是知识产权商业价值的转化机器。知识产权密集型产业的培育发展，能够将越来越多的知识产权转化为经济效益，有效突破创新激励不足的问题，为中国的经济提供增量发展空间，对于实施创新驱动发展战略、实现产业转型升级、推动经济持续增长具有直接而显著的影响，能够有效推动知识产权强国建设和现代产业体系建设，是"十四五"时期和现代化建设时期产业发展的重点和中坚力量。

此外，在人口问题愈加紧迫的档口，中国培育发展知识产权密集型产业变得更为迫切，意义也更加凸显。2021年5月，第七次全国人口普查主要数据公布。数据显示，中国人口总体继续保持低速增长态势，2010—2020年中国人口年平均增长率比2000—2010年下降0.04个百分点。在年龄结构上，中国劳动年龄人口下降，人口老龄化程度进一步加深。在总量上，2020年，中国有8.9亿劳动年龄人口（15—59岁）和2.6亿老龄人口（60岁及以上），劳动年龄人口比2010年减少4524万，老龄人口比2010年增加8637万；2020年，中国劳动年龄人口和老龄人口占比分别为63.35%和18.70%（其中65岁及以上人口占13.50%）[①]，比2010年分别下降6.79个百分点和上升5.44个百分点。为了应对日益严峻的老龄化问题，人口政策也开始进行重大调整：2021年5月31日，中共中央政治局审议了《关于优化生育政策促进人口长期均衡发展的决定》，提出"实施一对夫妻可以生育三个子女政策及配套支持措施"，开始放开"三胎"。知识产权密集型产业能够促进知识要素和知识产权要素的发展壮大，能够有效抵御劳动力要素数量下降带来的发展压力，成为支撑中国经济长期发展的有力保障。

---

① 按照联合国关于老龄化的划分标准，当一个国家60岁以上人口占总人口比重超过10%或65岁以上人口比重超过7%，表示进入轻度老龄化社会；60岁以上人口占总人口比重超过20%或65岁以上人口比重超过14%，表示进入中度老龄化社会；60岁以上人口比重超过30%或65岁以上人口比重超过21%，表示进入重度老龄化社会。

（三）培育发展知识产权密集型产业是应对全球知识产权和产业竞争的需要

基于知识产权和知识产权密集型产业重要的战略价值和经济价值，世界各国无论是从经济发展的角度，还是从国家安全的角度，都正不断加强本国在知识产权和知识产权密集型产业上的竞争优势，抵御打压竞争对手在相关领域的发展。全球的知识产权竞争日趋激烈，知识产权成为新一轮国际竞争的焦点，知识产权密集型产业竞争力的提升成为竞争获胜的关键。美国 2008 年就出台了《美国竞争法案》，2009 年出台了《美国创新战略：推动可持续增长和高质量就业》的国家战略，2011 年推出了新版的《美国创新战略：确保我们的经济增长与繁荣》，2019 年推出了《2019 年国家人工智能研发战略规划》。欧盟方面为了提升欧盟在全球范围的知识产权竞争力和保护水平，于 2020 年 11 月发布了《充分利用欧盟的创新潜力支持欧盟复苏和恢复的知识产权行动计划》。

此外，在贸易保护主义抬头的新形势下，美国政府利用各种手段，试图挤压、渗透和掌控中国的知识产权市场。一方面，将知识产权为作为贸易保护的大棒，炮制了"中国是知识产权的盗窃者"和"中国强制技术转让"等论调，于 2017 年 8 月启动单边色彩浓厚的"301 调查"，采取加征关税、限制投资等经贸限制措施，不断挑起和升级贸易摩擦；另一方面，将知识产权作为打压中国科技创新产业发展的手段，于 2016 年 3 月和 2018 年 4 月先后两次对中兴实行禁运，于 2019 年 5 月将华为列入出口管制黑名单，对华为进行封堵；2021年 4 月 30 日，美国贸易代表办公室（USTR）发布了 2021 年度《特别 301 报告》，继续将中国列入其"重点观察国家"名单。

中国在国际知识产权竞争上的话语权还不够大，知识产密集型产业的发展还不够充分，产业竞争力还不够强，还有许多关键环节受制于人。过去 20 多年，中国国际收支口径的知识产权使用费快速增长，从 1999 年的 7.9 亿美元增长到 2019 年的 343.7 亿美元，20 年间增长了42倍；知识产权使用费贸易逆差也不断扩大，从1999年的7.2亿美元增长到2019年的277.7亿美元，20年间扩大了38倍。知识产权密集型产业是中国实现产业基础高级化和产业链现代化的重要抓手和支撑，对于培育国家自主创新能力和维护经济安全具有重要的战略价值。要打破现有的国际知识产权利益格局，突破有关国家对中国的科技和知识产权"围堵"，我们必须大力培育发展知识产权密集型产业，突破知识产权壁垒，向产业链和价值链高端攀升。第四次工业革命的到来使得知识产权的重要性更加凸显。新一轮工业革命让各国在新兴领域重新站在同一起跑线上，要借此机会将培养知识产权密集型产业作为有力抓手，实现竞争力的跃升。

三　知识产权密集型产业相关研究综述

（一）知识产权密集型产业相关理论研究

1. 知识产权密集型产业概念研究

"知识产权密集型产业"相关研究概念出现在近20年，且主要关注的是实操性概念。在一些较早的研究中，Fink 和 Maskus 将国际贸易中的高新技术产品界定为"知识产权密集产品"[1]；美国商务部发布的《知识产权与美国经济：产业聚焦》[2] 和欧洲专利局发布的《知识产权密集型产业：对欧盟经济和就业的影响——产业分析报告》[3] 主要依据人口指标和知识产权的数量指标界定了专利密集型产业和商

---

[1]　Fink C., Maskus K. E., *Intellectual Property and Development: Lessons from Recent Research*, Washington D. C: Oxford University Press, 1999.

[2]　United States Patent and Trademark Office, "Intellectual Property and the U. S. Economy: Industries in Focus", 2012 – 04 – 13, https://www.uspto.gov/sites/default/files/news/publications/IP_ Report_ March_2012. pdf.

[3]　European Patent Office, "Intellectual Property Rights Intensive Industries: Contribution to Economic Performance and Employment in the European Union", 2013 – 09 – 30, http://documents. epo. org/projects/babylon/eponet. nsf/0/8E1E34349D4546C3C1257BF300343D8B/ $ File/ ip_ intensive_ industries_ en. pdf.

标密集型产业；Hu 和 Png 使用"单位产值产生的专利授权数"指标界定了"知识产权密集型产业"①；而 Pham 则认为知识产权密集型产业不仅有高知识产权产出量，还依靠高研发资金的投入，因此提出通过人均研发费用对知识产权密集型产业进行界定比较合理②；姜南认为界定知识产权密集型产业时还应当考虑经济密度和空间密度的差异③。但由于测量角度不同，相关研究并未形成一致标准，具体产业类别划分也暂无定论。中国有关知识产权密集型产业的研究大多是从2012 年美国发布《知识产权和美国经济：聚焦产业》报告后才逐渐兴起，中国相关研究大部分也都沿用了这一操作性定义。王博雅和蔡翼飞则首次对知识产权密集型产业概念的理论内涵进行了分析，认为知识产权密集型产业本质上是"将知识产权作为关键中间投入要素、以较高密度应用到产业链各环节中的、由一系列企业和经济组织组成的集合"④。

2. 知识产权密集型产业的战略价值研究

首先，知识产权密集型产业具有很强的经济效益和创新效益。知识产权对经济的影响主要通过两种途径：一是其产出带来的直接经济影响；二是通过影响创新间接影响长期的经济增长。宏观层面，创新造就的科技进步是长期经济增长的动因之一⑤，知识产权通过积极影

---

①　Hu A. G. Z. , Png I. P. L. , "Patent Rights and Economic Growth：Evidence from Cross-country Panels of Manufacturing Industries", *Oxford Economic Papers*, 2013, 65 (3)：675 - 698.

②　Pham N. D. , "The Impact of Innovation and the Role of Intellectual Property Rights on U. S. Productivity, Competitiveness, Jobs, Wages, and Exports", 2010-04-01, https：// static1. squarespace. com/static/52850a5ce4b068394a270176/t/52d85e2ce4b01b5207ec865d/1389911596028/NDP_IP_Jobs_Study_Hi_Res. pdf.

③　姜南：《专利密集型产业权利体合作关系的差异研究》，《情报杂志》2016 年第4 期。

④　王博雅、蔡翼飞：《知识产权密集型产业支撑现代产业体系建设的优势分析与作用机理研究》，《江苏社会科学》2020 年第1 期。

⑤　Romer P. M. , "Increasing Returns and Long-run Growth", *Journal of Political Economy*, 1986, 94 (5)：1002 - 1037.

响要素积累，特别是研发资本的积累，间接影响经济增长①；产业层面，创新往往能够对某一产业重新洗牌，甚至开拓一个新的产业，成为影响产业变革的主要因素②；微观层面，创新对现有产品进行改进，能够加强公司的竞争优势，产生重要的经济价值③。

其次，知识产权密集型产业与高新技术产业和战略性新兴产业具有极强的协同作用。战略性新兴产业强调以重大技术突破和重大发展需求为基础，对经济社会全局和长远发展有重大引领带动作用，知识技术密集、物质资源消耗少、成长潜力大、综合效益好的产业；高新技术产业则在知识密集、技术密集的基础上，强调产品主导技术的高技术领域特征，要求产业技术处在前沿工艺、具有技术突破；而知识产权密集型产业则从产出的角度衡量，重点突出了产业发展中知识产权的附加形态，更具有技术可实施力与市场力，体现了核心技术发展的市场化与产业化特征，是最具创新活力的产业④。因此，知识产权密集型产业对经济的影响更综合，我们在关注高新技术产业和战略性新兴产业的同时，也不应该忽略知识产权密集型产业。

（二）知识产权密集型产业相关现状研究

徐明和姜南对中国规模以上工业产业的专利密度和工业总产值进行了分析⑤。2008—2010 年的数据显示，专利密集型产业的专利申请数量占整个工业产业的比例分别为 77.41%、80.90% 和 75.58%，对

① Ginarte J. C., Park W. G., "Determinants of Patent Rights: A Cross-national Study", *Research Policy*, 1997, 26 (3): 283 – 301.

② Dougherty D., "A Practice-centered Model of Organizational Renewal through Product Innovation", *Strategic Management Journal*, 1992, 13 (S1): 77 – 92.

③ Nelson R. R., *An Evolutionary Theory of Economic Change*, Harvard University Press, 1985.

④ 单晓光、姜南、漆苏：《知识产权强国之路知识产权密集型产业研究》，上海人民出版社 2016 年版。

⑤ 徐明、姜南：《专利密集型产业对工业总产值贡献率的实证分析》，《科学学与科学技术管理》2013 年第 4 期。

工业总产值的贡献率分别为41. 37% 、49. 68%和39. 04%。在中国创新驱动、转型发展的政策背景下，专利密集型产业不仅带来了更多的创新产品，而且为中国工业总产值的贡献率也不可小觑。建议进一步完善在专利转化为生产力方面的法规、财政、税收等制度，从而增强专利密集型产业的竞争力，更好地为经济发展提供动力。

姜南对2008—2011年中国专利密集型产业和非专利密集型产业的R&D绩效变化进行了评价，发现中国专利密集型产业的R&D绩效平均增幅低于非专利密集型产业①。专利密集型产业的R&D绩效较之非专利密集型产业的绩效相对集中，专利密集型产业的R&D绩效变化较非专利密集型产业的绩效变化相对平稳，专利密集型产业中不同类型产业的R&D绩效增长的动因不同。姜南分别以专利和新产品作为产业创新效率体系的产出以及投入，分两阶段对2001—2010年的中国专利密集型产业与非专利密集型产业的创新效率体系进行了对比研究②。其中，2001—2005年为第一阶段，专利密集型产业专利R&D投入的技术效率要高于非专利密集型产业；2006—2010年为第二阶段，专利密集型产业的经济产出绩效要低于非专利密集型产业，两阶段的不同主要是由于纯技术效率的变化引起的。总的来说，2001—2010年的综合阶段的整体效率主要由第二阶段的经济产出绩效决定。

王喜生等研究陕西省专利的行业密集度，探寻陕西省专利密集型产业的分布和构成及其对经济发展的影响与贡献③。王黎萤等对浙江省专利密集型产业创新过程按科技产出、物化产出和价值产出三阶段开展创新效率评价，运用DEA分别考察各阶段区域专利密集型产业

---

① 姜南：《专利密集型产业的R&D绩效评价研究——基于DEA-Malmquist指数法的检验》，《科学学与科学技术管理》2014年第3期。

② 姜南：《专利密集型产业创新效率体系评估研究》，《科学学研究》2014年第7期。

③ 王喜生等：《陕西专利密集型产业研究》，《西安文理学院学报》（社会科学版）2016年第3期。

和非专利密集型产业创新效率差异①。结果表明区域专利密集型产业创新效率优于非专利密集型产业，但并非各环节均 DEA 有效，在物化产出和价值产出环节资源投入与产出不匹配，投入冗余现象严重。

孙玮等分析了中国专利密集型制造业在市场结构、技术特质和开放性等方面的行业特征，发现相对于非专利密集型制造业，中国专利密集型制造业的行业竞争更为激烈，盈利能力更强，且在技术上表现为更高的技术研发效率和技术依赖度，同时其技术进步呈现出明显的劳动节约倾向②。此外，外资对专利密集型制造业的影响呈明显的弱化态势，中国企业尤其是非国有企业已经开始主导国内专利密集型产业的市场。

（三）知识产权密集型产业相关政策研究

现有研究表明，知识产权保护对知识产权密集型产业的发展具有关键影响。Gould 和 Gruben 发现在开放经济条件下，知识产权的有效保护会使经济增长率平均提高 0.6%③；Grossmann 和 Steger 研究指出，较强的知识产权保护能有效增加研发投入，更有助于基于研发的经济增长和福利增加④。李黎明和陈明媛验证了在经济发展水平临界点两侧，专利制度对专利密集型产业和非专利密集型产业的经济贡献度会发生逆转⑤。经济发展水平低于临界点时，专利保护强度降低对非专利密集型产业经济贡献大于其对专利密集型产业的贡献；超过临

① 王黎萤、王佳敏、虞微佳：《区域专利密集型产业创新效率评价及提升路径研究——以浙江省为例》，《科研管理》2017 年第 3 期。

② 孙玮、陈燕、孙全亮：《中国专利密集型制造业及其行业特征的实证分析》，《科技和产业》2016 年第 3 期。

③ Gould D. M. , Gruben W. C. , " The Role of Intellectual Property Rights in Economic Growth", *Journal of Development Economics*, 1996, 48：323–350.

④ Grossmann V. , Steger T. M. , "Anti-competitive Conduct, In-house R&D, and Growth", *European Economic Review*, 2008, 52（6）：987–1008.

⑤ 李黎明、陈明媛：《专利密集型产业、专利制度与经济增长》，《中国软科学》2017 年第 4 期。

界点时，专利保护强度提升对专利密集型产业经济贡献大于其对非专利密集型产业的贡献。中美产业层面数据的实证结果还表明，经济发展水平超过临界点后，专利保护强度的提升会提高专利制度对专利密集型产业经济贡献的弹性系数，而对非专利密集型产业经济发展贡献不显著甚至带来负增长效应，这也说明专利密集型产业不仅是数量密集，更重要的是制度依赖，同时有必要在中国专利司法保护中探索引入产业政策杠杆。不过，从产业经济发展层面看，不同产业，其产业结构、技术依赖度、产品更新速度、产业竞争方式等因素均存在差异，知识产权制度可能发挥的影响和作用也不尽相同。Mansfield 指出，不同产业对专利的敏感度不同，这种差异是因为知识资产与创新在各个行业中的重要性不同[1]。Merges 和 Nelson 发现，在一些复杂产品行业，如飞机、汽车制造业等，专利制度将会带来低效和障碍[2]。

　　徐明和姜南实证研究了中国专利密集型产业的影响因素，采用主成分分析法对专利密集型产业的人力投入、资金使用、研发活动中的共 9 个因素进行了研究，并得出 3 个主成分[3]。结果发现对这 3 个主成分影响最大的因素分别是企业平均新产品开发项目数、参加项目人员占全部从业人员的比例、企业平均科技活动经费外部支出。姜南分析了自主研发、政府资助政策对产业创新方向的影响，发现自主研发对产业专利创新和新产品创新具有关键作用，政府资助政策对产业专利创新活动起正向调节作用，而对新产品创新活动的影响作用不显著[4]。由于产业异质性，政府资助政策对自主研发与产业专利创新的

　　① Mansfield E. , "Patents and Innovation: An Empirical Study", *Management Science*, 1986, 32 (2): 173 - 181.

　　② Merges R. P. , Nelson R. R. , "On the Complex Economics of Patent Scope", *Columbia Law Review*, 1990, 90 (4): 839 - 916.

　　③ 徐明、姜南：《我国专利密集型产业及其影响因素的实证研究》，《科学学研究》2013 年第 2 期。

　　④ 姜南：《自主研发、政府资助政策与产业创新方向——专利密集型产业异质性分析》，《科技进步与对策》2017 年第 3 期。

正向调节作用主要体现在专利密集型产业上。李柏洲和王丹测度了中国专利密集型产业的产出效率，发现中国专利密集型产业的产出效率仍有极大的提升空间，政府支持、提高研发投入强度、提高竞争、增加研发外部经费均能有效提升专利密集型产业的产出效率[①]。李黎明利用第四次经济普查数据，构建了专利密集型产业经济绩效比较优势影响因素分析框架[②]。发现在控制区域差异和产业异质性后，相比于非专利密集型产业，专利质量的提升会显著提升专利密集型产业的竞争优势，因此专利相关政策应当进一步侧重于关注对专利质量提升的推动。

毛昊系统地提供了专利密集型产业发展的本土路径，认为专利密集型产业的中国发展需要采用科学审慎的培育模式[③]。应当在准确认知专利密集型产业发展市场功能与专利制度保障的基础上，通过有效发明专利数量和高素质人口优化产业测度和评价标准，平衡产业资源要素投入，考虑产业发展过程中产品、技术与专利周期，分析专利密集型产业与战略性新兴产业、高新技术产业的关系，形成促进专利密集型产业发展的政策合力。进而在科学、政策和法治三方面，探寻产业发展的中国路径。王博雅总结了中国知识产权密集型产业参与国际竞争的短板，认为中国知识产权密集型产业参与国际竞争还面临基础要素投入不足、中间要素的积累和国际布局不足、产业的国际竞争能力较弱、应对国际化挑战的法律体系和海外管理能力有待完善加强等问题[④]。并提出了三点建议：一是完善支持政策体系，培育知识产权密集型产业竞争力；二是以开放视野全球战略部署知识产权；三是加

---

① 李柏洲、王丹：《我国专利密集型产业动态效率测度及时空演化》，《科学学研究》2020年第11期。

② 李黎明：《专利密集型产业再认识：一个新分析框架》，《科技进步与对策》2020年第16期。

③ 毛昊：《专利密集型产业发展的本土路径》，《电子知识产权》2017年第7期。

④ 王博雅：《知识产权密集型产业国际竞争力问题研究及政策建议》，《知识产权》2019年第11期。

大知识产权保护执法力度，为知识产权密集型产业发展提供优质服务。

通过文献综述，不难看出尽管目前已经有了一些与知识产权密集型产业相关的研究成果，但是由于知识产权密集型产业是一个新生概念，相关的系统性研究明显不足。当前对知识产权密集型产业的探讨涵盖了产业内涵及测定、产业影响因素、产业绩效、政策支持措施等诸多方面的内容①，这些研究提供了进一步研究的扎实基础，但是仍没有从理论上阐述清楚知识产权密集型产业的概念、特征和识别方式，没有对中国知识产权密集型产业面临的问题进行系统深入地剖析，没有结合中国国情对知识产权密集型产业的支持政策体系进行系统设计，而本书将在之前研究的基础上，系统性展开新的探索，以期深化知识密集型产业理论，引导知识产权密集型产业健康发展。

---

① 顾海兵、陈芳芳、孙挺：《美国知识产权密集型产业的特点及对我国的启示——基于美国商务部的官方报告》，《南京社会科学》2012 年第 11 期；姜南、单晓光、漆苏：《知识产权密集型产业对中国经济的贡献研究》，《科学学研究》2014 年第 8 期；王磊：《中美专利密集型产业比较分析》，《产业经济评论》2014 年第 4 期；李黎明：《知识产权密集型产业测算：欧美经验与中国路径》，《科技进步与对策》2016 年第 14 期；李明星等：《知识产权密集型产业专利联盟运营模式创新研究》，《科技进步与对策》2016 年第 22 期；刘林青、谭畅：《中美知识产权密集型产业的竞争性与互补性研究》，《国际经贸探索》2017 年第 4 期；范文、谢准：《知识产权密集型产业的认定及其对经济的贡献综述》，《科技促进发展》2017 年第 3 期；毛昊：《专利密集型产业发展的本土路径》，《电子知识产权》2017 年第 7 期；李黎明：《专利密集型产业再认识：一个新分析框架》，《科技进步与对策》2020 年第 16 期。

第二章 知识产权密集型产业的
概念、特征与分类

一 知识产权密集型产业的理论概念

进入 21 世纪以来，知识产权的经济价值和战略价值越来越凸显。2005 年，史蒂芬·西维克（Stephen E. Siwek）发表了《增长的引擎：美国知识产权产业的经济贡献》，详细分析了知识产权产业的重要性①；2012 年，美国经济统计局（ESA）和专利商标局（USPTO）联合发布了《知识产权和美国经济：产业聚焦》，首次提出了"知识产权密集型产业"（IP-intensive industry）的概念，将依赖专利、商标和版权保护的产业统称为知识产权密集型产业，并量化了其对美国经济的贡献②。这些研究和报告对知识产权密集型产业的概念进行了初步的技术性的探索，但是并没有从理论本质上揭示知识产权密集型产业的概念内涵，本章将对知识产权密集型产业的理论概念进行分析。

（一）知识作为经济增长的源泉

第二次世界大战以后，全球经济进入快速复苏阶段，新霸主美国

---

① Siwek S. E. , *Engines of Growth*：*Economic Contributions of the US Intellectual Property Industries*, Economists Incorporated, 2005.

② United States Patent and Trademark Office, "Intellectual Property and the U. S. Economy：Industries in Focus", 2012-04-13, https：//www. uspto. gov/sites/default/files/news/publications/IP_Report_March_2012. pdf.

的经济发展也呈现出一些新的态势。1962 年，美国普林斯顿大学荣誉教授、纽约大学经济学教授弗里茨·马克卢普（Fritz Machlup）在《美国的知识生产与分配》中提出了"知识产业"（knowledge industry）的概念，给出了知识产业的一般范畴和最早的分类模式，并在此基础上建立起对美国知识生产与分配的最早的测度体系①。他认为，知识产业是"为自身或他人消费而生产知识，或从事信息服务和生产信息产品的组织或机构集合"，占国民生产总值（GNP）29% 规模的知识产业是美国所有产业中首屈一指的重要产业，其重要性远远大于大众所认为的钢铁、石油、化工和汽车等产业。这一研究揭开了知识相关产业的研究先河，也揭示了知识在经济活动中扮演的重要作用。

20 世纪 80 年代，传统以劳动和资本为生产要素的增长模型已经无法解释当时新的经济增长态势。1986 年，保罗·罗默（Paul M. Romer）在《政治经济学期刊》发表了《收益递增与长期经济增长》一文，开创性地提出了宏观经济的内生增长模型，首次从理论上证明了知识在长期经济增长中扮演着核心作用，是长期经济增长的源泉。后续无数的理论和实践都证明了这一结论的正确性②。这一研究极大开拓了人类对经济增长的认知，知识作为经济增长的源泉已经成为人类的共识，保罗·罗默也因这一工作的贡献获得了 2018 年度的诺贝尔经济学奖。

（二）知识产权作为一种生产要素

与劳动和资本等有形的生产要素不同，知识要素具有无形性和极

---

① Machlup F. , *The Production and Distribution of Knowledge in the United States*, Princeton University Press, 1962.

② Romer P. M. , "Increasing Returns and Long-run Growth", *Journal of Political Economy*, 1986, 94（5）: 1002 – 1037.

强的正外部性，如果没有法律的保护，很容易就被模仿抄袭，从而使知识的所有者不仅要背负创新的沉没成本、丧失知识带来的经济价值，而且还会终止创新进程。知识作为一种生产要素，只有通过法律将其显性化私有化，才能保障知识的经济收益得到实现。

知识要素的法律保护是通过知识产权制度实现的。知识产权制度是近代科学技术与商品经济发展的产物。自英国1623年颁布第一部现代意义上的专利法《垄断法案》起，世界知识产权制度至今已有近400年的历史。知识产权的本质是对某一知识成果的独占权，其主要功能是通过从法律上赋予相关组织或个人对知识成果的独占权，使得知识成果的创造人能够获得垄断收益，从而激励创新。知识本身具有外部经济属性，历史大部分时间里知识都是作为公共产品或准公共产品而存在的，只是到了近代才被法律赋予产权的性质，因此知识产权是知识与法律制度相结合的产物。知识产权存在的主要目的也是使知识成果拥有者的投入能够获得更多的回报，至少能够弥补知识创造的投入。因此，知识产权本质上兼具法律和商业两种属性。在法律上，知识产权是为了激励创新而进行的一项制度安排，是对知识成果的法律保护；在商业上，知识产权保护的知识成果蕴含着巨大的商业价值，知识产权既可以作为产品服务的要素进行投入，同时也可以作为商品用于经营。

知识产权制度解放了知识，使得知识能够有机融入当代经济制度。知识产权制度的引入解决了知识生产的外部性问题，在企业具有足够动机进行持续研发投入的情况下，新技术新知识的生产会不断增加人类的知识总量，知识的这种外溢和积累效应还能够使物质资本、劳动力等其他生产要素也具备递增收益，这就突破了传统增长理论关于要素收益递减或不变的假定，从而产生持续的经济增长。知识产权作为知识的形式载体，也与经济活动结合得越来越紧密，成为现代经济最为显性的生产要素。

（三）知识产权密集型产业是高度依赖知识产权要素的行业集合

知识产权密集型产业是一种产业分类，产业的本质属性是同类型经济活动单位或组织的集合，"知识产权密集"是这类经济活动单位或组织的集合的共有特质。目前关于产业的分类主要有三种：第一种按照经济活动的性质进行划分，即根据经济活动的结果和产业的功能确立的综合划分标准；第二种根据产品和服务的相似性进行划分，国际标准产业和文化创意产业都是按照这种方法划分的结果；第三种按照投入要素的集约程度划分，包括依据资本、劳动等生产要素的密集度划分的资本密集型产业、劳动密集型产业等。

"知识产权密集"是知识产权密集型产业的关键限定条件，这里"知识产权密集"实际上强调的是"知识产权作为一种关键生产要素在产业中扮演着重要作用"，类似于资本密集型产业和劳动密集型产业中资本和劳动要素的作用。因此，知识产权密集型产业是按照投入要素集约程度划分的产业，是知识产权要素密集的产业（见图2-1），其本质上是"将知识产权作为关键生产要素，以较高密度应用到产业链条各环节中的，由一系列企业和经济组织组成的集合"。

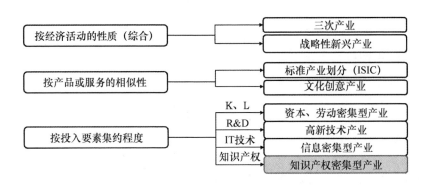

图2-1 产业划分标准与划分体系

资料来源：笔者整理。

二　知识产权密集型产业的特征分析

（一）知识产权投入密集度高

在知识经济时代，单项知识产权所能起到的竞争加强作用正逐步弱化，知识产权竞争演变为一定数量且存在内部逻辑联系的知识产权集合的竞争。这个"集合"往往是以共性关键技术为内核、由应用技术包围环绕的知识产权组合。专业化、具有明确市场目的的专利组合大量出现和结构性的知识产权布局成为现代产业的突出特点。对新兴产业的发展来说，既要有知识产权的数量优势，也要有质量优势，而先拥有数量优势是形成核心知识产权质量优势的基础。根据统计，大部分跨国公司90%的专利不会直接转化，更多是作为一种沉没成本，起到提高行业进入门槛、提高垄断收益的作用。因此，知识产权密集型产业一定要拥有知识产权数量的相对优势，即高密集度。

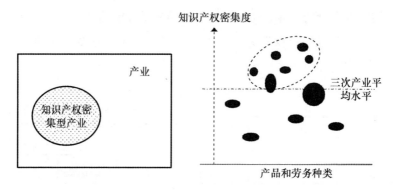

图2-2　知识产权投入密度

资料来源：笔者整理。

（二）知识产权与产业活动融合度高

知识产权制度建立之初是为了保护创造者的知识成果，将知识产权作为一种能带来有用最终产品的技术而投入生产领域。但随着技术的发展和商业模式的演进，知识产权应用已经不再局限于生产领域，从企业活动角度看，知识产权向投资布局、营销、服务、资产管理等环节延伸，从产业活动来看，知识产权应用融入产业链和价值链的各个环节。以知识产权为载体，形成了一套产业活动的"游戏规则"。进入知识经济时代，每个企业、行业都或多或少受到知识产权制度的影响，而知识产权密集型产业则是产业中两者融合更为紧密者。

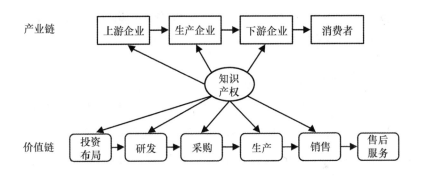

图 2-3　知识产权在产业链和价值链中的作用

资料来源：笔者整理。

（三）对法律制度建设依赖性高

知识产权的授予和保护是促进创新的关键，是市场经济的基本要素。知识产权是建立发明和创意所有权的主要手段，为公司、员工和消费者从创新中获益提供了法律基础。没有知识产权框架，知识产权的创造者就会丧失自己的经济权益，对知识产权成果所需投入的热情也会减弱。此外，没有知识产权保护，开发新产品或服务的发明者已经投入的时间和金钱将会变为无效投入。另外，如果依靠仿制和抄袭的企业无须付出任何成本，而使产品能够以更低的价格出售，知识产权拥有者反而因投入创新而导致亏损，有创新实力的企业就会逐渐被抄袭的公司所取代，导致市场出现逆向选择。因此，知识产权密集型产业能够发展一定要有法律制度的完善作为保障。

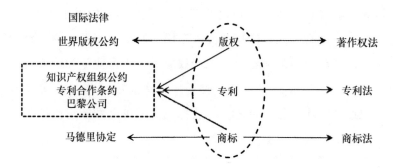

图 2-4 专利、版权、商标三类知识产权依赖的国际国内相关法律

资料来源：笔者整理。

（四）产业发展先导性强

先导性是一些扩张比较快的产业能够代表产业整体发展方向。知识产权使企业获得了垄断排他权，权利人可在凭借承载该权利的产品或方法获得技术垄断的同时，形成垄断势力，进而获得市场超额利润。从内容来看，知识产权主要是指新技术、新产品蓝图或者新创意。这些创新成果对产业活动会产生积极的影响，一方面，新技术对原有生产活动的改造能够提高劳动生产率，在同等条件下会推进知识产权密集型产业扩张更快；另一方面，通过知识成果的产业化孵化出了一些新兴行业。无论是对原有产业的升级还是孵化新产业，都说明知识产权密集型产业具有先导性。

三 知识产权密集型产业的分类方法

知识产权是个人或集体对其在科学、技术、文学艺术等领域里创造的智力成果依法享有的专有权。知识产权密集型产业最典型的特征是对知识产权的依赖性高，各类经济活动对知识产权的依赖方式有所不同，依赖的知识产权类型也有所不同。因此，对知识产权密集型产业的分类一般也主要分两种：一是按照行业对知识产权的使用方式和

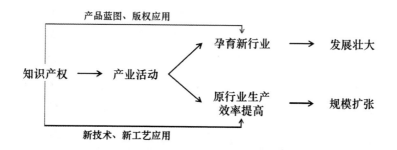

图2-5　知识产权与产业活动关联关系

资料来源：笔者整理。

依赖方式对知识产权密集型产业进行分类；二是按照行业依赖的知识产权类型对知识产权密集型产业进行分类。

（一）按照知识产权使用方式和依赖方式进行的分类

对知识产权的使用方式主要包括直接使用、间接使用，依赖方式包括完全依赖、部分依赖等。世界知识产权组织和史蒂芬·西维克（Stephen E. Siwek）按照这种方式对知识产权密集型产业进行了分类。

2003年，世界知识产权组织（WIPO）出版的《版权产业的经济贡献调研指南》按照版权产业中各行业对版权的使用方式，把版权产业（copyright based industries）分为核心版权产业（core industries）、交叉版权产业（interdependent industries）、部分版权产业（partial copyright industries）和非专门支持性产业（non-dedicated support industries）4个产业组。核心版权产业是指主要目的为了创作、生产、传播和展览版权内容的产业，交叉版权产业是指生产、制造和销售促进创造、生产或使用受版权保护的作品的设备的行业，部分版权产业指只有部分产品或内容适用于版权保护的行业，非专门支持性产业是指那些既销售有版权商品又销售无版权产品的行业。

2005年，史蒂芬·西维克发表的《增长的引擎：美国知识产权产业的经济贡献》① 把知识产权产业分为知识产权集成产业、其他专利产业和非专门的支持性产业。知识产权集成产业（convergence industries）是指主要依赖于版权、专利权和其他形式的知识产权保护，以数字化的形式来创造、操作、分配、展示和运输声音、文本和视频信息的产业，属于这种产业的有半导体、软件、电影、声音录制、广告、印刷和视频及光盘的租赁等行业。其他专利产业（other patent industries）是指建立在专利保护基础上改进产品、提升效率、创新和发现更新的方法以改善工作者和消费者生活的产业，属于这种产业的有汽车、航空、生物技术、医药、化学等行业。非专门的支持性产业（non-dedicated support industries）是指支持由上述知识产业制造出的物质分配和产品及服务的运输的一类产业，属于这种产业的有零售商、批发商和物流等行业。

（二）按照知识产权类型进行的分类

不同类型的知识产权有着不同的法律特征，也有着不同的和经济活动的结合方式，知识产权的类别本身是知识产权密集型产业的天然分类依据。知识产权的种类主要由各类国际组织的公约和国家的立法决定。

在国际公约方面，《世界知识产权组织公约》中规定了 8 类知识产权：（1）版权或著作权，即与文学、艺术及科学作品有关的权利；（2）邻接权，即与表演艺术家的表演活动、与录音制品及广播有关的权利；（3）专利权，即与人类创造性活动的一切领域的发明有关的权利；（4）与科学发现有关的权利；（5）与工业品外观设计有关的权利；（6）商标权，即与商品商标、服务商标、商号及其他商业标记有关的权利；（7）与防止不正当竞争有关的权利；（8）一切其他来自工业、

---

① Siwek S. E. , *Engines of Growth*: *Economic Contributions of the US Intellectual Property Industries*, Economists Incorporated, 2005.

科学及文学艺术领域的智力创作活动所产生的权利。世界贸易组织《与贸易有关的知识产权协定》（TRIPS 协议）规定了 7 类知识产权：（1）版权与邻接权；（2）商标权；（3）地理标志权；（4）工业品外观设计权；（5）专利权；（6）集成电路布图设计权；（7）未披露过的信息权。

在国家立法方面，《中华人民共和国民法通则》中规定了著作权、专利权、商标权、发现权、发明权和其他科技成果权 6 种知识产权。2020 年 5 月 28 日通过的《中华人民共和国民法典》列举了 8 种知识产权：（1）作品；（2）发明、实用新型、外观设计；（3）商标；（4）地理标志；（5）商业秘密；（6）集成电路布图设计；（7）植物品种权；（8）法律规定的其他客体。

在众多的知识产权类型中，最常见的是版权（著作权）、专利权和商标权。因此，常见的知识产权密集型产业主要有版权密集型产业、专利密集型产业和商标密集型产业。由于版权和专利权还可以进一步细分，如版权可以细分为作品版权（著作权）和计算机软件版权（著作权），专利权可以细分为发明专利、外观设计专利、实用新型专利等，版权密集型产业还可以细分为作品版权密集型产业和计算机软件版权密集型产业，专利密集型产业还可以细分为发明专利密集型产业、外观设计专利密集型产业、实用新型专利密集型产业等。

此外，随着知识经济的发展，地理标志、植物品种权、集成电路布图、商业秘密等知识产业在经济活动中也扮演着越来越重要的作用。因此，知识产权密集型产业还包括地理标志密集型产业、植物品种权密集型产业、集成电路布图密集型产业、商业秘密密集型产业等产业。

第三章　知识产权密集型产业的范围界定

一　知识产权密集型产业的界定方法

（一）知识产权密集型产业的界定原则

知识产权密集型产业最显著的标志是知识产权的密集度高，对知识产权的依赖性强。界定知识产权密集型产业应当紧紧围绕这两个特征出发。不同类型的知识产权密集型产业要依据知识产权与产业活动的融合特性采取不同的界定方式。

发明专利、外观设计专利、实用新型专利和植物品种权等知识产权主要保护的是各类发明创造，一般采取向专利或知识产权主管部门申请授权的方式给予保护。这类知识产权一般和产业活动本身有较强的匹配性，在行业中的分布也有较强的集中性，可以用知识产权的相对数量，也就是"知识产权密集度"来界定，即知识产权密集度高于某一水平（如平均值）的行业可界定为知识产权密集型产业。

地理标志保护的是由某一地区的自然因素或者人文因素所决定的标志，这一标志往往与某商品的特定质量、信誉或其他特征紧密联系，一般在地方质量技术监督部门注册的基础上向知识产权主管部门申请授权的方式给予保护。由于地理标志往往被授权给某个地区，而不是授权给某个企业或个人，所以无法用"知识产权密集度"的方法来界定，可以考虑使用"地理标志产品销售额占某行业的比例"考察某一行业对地理标志的依赖性，作为地理标志密集型产业的界定指标，地理标志产品销售额占行业总销售额的比例高于某一标准的行业即可以界定为地理标志密集型产业。

商标主要保护商品的可识别性标志，一般采取向商标主管部门注册的方式进行保护。与专利相比，商标保护的范围较为多元，产业的集中性较专利等授权类的知识产权弱，单独使用"知识产权密集度"的界定方法容易漏掉两端的产业，可以在使用"商标密集度"的基础上，使用"商标注册数量""随机抽样"等方式进行优化调整，即商标密集度或商标注册数量或随机抽样结果达到某一标准的行业可以界定为知识产权密集型产业。

版权（包括作品版权、计算机软件版权）主要保护文学、艺术、科学作品、软件、数据库等各类作品，一般在创造出时由创造人直接自动获得，不过为了增强保护效力，一般采取向版权主管部门登记备案的方式进行强化保护。由于版权是在产出之时自动获得，因此无法依据密集度的方法定义版权产业，鉴于世界知识产权组织已经给出了一套成熟的版权产业分类标准，并依据各个行业对版权的依赖程度将版权产业分为核心版权产业、交叉版权产业、部分版权产业和非专门支持性产业4个产业组，在界定版权密集型产业时，可以将其中版权依赖度较高的产业组界定为版权密集型产业，如核心版权产业。

需要注意的是，各种方法界定的知识产权密集型产业都是一个相对概念，界定主体的选择、界定指标的选择、界定标准的选择都会影响知识产权密集型产业界定的最终结果，界定方法的选择取决于相关的目的、条件等因素。例如，在界定主体方面，可以使用相关标准分别对国民经济行业小类、中类、大类进行界定，分别获得小类、中类、大类层面的知识产权密集型产业。在界定指标方面，"知识产权密集度"有很多种度量方法，可以使用行业就业规模、行业资产规模、行业研发投入、行业增加值、行业总收入等诸多指标对知识产权的绝对数量进行调整，衡量各个行业知识产权的相对数量，计算相应的"知识产权密集度"。在界定标准方面，既可以选择知识产权密集度的平均值作为界定标准，也可以选择知识产权密集度的中位数作为界定标准；既可以选择单独某一年的知识产权密集度平均值作为界定标准，也可以选择某几年的知识产权密集度平均值作为界定标准。因此，在对各个国家和地区的知识产权密集型产业进行比较分析时，要尽量在同一界定标准下比较。

而在同一国家和地区对知识产权密集型产业进行时间序列上的比较上，由于各类经济活动对知识产权的依赖程度具有稳定性，因此同一标准界定出的知识产权密集型产业，特别是典型的知识产权密集型产业，在较长时间内都具有一定的有效性和参考价值。

表 3-1　　　　　　知识产权密集型产业定义方式对比

知识产权类型	法律确权方式	特征	界定方法
发明专利	申请授权	保护发明创造	知识产权密集度高于某一标准
外观设计专利	申请授权		
实用新型专利	申请授权		
植物品种权	申请授权		
地理标志	注册 + 申请授权	被授权给某个地区，而不是给企业或个人	地理标志产品销售额占某行业的比例高于某一标准
商标	注册	保护商品的可识别性标志	商标密集度、商标注册数量、随机抽样高于某一标准
作品版权（著作权）	自动获取 + 登记强化	保护各类作品	世界知识产权组织版权产业标准中版权依赖度较高的产业组，如核心版权产业
计算机版权（著作权）	自动获取 + 登记强化		

资料来源：笔者整理。

（二）美国、欧盟和中国对知识产权密集型产业的界定概况

截至 2021 年 5 月底，美国、欧盟和中国均发布了官方的知识产权密集型产业界定方法和目录。其中，美国和欧盟都是在官方的研究报告中披露了各自地区知识产权密集型产业的界定方法、目录和经济影响，中国则是在中央政府官方层面发布相关研究报告的同时，发布了知识产权密集型产业中的发明专利密集型产业的分类目录。

在对美国、欧盟和中国的相关界定进行分析之前，需要说明的是，由于知识产权法律体系存在差异，同一知识产权术语在美国、欧盟和中国各自法律体系下也有着不同的含义。美国的专利（Patent）包括发明专利（Utility Patent）、外观设计专利（Design Patent）和植物专利（Plant Patent）三种，分别对应中国的发明专利、外观设计专利和植物品种权三类知识产权，分别对应欧盟的专利（Patent）、外观设计（Design）和植物品种权（Plant Vriety Right）三类知识产权①。也就是说欧盟语境下的 Patent 相当于美国语境下的 Utility Patent 和中国语境下的发明专利，欧盟的 Patent-Intensive Industry 相当于中国的"发明专利密集型产业"。此外，美国知识产权密集型产业报告中的 Patent-Intensive Industry，实际操作中也使用"发明专利密集度"进行界定，本质上也是"发明专利密集型产业"。

因此，为了避免概念混乱，也为了能够对美国、欧盟和中国的各类知识产权密集型产业进行相应比较，后文讨论美国、欧盟和中国各

---

　　①　美国、欧盟和中国有着不同的知识产权法律体系。例如，美国将发明专利、外观设计专利和植物品种权三类知识产权作为二级知识产权放在专利的子类进行考察；中国将发明专利、外观设计专利和实用新型专利三类知识产权作为二级知识产权放在专利的子类进行考察，而将植物品种权作为和专利平级的一级知识产权进行考察；欧盟则将发明专利、外观设计专利、植物品种权等均作为一级知识产权进行考察，而没有独立的专利分类；此外，美国和欧盟都没有实用新型专利。

类知识产权密集型产业的情况时，将根据各类知识产权密集型产业的界定实质统一叙述口径。例如，无论美国、欧盟和中国相关报告文件中如何称呼某一类知识产权密集型产业，只要该类知识产权密集型产业实质是依据"发明专利密集度"界定的，本书统称为"发明专利密集型产业"。

美国方面，美国商务部下属的经济分析局（ESA，Economics and Statistics Administration）和美国专利商标局（USPTO，United States Patent and Trademark Office）分别于 2012 年和 2016 年联合发布了两版知识产权密集型产业报告，界定了发明专利密集型产业、商标密集型产业和核心版权密集型产业 3 类知识产权密集型产业，并对美国知识产权密集型产业的经济贡献进行了分析。两版报告对知识产权密集型产业的界定采取了相同的方法，只是界定时使用的数据时间不同，2012 年报告使用了 2004—2008 年的知识产权数据，2016 年报告使用了 2009—2013 年的知识产权数据。

欧盟方面，欧洲专利局（EPO，The European Patent Office）和欧盟知识产权局（EUIPO，The European Union Intellectual Property Office）[1] 分别于 2013 年、2016 年和 2019 年联合发布了 3 版知识产权密集型产业报告，先后界定了发明专利密集型产业、外观设计密集型产业、商标密集型产业、版权密集型产业、地理标志密集型产业和植物品种权密集型产业 6 类知识产权密集型产业，分析了这些知识产权密集型产业对欧盟经济的影响。从界定的知识产权密集型产业类型看，2016 年和 2019 年报告比 2013 年报告多了植物品种权密集型产业；从知识产权密集型产业的界定方法上看，除了版权密集型产业，

---

[1] 欧洲专利局是负责审核和授权欧洲专利的官方机构。欧盟知识产权局是负责欧盟商标和设计两类知识产权注册的官方机构；欧盟知识产权局前身是内部市场协调局（OHIM，The Office for Harmonization in the Internal Market），2016 年 3 月，内部市场协调局更名为欧盟知识产权局。

3版报告对其他几类知识产权密集型产业的界定均采取了相同的界定方法，只是界定时使用的数据时间不同；从使用的数据上看，2013年和2016年的报告均使用的2004—2008年的知识产权数据，2019年的报告使用的是2010—2014年的知识产权数据。

中国方面，国家知识产权局2015年发布了《中国知识产权密集型产业报告2015》，依据2010—2014年的相关数据，初步界定了中国发明专利密集型产业、商标密集型产业和核心版权密集型产业的范围，并分析了这些知识产权密集型产业对中国经济的影响。国家知识产权局和国家统计局分别于2016年和2019年公布了《专利密集型产业目录（2016）（试行）》和《知识产权（专利）密集型产业统计分类（2019）》（国家统计局令第25号），界定了中国发明专利密集型产业的范围，不过两份文件均未披露界定相关产业时依据的知识产权年份。

在界定对象上，美国的两版报告均对NAICS 2007标准[①]下国民经济行业中制造业的行业中类进行了界定，欧盟的3版报告均对NACE Rev. 2标准[②]下国民经济行业中的所有行业小类进行了界定，中国《中国知识产权密集型产业报告2015》对《国民经济行业分类》（GB/T 4754—2011）中的所有行业大类进行了界定，《专利密集型产业目录（2016）（试行）》和《知识产权（专利）密集型产业统计分类（2019）》分别对《国民经济行业分类》（GB/T 4754—2011）中的部分行业中类和《国民经济行业分类》（GB/T 4754—2017）中的所有行业小类进行了界定。

---

① 2007年施行的NAICS 2007标准将国民行业分为20个门类行业、99个大类行业、313个中类行业、721个小类行业。

② 1970年，欧盟推出了第一代的NACE标准；2006年，欧盟通过了NACE Rev. 2标准，并从2007年开始实施。该标准用英文字母＋4位代码代表区分行业类别，A-U的英文字母代表行业的门类，前两位数字代表行业的大类，前三位数字代表行业的中类，全部四位数字码代表行业的小类；2007年施行的NACE Rev. 2标准将国民行业分为21个门类行业、88个大类行业、272个中类行业、615个小类行业。

表3-2　　美国、欧盟和中国界定的知识产权密集型产业概况

地区	文件名称	涉及的知识产权类型	界定对象	依据的知识产权年份
美国	2012 年 Intellectual Property and the U. S. Economy: Industries in Focus 《知识产权与美国经济：聚焦产业》	发明专利、商标、核心版权	行业中类	2004—2008
	2016 年 Intellectual Property and the U. S. Economy：2016 Update 《知识产权与美国经济：2016 更新》			2009—2013
欧盟	2013 年 Intellectual Property Rights Intensive Industries: Contribution to Economic Performance and Employment in the European Union——Industry-Level Analysis Report 《知识产权密集型产业：对欧盟经济和就业的影响——产业分析报告》	发明专利、外观设计、商标、核心版权、地理标志	行业小类	2004—2008
	2016 年 Intellectual Property Rights Intensive Industries and Economic Performance in the European Union——Industry-Level Analysis Report, Second Edition 《欧盟知识产权密集型产业与其经济表现——产业分析报告》（第二版）	发明专利、外观设计、商标、版权、地理标志、植物品种权		
	2019 年 IPR-intensive Industries and Economic Performance in the European Union——Industry-Level Analysis Report, Third Edition 《欧盟知识产权密集型产业与其经济表现——产业分析报告》（第三版）	发明专利、外观设计、商标、版权、地理标志、植物品种权		2010—2014

续表

地区	文件名称	涉及的知识产权类型	界定对象	依据的知识产权年份
中国	2015 年《中国知识产权密集型产业报告 2015》	发明专利、商标、核心版权	行业大类	2010—2014
	2016 年《专利密集型产业目录（2016）（试行）》	发明专利	行业中类	未披露
	2019 年《知识产权（专利）密集型产业统计分类（2019）》	发明专利	行业小类	

资料来源：笔者整理。

（三）美国、欧盟和中国对知识产权密集型产业的界定方法

美国、欧盟和中国均界定了发明专利密集型产业。在发明专利密集型产业的界定上，美国和欧盟的报告均使用"人均发明专利数量"作为"知识产权密集度"的代理指标。在界定标准上，美国和欧盟的报告均将"5 年内发明专利密集度"超过全部行业（美国是全部制造业）平均水平的行业界定为发明专利密集型产业。

与美国和欧盟不同，中国的知识产权密集型产业报告和两份界定发明专利密集型产业的文件均采取了多指标筛选的方法。《中国知识产权密集型产业报告 2015》依据发明专利密集度和发明专利授权数两项指标界定发明专利密集型产业，将发明专利密集型产业界定为"5 年内发明专利密集度和发明专利授权数均高于国民经济全部行业平均水平的行业"，其中，"发明专利密集度"为"人均发明专利数量"。

《专利密集型产业目录（2016）（试行）》在美国和欧盟报告的方法基础上，兼顾中国产业发展特色，采取了"以定量测度发明专利密

集度、存量规模等指标为主，定性考虑政策引导性等因素为辅的界定方法。"即发明专利密集型产业需要同时满足以下三个条件：一是行业发明专利授权规模达到全国平均水平以上；二是行业发明专利密集度达到全国平均水平以上；三是产业成长性好，与创新发展的政策导向高度契合。其中"发明专利规模"是指连续 5 年期间发明专利授权量之和；"发明专利密集度"是指单位就业人员连续 5 年期间获得的发明专利授权量，即发明专利规模与同一时期年平均就业人员数之比；"全国平均水平"是指全国所有产业（一二三产业）平均水平；"产业成长性好，与创新发展的政策导向高度契合"是指筛选出的发明专利密集型产业要与国家政策性产业目录如战略性新兴产业、中国制造 2025、高技术制造业、产业关键共性技术等进行比较分析，并在专家评议的基础上进行删减。

《知识产权（专利）密集型产业统计分类（2019）》依据发明专利密集度、发明专利规模、R&D 投入强度三项指标界定了发明专利密集型产业，要求知识产权（专利）密集型产业至少具备下列三项条件之一：一是行业发明专利规模和密集度均高于全国平均水平；二是行业发明专利规模和 R&D 投入强度高于全国平均水平，且属于战略性新兴产业、高技术制造业、高技术服务业；三是行业发明专利密集度和 R&D 投入强度高于全国平均水平，且属于战略性新兴产业、高技术制造业、高技术服务业。其中，"发明专利规模"是指连续 5 年期间发明专利授权量之和；"发明专利密集度"是指单位就业人员连续 5 年期间获得的发明专利授权量，即发明专利规模与同一时期年平均就业人员数之比；"R&D 投入强度"是指企业 R&D 经费支出与主营业务收入之比；"全国平均水平"是指全国所有产业（一二三产业）平均水平。

表3-3　发明专利密集型产业界定方式对比（美国、欧盟、中国）

地区	界定方法	
美国	界定标准： 行业发明专利密集度高于制造业平均水平的行业 界定指标： 行业发明专利密集度＝5年内行业发明专利总数/5年内行业从业人员数	
欧盟	界定标准： 行业发明专利密集度高于所有行业平均水平的行业 界定指标： 行业发明专利密集度＝5年内行业发明专利总数/5年内行业从业人员数	
中国	《中国知识产权密集型产业报告2015》	界定标准（同时符合以下两条）： （1）行业发明专利密集度达到全国平均水平以上 （2）行业发明专利授权规模到全国平均水平以上 界定指标： （1）"发明专利密集度"是指单位就业人员连续5年期间获得的发明专利授权量，即发明专利规模与同一时期年平均就业人员数之比 （2）"发明专利规模"是指连续5年期间发明专利授权量之和
	《专利密集型产业目录（2016）（试行）》	界定标准（同时符合以下三条）： （1）行业发明专利授权规模达到全国平均水平以上 （2）行业发明专利密集度达到全国平均水平以上 （3）行业产业成长性好，与创新发展的政策导向高度契合 界定指标： （1）"发明专利规模"是指连续5年期间发明专利授权量之和 （2）"发明专利密集度"是指单位就业人员连续5年期间获得的发明专利授权量，即发明专利规模与同一时期年平均就业人员数之比 （3）"产业成长性好，与创新发展的政策导向高度契合"是指筛选出的发明专利密集型产业要与国家政策性产业目录如战略性新兴产业、中国制造2025、高技术制造业、产业关键共性技术等进行比较分析，并在专家评议的基础上进行删减
	《知识产权（专利）密集型产业统计分类（2019）》	界定标准（符合以下三条之一）： （1）行业发明专利规模和发明专利密集度均高于全国平均水平的行业 （2）行业发明专利规模和R&D投入强度高于全国平均水平，且属于战略性新兴产业、高技术制造业、高技术服务业的行业 （3）行业发明专利密集度和R&D投入强度高于全国平均水平，且属于战略性新兴产业、高技术制造业、高技术服务业的行业 界定指标： （1）"发明专利规模"是指连续5年期间发明专利授权量之和 （2）"发明专利密集度"是指单位就业人员连续5年期间获得的发明专利授权量，即发明专利规模与同一时期年平均就业人员数之比 （3）"R&D投入强度"是指企业R&D经费支出与主营业务收入之比

资料来源：笔者整理。

　　美国、欧盟和中国的知识产权密集型产业报告均界定了商标密集型产业。欧盟的报告使用"人均商标数量"作为"知识产权密集度"的代理指标，将"5 年内商标密集度"超过全部行业平均水平的行业界定为商标密集型产业。中国的报告依据"商标密集度"和"商标注册数量"两项指标界定发明专利密集型产业，将商标密集型产业界定为"5 年内商标密集度和商标注册数量均高于国民经济全部行业平均水平的行业"。美国的报告使用了"商标密集度""商标注册数量""随机抽样"三个指标界定商标密集型产业，满足以下任一条件的行业即为商标密集型产业：一是商标密集度高于样本平均值的行业；二是考察年份注册商标最多的 50 家公司所处的行业；三是随机抽样，任意抽取调研当年注册的所有商标中的 300 件，整理出每一个行业的商标登记注册数，计算各行业商标登记注册数的均值及标准差，最后商标注册数大于均值加两个标准差的行业。

表 3 - 4　　商标密集型产业界定方式对比（美国、欧盟、中国）

地区	界定方法
美国	界定标准（符合以下三条之一）： （1）行业商标密集度高于所有行业平均水平的行业 （2）调查区间内注册商标最多的 50 家公司所处的行业 （3）随机抽样，任意抽取调研当年注册的所有商标中的 300 件，整理出每一个行业的商标登记注册数，计算各行业商标登记注册数的均值及标准差，最后商标注册数大于均值加两个标准差的行业 界定指标： 行业商标密集度 = 5 年内行业商标总数/5 年内行业从业人员数
欧盟	界定标准： 行业商标密集度高于所有行业平均水平的行业 界定指标： 行业商标密集度 = 5 年内行业商标总数/5 年内行业从业人员数

地区	界定方法
中国	《中国知识产权密集型产业报告2015》 界定标准（同时符合以下两条）： （1）行业商标密集度达到全国平均水平以上 （2）行业商标注册数量达到全国平均水平以上 界定指标： （1）"商标密集度"是指单位就业人员连续5年期间的商标注册数量，即商标注册数量与同一时期年平均就业人员数之比 （2）"商标注册数量"是指连续5年期间商标注册数量之和

资料来源：笔者整理。

美国、欧盟和中国均界定了核心版权密集型产业，此外，欧盟在后续的报告中又进一步界定了版权密集型产业。美国的2012年和2016年的两份报告、欧盟2013年的报告和中国2015年的报告均将世界知识产权组织定义的核心版权产业界定为核心版权密集型产业，核心版权密集型产业只包括了生产版权的相关行业，没有包括传播版权的相关行业。欧盟2016年的报告和2019年的报告扩大了版权密集型产业的范围，在核心版权产业的基础上增加了"相互依赖的版权产业"和"版权活动占比高于20%的部分版权产业（其增加值的20%以上可归因于版权相关活动的产业）"。

表3-5　核心版权密集型产业和版权密集型产业界定方式对比
（美国、欧盟、中国）

地区		界定方法
美国		世界知识产权组织定义的核心版权产业
欧盟	2013年报告	世界知识产权组织定义的核心版权产业
	2016年和2019年报告	世界知识产权组织定义的核心版权产业＋相互依赖的版权产业＋高于20%的部分版权产业（其增加值的20%以上可归因于版权相关活动的产业）
中国		世界知识产权组织定义的核心版权产业

资料来源：笔者整理。

　　此外，欧盟的报告还界定了外观设计密集型产业、地理标志密集型产业和植物品种权密集型产业。外观设计密集型产业和植物品种权密集型产业分别采用"人均外观设计数量""人均植物品种权数量"作为"知识产权密集度"的代理指标，将"5 年内人均外观设计密集度"和"5 年内人均植物品种权密集度"超过全部行业平均水平的行业分别界定为外观设计密集型产业和植物品种权密集型产业。地理标志密集型产业采用"地理标志产品销售额占行业的比例"衡量行业对地理标志的依赖程度，将"5 年内地理标志产品销售额占行业的比例"超过全部行业平均水平的行业界定为地理标志密集型产业。

表 3 - 6　　　　　其他知识产权密集型产业界定方式（欧盟）

产业类型	界定方法
外观设计密集型产业	界定标准： 行业外观设计密集度高于所有行业平均水平的行业 界定指标： 行业外观设计密集度 = 5 年内行业外观设计总数/5 年内行业从业人员数
植物品种权密集型产业	界定标准： 行业植物品种权密集度高于所有行业平均水平的行业 界定指标： 行业植物品种权密集度 = 5 年内行业植物品种权总数/5 年内行业从业人员数
地理标志密集型产业	界定标准： 5 年内行业地理标志产品销售额占行业的比例高于所有行业平均水平的行业 界定指标： 5 年内行业地理标志产品销售额占行业的比例 = 5 年内地理标志产品销售额/5 年内行业销售总额

　　资料来源：笔者整理。

二　美国、欧盟和中国界定的知识产权密集型产业范围

（一）美国界定的知识产权密集型产业范围

1. 美国知识产权密集型产业的数量

根据 2007 年施行的 NAICS 2007 标准，美国 2012 年的知识产权密集型产业报告从 313 个国民行业中类中选出了 75 个知识产权密集型产业，其中包括 60 个商标密集型产业、26 个发明专利密集型产业和 13 个核心版权密集型产业。2016 年的报告选出了 81 个行业中类知识产权密集型产业，其中包括 66 个商标密集型产业，25 个发明专利密集型产业，13 个核心版权密集型产业（见表 3 - 7）。与 2012 年的报告相比，知识产权密集型产业的总数增加了 6 个，其中发明专利密集型产业剔除了树脂、合成橡胶及人造纤维制造业（3252）；商标密集型产业剔除了谷物和油籽碾磨业（3112）、其他食品制造业（3119）等 15 个行业，新增了非金属矿物采矿和采石业（2123）、发电和供电业（2211）等 21 个行业；核心版权密集型产业范围没有变动。

表 3 - 7　美国知识产权密集型产业包含行业（中类）数量

知识产权密集型产业类型	2012 年报告	2016 年报告
发明专利	26	25
商标	60	66
核心版权	13	13
总计	75	81

资料来源：笔者整理。

不同类型的知识产权密集型产业间存在交集，2012 年的 75 个知

识产权密集型产业中有 18 个行业既属于发明专利密集型产业又属于
商标密集型产业，6 个行业既属于核心版权密集型产业又属于商标密
集型产业，两者合计占整个知识产权密集型产业的 32.0%；2016 年
的报告中有 15 个行业既属于发明专利产业又属于商标密集型产业，8
个行业同时为核心版权密集型产业和商标密集型产业，两者合计占整
个知识产权密集型产业的 28.4%；2012 年和 2016 年的报告均没有出
现同时为发明专利密集型和核心版权密集型产业的行业。此外，也有
部分产业只属于某一类型知识产权密集型产业，如 2016 年报告中有
43 个行业只属于商标密集型产业、10 个行业只属于发明专利密集型
产业，5 个行业只属于核心版权密集型产业（见表 3 - 8）。

表 3 - 8　　　　　　　美国各类知识产权密集型产业数量对比

知识产权密集型产业类型	2012 年报告		2016 年报告	
	数量	占比（%）	数量	占比（%）
单一类型	51	68.0	58	71.6
发明专利	8	10.7	10	12.3
版权	7	9.3	5	6.2
商标	36	48.0	43	53.1
属于两种类型	24	32.0	23	28.4
发明专利 + 商标	18	24.0	15	18.5
核心版权 + 商标	6	8.0	8	9.9
发明专利 + 核心版权	—	—	—	—
总计	75	100	81	100

资料来源：笔者整理。

2. 美国知识产权密集型产业的行业分布

美国发明专利密集型产业和核心版权密集型产业较为集中，商标
密集型产业较为分散。以美国 2016 年的知识产权密集型产业报告
为例。

从行业门类分布看，美国的 25 个发明专利密集型产业全部属于制造业；核心版权密集型产业涉及信息业、专业科学技术服务业、艺术娱乐休闲业 3 个行业门类，且主要集中在信息业和专业科学技术服务业，行业数量占比分别达到了 53.8% 和 30.8%；商标密集型产业涉及制造业和科学技术服务业等 15 个行业门类，整体较为分散（见表 3 - 9）。

表 3 - 9 美国 2016 年报告知识产权密集型产业的行业（门类）分布

产业类型/行业（门类）名称	NAICS 行业代码	知识产权密集型产业数量（个）	知识产权密集型产业占比（%）	知识产权密集型产业覆盖率（%）
发明专利密集型产业	—	25	100	—
制造业	31—33	25	100	29.1
核心版权密集型产业	—	13	100	—
信息业	51	7	53.8	58.3
专业科学技术服务业	54	4	30.8	44.4
艺术娱乐休闲业	71	2	15.4	22.2
商标密集型产业	—	66	100	—
制造业	31—33	15	34.9	17.4
信息业	51	5	11.6	41.7
金融保险业	52	4	9.3	36.4
房地产与租赁业	53	3	7.0	37.5
零售业	44—45	3	7.0	11.1
开采业	21	2	4.7	40.0
建筑业	23	2	4.7	20.0
批发贸易业	42	2	4.7	10.5
公用事业	22	1	2.3	33.3
专业科学技术服务业	54	1	2.3	11.1
艺术娱乐休闲业	71	1	2.3	11.1
商务管理与废物管理业	56	1	2.3	9.1

续表

产业类型/行业（门类）名称	NAICS 行业代码	知识产权密集型产业数量（个）	知识产权密集型产业占比（%）	知识产权密集型产业覆盖率（%）
其他服务（除公共管理）业	81	1	2.3	7.1
医疗保健与社会救助业	62	1	2.3	5.6

注：某行业门类知识产权密集型产业占比＝（该行业知识产权密集型产业数量/知识产权密集型产业总数）×100%，某行业门类知识产权密集型产业覆盖率＝（该行业知识产权密集型产业数量/该行业包含的行业中类总数）×100%。

资料来源：笔者整理。

　　从行业大类分布看，发明专利密集型产业涉及机械制造业、化工制造业、计算机与电子产品制造业、电气设备制造业和其他制造业5个行业大类，且重点集中在机械制造业（占比28.0%）、化工制造业（占比24.0%）和计算机与电子产品制造业（占比24.0%）3个行业大类；核心版权密集型产业涉及科学技术服务业、出版业（互联网除外）、电影与唱片业、表演与体育业、广播业（互联网除外）和其他信息服务业6个行业大类，且重点集中在科学技术服务业（占比30.8%）；商标密集型产业涉及化工制造业、机械制造业和食品制造业等43个行业大类，整体较为分散（见表3-10）。

表3-10　美国2016年报告知识产权密集型产业的行业（大类）分布

产业类型/行业（大类）名称	NAICS 行业代码	知识产权密集型产业数量（个）	知识产权密集型产业占比（%）	知识产权密集型产业覆盖率（%）
发明专利密集型产业	—	25	100	—
机械制造业	333	7	28.0	100
化工制造业	325	6	24.0	85.7
计算机与电子产品制造业	334	6	24.0	100
电气设备制造业	335	4	16.0	100

续表

产业类型/行业（大类）名称	NAICS 行业代码	知识产权密集型产业数量（个）	知识产权密集型产业占比（%）	知识产权密集型产业覆盖率（%）
其他制造业	339	2	8.0	100
核心版权密集型产业	—	13	100	—
科学技术服务业	541	4	30.8	44.4
出版业（互联网除外）	511	2	15.4	100
电影与唱片业	512	2	15.4	100
表演与体育业	515	2	15.4	100
广播业（互联网除外）	711	2	15.4	40.0
其他信息服务业	519	1	7.7	100
商标密集型产业	—	66	100	—
化工制造业	325	5	7.6	71.4
机械制造业	333	4	6.1	57.1
食品制造业	311	3	4.5	33.3
计算机与电子产品制造业	334	3	4.5	50.0
科学技术服务业	541	3	4.5	33.3
门诊医疗保健服务业	621	3	4.5	42.9
其他 37 个行业中类		45	68.2	—

注：某行业大类知识产权密集型产业占比＝（该行业知识产权密集型产业数量/知识产权密集型产业总数）×100%，某行业大类知识产权密集型产业覆盖率＝（该行业知识产权密集型产业数量/该行业包含的行业中类总数）×100%。

资料来源：笔者整理。

3. 美国各行业的知识产权密集型产业覆盖率

知识产权密集型产业在各行业门类和行业大类的分布情况分析，是从知识产权密集型产业的视角出发，考察各类知识产权密集型产业主要涉及的行业领域；各行业的知识产权密集型产业覆盖率分析，则是从各个行业（门类、大类）的视角出发，考察各个行业（门类、大类）的全部子行业（行业中类）中有多少行业（中类）属于知识产权密集型产业。某行业（门类、大类）的知识产权密集型产业占比 = （该行业知识产权密集型产业数量/知识产权密集型产业总数）×100%，某行业（门类、大类）的知识产权密集型产业覆盖率 = （该行业知识产权密集型产业数量/该行业包含的行业中类总数）×100%。以美国 2016 年的知识产权密集型产业报告为例，相关行业门类和行业大类的知识产权密集型产业覆盖率如下所示。

从行业门类上看，发明专利密集型产业覆盖了制造业 29.1% 的行业中类，核心版权密集型产业分别覆盖了信息业、专业科学技术服务业、艺术娱乐休闲业 3 个行业门类 58.3%、44.4% 和 22.2% 的行业中类，商标密集型产业对信息业、开采业、房地产与租赁业、金融保险业、公共事业 5 个行业门类的覆盖率较高，分别覆盖了上述 5 个行业门类的41.7%、40.0%、37.5%、36.4% 和 33.3%（见表 3 - 9 最后一列）。

从行业大类上看，发明专利密集型产业覆盖了机械制造业、计算机与电子产品制造业、电气设备制造业、其他制造业 4 个行业大类100% 的行业中类，覆盖了化工制造业 85.7% 的行业中类。核心版权密集型产业覆盖了出版业（互联网除外）、电影与唱片业、表演与体育业、其他信息服务业 4 个行业大类 100% 的行业中类，分别覆盖了科学技术服务业和广播业（互联网除外）44.4% 和 40.0% 的行业中类。商标密集型产业覆盖了化工制造业 71.4% 的行业中类，分别覆盖了机械制造业和计算机与电子产品制造业 57.1% 和 50.0% 的行业中类（见表 3 - 10 最后一列）。

（二）欧盟界定的知识产权密集型产业范围

1. 欧盟知识产权密集型产业的数量

根据 2007 年施行的 NACE Rev. 2 标准，欧盟 2013 年的报告从 615 个国民经济行业小类中选出了 321 个知识产权密集型产业，其中包括277 个商标密集型产业、165 个外观设计密集型产业、140 个发明专利密集型产业、33个核心版权密集型产业和4个地理标志密集型产业。

与2013年的报告相比，2016年的报告中的商标密集型产业、设计密集型产业、发明专利密集型产业和地理标志密集型产业的范围保持不变，版权密集型产业的范围作了调整。欧盟2016年的报告扩大了版权密集型产业的范围，在33个核心版权产业的基础上增加了46个"相互依赖的版权产业"和"版权活动占比高于20%的部分版权产业（其增加值的20%以上可归因于版权相关活动的产业）"，界定出79个版权密集型产业。此外，欧盟2016年的报告增加了一项知识产权密集型产业子类——植物品种权密集型产业，最终知识产权密集型产业的总数增加了21个，选出了342个知识产权密集型产业。

2019年报告使用了更新的知识产权数据，选出了353个知识产权密集型产业，其中包括280个商标密集型产业、184个外观设计密集型产业、148个发明专利密集型产业、79个版权密集型产业、10个植物品种权密集型产业[1]和4个地理标志密集型产业（见表3–11）。

表3–11　　欧盟知识产权密集型产业包含行业（小类）数量

知识产权密集型产业类型	2013年报告	2016年报告	2019年报告
发明专利	140	140	148
商标	277	277	280
（核心）版权	33	79	79
外观设计	165	165	184
地理标志	4	4	4
植物品种权	—	6	10
总计	321	342	353

资料来源：笔者整理。

---

[1]　欧盟2019年报告中列举了10个植物品种权密集型产业，但是其中1个是单独加上去的园艺相关产业，不在欧盟国民经济行业分类标准范畴内，后续讨论知识产权密集型产业在欧盟国民经济行业中的分布时，显示只有9个植物品种权密集型产业，特此说明。

　　与美国类似，欧盟的各类知识产权密集型产业也有不少的交叉重合。欧盟 2019 年报告中的 353 个知识产权密集型产业中，66.3% 的行业属于 2—4 种知识产权密集型产业，仅有 33.7% 的行业属于单一类型的知识产权密集型产业（见表 3 - 12）。例如，原油开采业（NACE 行业代码 0610）既是商标密集型产业也是发明专利密集型产业，果汁和蔬菜汁生产业（NACE 行业代码 1032）既是商标密集型产业也是外观设计密集型产业，茶叶和咖啡加工业（NACE 行业代码 1083）同时属于商标、外观设计和发明专利密集型产业。

表 3 - 12　　　　　欧盟各类知识产权密集型产业数量对比

知识产权密集型产业类型	行业数量（个）	行业占比（%）
单一类型	119	33.7
商标	59	16.7
版权	28	7.9
发明专利	17	4.8
外观设计	14	4.0
植物品种权	1	0.3
属于两种类型	132	37.4
商标 + 外观设计	58	16.4
商标 + 发明专利	29	8.2
商标 + 版权	27	7.6
发明专利 + 外观设计	13	3.7
商标 + 植物品种权	3	0.8
商标 + 地理标志	2	0.6
属于三种类型	87	24.6
商标 + 外观设计 + 发明专利	71	20.1
商标 + 外观设计 + 版权	10	2.8
商标 + 发明专利 + 版权	3	0.8
商标 + 外观设计 + 地理标志	2	0.6
商标 + 外观设计 + 植物品种权	1	0.3

续表

知识产权密集型产业类型	行业数量（个）	行业占比（%）
属于四种类型	15	4.2
商标＋外观设计＋发明专利＋版权	11	3.1
商标＋外观设计＋发明专利＋植物品种权	4	1.1
总计	353	100

资料来源：笔者整理。

2. 欧盟知识产权密集型产业的行业分布

欧盟发明专利密集型产业、外观设计密集型产业和地理标志密集型产业较为集中，商标密集型产业、版权密集型产业和植物品种权密集型产业较为分散。以欧盟2019年的知识产权密集型产业报告为例。

从行业门类的分布看，欧盟的地理标志密集型产业全部属于制造业，发明专利密集型产业和外观设计密集型产业也主要集中在制造业，行业数量占比分别达到了82.4%和73.9%；商标密集型产业主要集中在制造业、批发和零售业2个行业门类，行业数量占比分别为57.5%和19.6%；版权密集型产业主要集中在信息传输、软件和信息技术服务业，制造业2个行业门类，行业数量占比分别为32.9%和22.8%；植物品种权密集型产业主要集中在制造业、批发和零售业、科学研究和技术服务业3个行业门类，行业数量占比分别为33.3%、22.2%和22.2%（见表3-13）。

表3-13　欧盟2019年报告知识产权密集型产业的行业（门类）分布

产业类型/行业（门类）名称	NACE Rev.2 行业代码	知识产权密集型产业数量（个）	知识产权密集型产业占比（%）	知识产权密集型产业覆盖率（%）
发明专利密集型产业	—	148	100	—
制造业	C	122	82.4	53.0
批发和零售业	G	10	6.8	11.0

产业类型/行业（门类）名称	NACE Rev.2 行业代码	知识产权密集型产业数量（个）	知识产权密集型产业占比（%）	知识产权密集型产业覆盖率（%）
科学研究和技术服务业	M	5	3.4	26.3
采矿业	B	5	3.4	33.3
信息传输、软件和信息技术服务业	J	3	2.0	11.5
电力、热力、燃气及水生产和供应业	D	2	1.4	25.0
租赁和商务服务业	N	1	0.7	3.0
外观设计密集型产业	—	184	100	—
制造业	C	136	73.9	59.1
批发和零售业	G	33	17.9	36.3
科学研究和技术服务业	M	6	3.3	31.6
信息传输、软件和信息技术服务业	J	4	2.2	15.4
租赁和商务服务业	N	2	1.1	6.1
采矿业	B	2	1.1	13.3
房地产业	L	1	0.5	25.0
版权密集型产业	—	79	100	—
信息传输、软件和信息技术服务业	J	26	32.9	100
制造业	C	18	22.8	7.8
批发和零售业	G	11	13.9	12.1
文化、体育和娱乐业	R	9	11.4	60.0
租赁和商务服务业	N	6	7.6	18.2
科学研究和技术服务业	M	6	7.6	31.6
居民服务、修理和其他服务业	S	2	2.5	10.5
教育	P	1	1.3	9.1
商标密集型产业	—	280	100	—

产业类型/行业（门类）名称	NACE Rev. 2 行业代码	知识产权密集型产业数量（个）	知识产权密集型产业占比（%）	知识产权密集型产业覆盖率（%）
制造业	C	161	57.5	70.0
批发和零售业	G	55	19.6	60.4
信息传输、软件和信息技术服务业	J	23	8.2	88.5
租赁和商务服务业	N	12	4.3	36.4
科学研究和技术服务业	M	10	3.6	52.6
采矿业	B	8	2.9	53.3
电力、热力、燃气及水生产和供应业	D	4	1.4	50.0
房地产业	L	2	0.7	50.0
文化、体育和娱乐业	R	2	0.7	13.3
建筑业	F	1	0.4	4.5
交通运输、仓储和邮政业	H	1	0.4	4.3
金融业	K	1	0.4	5.6
植物品种权密集型产业	—	9	100	—
制造业	C	3	33.3	1.3
批发和零售业	G	2	22.2	2.2
科学研究和技术服务业	M	2	22.2	10.5
租赁和商务服务业	N	1	11.1	3.0
农、林、牧、渔业	A	1	11.1	2.6
地理标志密集型产业	—	4	100	—
制造业	C	4	100	1.7

注：某行业门类知识产权密集型产业占比＝（该行业知识产权密集型产业数量/知识产权密集型产业总数）×100%，某行业门类知识产权密集型产业覆盖率＝（该行业知识产权密集型产业数量/该行业包含的行业小类总数）×100%。

资料来源：笔者整理。

从行业大类的分布看，欧盟发明专利密集型产业、外观设计密集型产业、版权密集型产业、商标密集型产业、植物品种权密集型产业和地理标志密集型产业分别涉及 32 个、37 个、26 个、51 个、6 个和 2 个行业大类。发明专利密集型产业主要集中在机械设备制造业，化学原料和化学制品制造业，其他非金属矿物制造业，金属制品业，计算机、电子及光学品制造业等行业大类；外观设计密集型产业主要集中在批发业、机械设备制造业、其他非金属矿物制造业、食品制造业、金属制品业等行业大类；版权密集型产业主要集中在出版发行业，零售业，批发业，广播、电视、电影和录音制作业，印刷和记录媒介复制业等行业大类；商标密集型产业主要集中在批发业、食品制造业、其他非金属矿物制造业、机械设备制造业、化学原料和化学制品制造业等行业大类；植物品种权密集型产业分布在批发业、食品制造业、研究和试验发展业、饮料制造业、租赁业、农牧业 6 个行业大类；地理标志密集型分布在饮料制造业和食品制造业 2 个行业大类（见表 3 - 14）。

表 3 - 14　欧盟 2019 年报告知识产权密集型产业的行业（大类）分布

产业类型/行业（大类）名称	NACE Rev. 2 行业代码	知识产权密集型产业数量（个）	知识产权密集型产业占比（%）	知识产权密集型产业覆盖率（%）
发明专利密集型产业	—	148	—	—
机械设备制造业	C28	21	14.2	100
化学原料和化学制品制造业	C20	15	10.1	93.8
其他非金属矿物制造业	C23	11	7.4	45.8
金属制品业	C25	10	6.8	58.8
计算机、电子及光学品制造业	C26	9	6.1	90.0
其他 27 个行业大类	—	82	55.4	—
外观设计密集型产业	—	184	—	—
批发业	G46	26	14.1	54.2
机械设备制造业	C28	17	9.2	81.0

产业类型/行业（大类）名称	NACE Rev. 2 行业代码	知识产权密集型产业数量（个）	知识产权密集型产业占比（%）	知识产权密集型产业覆盖率（%）
其他非金属矿物制造业	C23	14	7.6	58.3
食品制造业	C10	11	6.0	44.0
金属制品业	C25	10	5.4	58.8
其他32个行业大类	—	106	57.6	—
版权密集型产业		79		
出版发行业	J58	7	8.9	100
零售业	G47	6	7.6	16.2
批发业	G46	5	6.3	10.4
广播、电视、电影和录音制作业	J59	5	6.3	100
印刷和记录媒介复制业	C18	5	6.3	100
其他21个行业大类	—	51	64.6	
商标密集型产业	—	280		
批发业	G46	42	15.0	87.5
食品制造业	C10	19	6.8	76.0
其他非金属矿物制造业	C23	17	6.1	70.8
机械设备制造业	C28	17	6.1	81.0
化学原料和化学制品制造业	C20	15	5.4	93.8
其他46个行业大类	—	170	60.7	—
植物品种权密集型产业	—	9	—	—
批发业	G46	2	22.2	4.2
食品制造业	C10	2	22.2	8.0
研究和试验发展业	M72	2	22.2	66.7
饮料制造业	C11	1	11.1	14.3
租赁业	N77	1	11.1	8.3
农牧业	A1	1	11.1	3.2
地理标志密集型产业	—	4	—	—

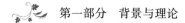第一部分 背景与理论

续表

产业类型/行业（大类）名称	NACE Rev.2 行业代码	知识产权密集型产业数量（个）	知识产权密集型产业占比（%）	知识产权密集型产业覆盖率（%）
饮料制造业	C11	3	75.0	42.9
食品制造业	C10	1	25.0	4.0

注：某行业门类知识产权密集型产业占比=（该行业知识产权密集型产业数量/知识产权密集型产业总数）×100%，某行业门类知识产权密集型产业覆盖率=（该行业知识产权密集型产业数量/该行业包含的行业小类总数）×100%。

资料来源：笔者整理。

3. 欧盟各行业的知识产权密集型产业覆盖率

欧盟各行业的知识产权密集型产业覆盖率分析思路和美国的分析思路基本一致，唯一的差异在于：美国的行业数量统计是基于行业中类的，欧盟的行业数量统计是基于行业小类的（因为美国和欧盟的知识产权密集型产业分别是基于行业中类和行业小类界定的）。因此，欧盟某行业（门类、大类）的知识产权密集型产业覆盖率=（该行业知识产权密集型产业数量/该行业包含的行业小类总数）×100%。以欧盟2019年的知识产权密集型产业报告为例，相关行业门类和行业大类①的知识产权密集型产业覆盖率如下所示。

从行业门类上看，发明专利密集型产业覆盖率较高的有制造业（NACE代码为C）和采矿业（NACE代码为B）2个行业门类，覆盖率分别达到了53.0%和33.3%。外观设计密集型产业覆盖率较高的有制造业（NACE代码为C）、批发和零售业（NACE代码为G）、科学研究和技术服务业（NACE代码为M）3个行业门类，覆盖率分别达到了

---

① 与行业门类和行业大类相比，欧盟知识产权密集型产业涉及的相关行业中类较多，分析行业中类层面的知识产权密集型产业覆盖率不能很好地反映知识产权密集型产业的集中趋势，分析价值不大，因此此处不做赘述。

·54·

59.1%、36.3%和31.6%。版权密集型产业覆盖率较高的有信息传输、软件和信息技术服务业（NACE 代码为 J），文化、体育和娱乐业（NACE 代码为 R），科学研究和技术服务业（NACE 代码为 M）3 个行业门类，覆盖率分别达到了 100%、60.0%和 31.6%。商标密集型产业包含的行业小类较多，因此覆盖率较高的行业也较多，具体来看，覆盖率较高的有制造业（NACE 代码为 C），批发和零售业（NACE 代码为 G），信息传输、软件和信息技术服务业（NACE 代码为 J），租赁和商务服务业（NACE 代码为 N），科学研究和技术服务业（NACE 代码为 M），采矿业（NACE 代码为 B），电力、热力、燃气及水生产和供应业（NACE 代码为 D），房地产业（NACE 代码为 L）8 个行业门类，覆盖率分别达到了 70.0%、60.4%、88.5%、36.4%、52.6%、53.3%、50.0%和 50.0%。植物品种权密集型产业和地理标志密集型产业包含的行业小类较少，因此对相关行业的覆盖率基本没有超过 3%〔植物品种权密集型产业对科学研究和技术服务业（NACE 代码为 M）的覆盖率除外，达到了 10.5%〕（见表 3-13 最后一列）。

从行业大类上看，发明专利密集型产业、外观设计密集型产业和商标密集型产业对涉及的主要行业大类覆盖率较高，版权密集型产业对涉及的大部分主要行业大类覆盖率也较高，植物品种权密集型产业和地理标志密集型产业对涉及的主要行业大类覆盖率则普遍较低。具体来看，发明专利密集型产业对涉及的机械设备制造业（NACE 代码为 C28），化学原料和化学制品制造业（NACE 代码为 C20），其他非金属矿物制造业（NACE 代码为 C23），金属制品业（NACE 代码为 C25），计算机、电子及光学品制造业（NACE 代码为 C26）5 个主要行业大类覆盖率分别达到了 100%、93.8%、45.8%、58.8%和 90.0%。外观设计密集型产业对涉及的批发业（NACE 代码为 G46）、机械设备制造业（NACE 代码为 C28）、其他非金属矿物制造业（NACE 代码为 C23）、食品制造业（NACE 代码为 C10）、金属制品业（NACE 代码为 C25）5 个主要行业大类覆盖率相对低一些，但是也分别达到了 54.2%、81.0%、58.3%、44.0% 和 58.8%。商标密集型产业对涉及的批发业（NACE 代码为 G46）、食品制造业（NACE 代码为 C10）、其他非金属矿物制造业（NACE 代码为 C23）、机械设备制造业（NACE 代码为 C28）、化学原料和化学制品制造业（NACE 代码为 C20）5 个主要行业大类覆盖率均超过了 70%，分别达到了 87.5%、76.0%、70.8%、81.0% 和 93.8%。版权密集型产业对涉及的零售业（NACE 代码为 G47）和批发业（NACE 代码为 G46）2 个主要行业覆盖率较低，均没有超过 20%，但是对出版发行业（NACE 代码为 J58），广播、电视、电影和录音制作业（NACE 代码为 J59），印刷和记录媒介复制业（NACE 代码为 C18）3 个主要行业均实现了 100% 覆盖。植物品种权密集型产业对涉及的研究和试验发展业（NACE 代码为 M72）的覆盖率较高，达到了 66.7%，但是对涉及的其他 5 个行业大类覆盖率均不超过 15%。地理标志密集型产业对涉及的饮料制造业（NACE 代码为 C11）的覆盖率也不低，达到了 42.9%，但是对涉及的食品制造业（NACE 代码为 C10）的覆盖率只有 4.0%（见表 3-14 最后一列）。

（三）中国界定的知识产权密集型产业范围

1. 中国知识产权密集型产业的数量

国家知识产权局 2015 年的知识产权密集型产业报告（以下简称 2015 年报告），界定筛选了中国行业大类层面的发明专利密集型产业、商标密集型产业和核心版权密集型产业。国家知识产权局和国家统计局分别于 2016 年和 2019 年公布了《专利密集型产业目录（2016）（试行）》（以下简称《目录》）和《知识产权（专利）密集型产业统计分类（2019）》（以下简称《分类》），分别界定筛选了中国行业中类和行业小类层面的发明专利密集型产业。

2015 年报告从《国民经济行业分类》（GB/T 4754—2011）的 96 个行业大类中筛选出了 30 个知识产权密集型产业，其中包括 21 个商标密集型产业，12 个发明专利密集型产业，9 个核心版权密集型产业（见附表 12、附表 13 和附表 14），涉及 6 个行业门类、180 个行业中类和 520 个行业小类①。

《目录》筛选出了信息基础产业、软件和信息技术服务业、现代交通装备产业、智能制造装备产业、生物医药产业、新型功能材料产业、高效节能环保产业、资源循环利用产业 8 大类发明专利密集型产业（见附表 10）。这 8 大类发明专利密集型产业涵盖了《国民经济行业分类》（GB/T 4754—2011）中的 48 个国民经济行业中类（占国民经济行业中类总数的%），涉及 3 个行业门类、12 个行业大类和 202 个行业小类②。

《分类》筛选出了信息通信技术制造业，信息通信技术服务业，新装备制造业，新材料制造业，医药医疗产业，环保产业，研发、设计和技术服务业 7 大类发明专利密集型产业（见附表 11）。这 7 大类发明专利密集型产业涵盖了《国民经济行业分类》（GB/T 4754—2017）中的 188 个国民经济行业小类（占国民经济行业小类总数的 13.6%），涉及 4 个行业门类、20 个行业大类、75 个行业中类。

表 3 - 15 　　　　中国知识产权密集型产业包含行业数量

知识产权密集型产业类型	2015 年报告（行业大类）	2016 年《目录》（行业中类）	2019 年《分类》（行业小类）
发明专利	12	48	188
商标	21	—	—
核心版权	9	—	—
总计	30	48	188

资料来源：笔者整理。

---

① 30 个行业大类知识产权密集型产业共包含 180 个行业中类和 520 个行业小类。

② 48 个行业中类发明专利密集型产业共包含 202 个行业小类。

2. 中国知识产权密集型产业的行业分布

从行业门类的分布看，中国的发明专利密集型产业主要集中在制造业。2015 年报告选出的 12 个行业大类的发明专利密集型产业中有 11 个属于制造业（占比 91.7%），1 个属于信息传输、软件和信息技术服务业（占比 8.3%）（见表 3 - 16）。《目录》选出的 48 个行业中类的发明专利密集型产业中有 40 个属于制造业（占比 83.3%），6 个属于信息传输、软件和信息技术服务业（占比 12.5%），2 个属于电力、热力、燃气及水生产和供应业（占比 4.2%）（见表 3 - 17）。《分类》选出的 188 个行业小类发明专利密集型产业中有 154 个属于制造业（占比 81.9%），有 21 个属于信息传输、软件和信息技术服务业（占比 11.2%），有 12 个属于科学研究和技术服务业（占比 6.4%），有 1 个属于电力、热力、燃气及水生产和供应业（占比 0.5%）（见表 3 - 18）。

中国的商标密集型产业也主要集中在制造业。2015 年报告选出的 21 个行业大类的商标密集型产业中有 18 个属于制造业（占比 85.7%），2 个属于住宿和餐饮业（占比 9.5%），1 个属于租赁和商务服务业（占比 4.8%）（见表 3 - 16）。

中国的核心版权密集型产业则主要集中在文化、体育和娱乐业（4 个），信息传输、软件和信息技术服务业（3 个）2 个行业门类，占比分别为 44.4% 和 33.3%（见表 3 - 16）。

表 3 - 16　中国 2015 年报告知识产权密集型产业的行业（门类）分布

产业类型/行业（门类）名称	GB/T 4754—2011 行业代码	知识产权密集型产业数量（个）	知识产权密集型产业占比（%）	知识产权密集型产业覆盖率（%）
发明专利密集型产业	—	12	100	—
制造业	C	11	91.7	35.5

续表

产业类型/行业 （门类）名称	GB/T 4754—2011 行业代码	知识产权 密集型产业 数量（个）	知识产权 密集型产业 占比（%）	知识产权 密集型产业 覆盖率（%）
信息传输、软件和信息技术服务业	I	1	8.3	33.3
核心版权密集型产业	—	9	100	—
文化、体育和娱乐业	R	4	44.4	80.0
信息传输、软件和信息技术服务业	I	3	33.3	100
科学研究和技术服务业	M	1	11.1	33.3
租赁和商务服务业	L	1	11.1	50.0
商标密集型产业	—	21	100	—
制造业	C	18	85.7	58.1
住宿和餐饮业	H	2	9.5	100
租赁和商务服务业	L	1	4.8	50.0

资料来源：笔者整理。

表3-17 中国《目录》发明专利密集型产业的行业（门类）分布

行业（门类）名称	GB/T 4754—2011 行业代码	发明专利 密集型产业 数量（个）	发明专利 密集型产业 占比（%）	发明专利 密集型产业 覆盖率（%）
制造业	C	40	83.3	22.9
信息传输、软件和信息技术服务业	I	6	12.5	50.0
电力、热力、燃气及水生产和供应业	D	2	4.2	28.6
总计	—	48	100	—

资料来源：笔者整理。

表3-18 中国《分类》发明专利密集型产业的行业（门类）分布

行业（门类）名称	GB/T 4754—2017 行业代码	发明专利密集型产业数量（个）	发明专利密集型产业占比（%）	发明专利密集型产业覆盖率（%）
制造业	C	154	81.9	25.3
科学研究和技术服务业	M	12	6.4	25.0
信息传输、软件和信息技术服务业	I	21	11.2	61.8
电力、热力、燃气及水生产和供应业	D	1	0.5	5.6
总计		188	100	—

资料来源：笔者整理。

从行业大类的分布看，2015 年报告直接选出的就是包含 12 个行业大类的发明专利密集型产业（见表 3-19）。《目录》选出的 48 个行业中类发明专利密集型产业分布在 12 个行业大类，并主要集中在专用设备制造业（8 个，占比 16.7%）、化学原料和化学制品制造业（6 个，占比 12.5%）、软件和信息技术服务业（6 个，占比 12.5%）、医药制造业（5 个，占比 10.4%）、通用设备制造业（5 个，占比 10.4%）、计算机、通信和其他电子设备制造业（5 个，占比 10.4%）6 个行业大类（见表 3-20）。

《分类》选出的 188 个行业小类发明专利密集型产业分布在 20 个行业大类，也主要集中在计算机、通信和其他电子设备制造业（30 个，占比 16.0%）、通用设备制造业（29 个，占比 15.4%）、专用设备制造业（24 个，占比 12.8%）、化学原料和化学制品制造业（19 个，占比 10.1%）等行业；此外，电气机械和器材制造业，仪器仪表制造业，互联网和相关服务，医药制造业，铁路、船舶、航空航天和其他运输设备制造业，软件和信息技术服务业，科技推广和应用服务业也有不少分布（见表 3-21）。

表 3 - 19 中国 2015 年报告知识产权密集型产业的行业（大类）分布

序号	行业（大类）名称	GB/T 4754—2011 行业代码
1	农副食品加工业	C13
2	食品制造业	C14
3	化学原料和化学制品制造业	C26
4	医药制造业	C27
5	非金属矿物制品业	C30
6	金属制品业	C33
7	通用设备制造业	C34
8	专用设备制造业	C35
9	电气机械和器材制造业	C38
10	计算机、通信和其他电子设备制造业	C39
11	仪器仪表制造业	C40
12	软件和信息技术服务业	I65

资料来源：笔者整理。

表 3 - 20 中国《目录》发明专利密集型产业的行业（大类）分布

行业（大类）名称	GB/T 4754—2011 行业代码	发明专利密集型产业数量（个）	发明专利密集型产业占比（%）	发明专利密集型产业覆盖率（%）
专用设备制造业	C35	8	16.7	88.9
化学原料和化学制品制造业	C26	6	12.5	75.0
软件和信息技术服务业	I65	6	12.5	75.0
医药制造业	C27	5	10.4	62.5
通用设备制造业	C34	5	10.4	55.6
计算机、通信和其他电子设备制造业	C39	5	10.4	55.6
电气机械和器材制造业	C38	3	6.3	37.5

行业（大类）名称	GB/T 4754—2011 行业代码	发明专利密集型产业数量（个）	发明专利密集型产业占比（%）	发明专利密集型产业覆盖率（%）
仪器仪表制造业	C40	3	6.3	50.0
水的生产和供应业	D46	2	4.2	50.0
汽车制造业	C36	2	4.2	28.6
铁路、船舶、航空航天和其他运输设备制造业	C37	2	4.2	22.2
金属制品业	C33	1	2.1	11.1
总计	—	48	100	—

资料来源：笔者整理。

表 3-21　中国《分类》发明专利密集型产业的行业（大类）分布

行业（大类）名称	GB/T 4754—2017 行业代码	发明专利密集型产业数量（个）	发明专利密集型产业占比（%）	发明专利密集型产业覆盖率（%）
计算机、通信和其他电子设备制造业	C39	30	16.0	83.3
通用设备制造业	C34	29	15.4	55.8
专用设备制造业	C35	24	12.8	42.9
化学原料和化学制品制造业	C26	19	10.1	50.0
电气机械和器材制造业	C38	15	8.0	39.5
仪器仪表制造业	C40	12	6.4	60.0
互联网和相关服务	I64	10	5.3	83.3
医药制造业	C27	9	4.8	100
铁路、船舶、航空航天和其他运输设备制造业	C37	8	4.3	26.7
软件和信息技术服务业	I65	8	4.3	53.3

行业（大类）名称	GB/T 4754—2017 行业代码	发明专利密集型产业数量（个）	发明专利密集型产业占比（%）	发明专利密集型产业覆盖率（%）
科技推广和应用服务业	M75	7	3.7	58.3
电信、广播电视和卫星传输服务	I63	3	1.6	42.9
研究和试验发展	M73	3	1.6	60.0
非金属矿物制品业	C30	2	1.1	5.4
专业技术服务业	M74	2	1.1	6.5
金属制品业	C33	2	1.1	6.9
汽车制造业	C36	2	1.1	25.0
有色金属冶炼和压延加工业	C32	1	0.5	4.8
化学纤维制造业	C28	1	0.5	9.1
水的生产和供应业	D46	1	0.5	25.0
总计	—	188	100	—

资料来源：笔者整理。

3. 中国各行业的知识产权密集型产业覆盖率

从行业门类上看，无论是依据行业大类、行业中类还是依据行业小类进行筛选，发明专利密集型产业对信息传输、软件和信息技术服务业都有较高的覆盖率（2015 年报告、《目录》和《分类》的覆盖率分别达到了 33.3%、50.0% 和 61.8%），对制造业的覆盖率也都超过了 20%（2015 年报告、《目录》和《分类》的覆盖率分别达到了 35.5%、22.9% 和 25.3%）；《目录》选出的行业中类发明专利密集型产业对电力、热力、燃气及水生产和供应业的覆盖率为 28.6%；《分类》选出的行业小类发明专利密集型产业对科学研究和技术服务业的覆盖率达到了 25.0%（见表 3 - 16 至表 3 - 18）。此外，依据

2015年的知识产权密集型产业报告，核心版权密集型产业覆盖了100%的信息传输、软件和信息技术服务业，80%的文化、体育和娱乐业，50%的租赁和商务服务业，33.3%的科学研究和技术服务业；商标密集型产业覆盖了100%的住宿和餐饮业，58.1%的制造业，50%的租赁和商务服务业（见表3-16）。

从行业大类上看，《目录》选出的行业中类发明专利密集型产业对专用设备制造业的覆盖率高达88.9%，对化学原料和化学制品制造业（75.0%），软件和信息技术服务业（75.0%），医药制造业（62.5%），通用设备制造业（55.6%），计算机、通信和其他电子设备制造业（55.6%），仪器仪表制造业（50.0%），水的生产和供应业（50.0%）6个行业大类的覆盖率也都达到或超过了50%。《分类》选出的行业小类发明专利密集型产业对医药制造业的覆盖率高达100%，对计算机、通信和其他电子设备制造业，互联网和相关服务2个行业大类的覆盖率也高达83.3%，对仪器仪表制造业（60.0%）、研究和试验发展（60.0%）、科技推广和应用服务业（58.3%）、通用设备制造业（55.8%）、软件和信息技术服务业（53.3%）、化学原料和化学制品制造业（50.0%）6个行业大类的覆盖率也都达到或超过了50%。从发明专利密集型产业覆盖的平均水平看，医药制造业，计算机、通信和其他电子设备制造业，专用设备制造业，软件和信息技术服务业，化学原料和化学制品制造业，通用设备制造业，仪器仪表制造业，电气机械和器材制造业8个行业大类的发明专利密集型产业覆盖率平均都超过了50%（见表3-22），是中国发明专利密集型产业的典型代表。

表3-22　中国发明专利密集型产业的行业（大类）平均分布

序号	行业（大类）名称	GB/T 4754—2017 行业代码	发明专利密集型产业覆盖率（%）			
			2015 报告	《目录》	《分类》	平均
1	医药制造业	C27	100	62.5	100	87.5
2	计算机、通信和其他电子设备制造业	C39	100	55.6	83.3	79.6
3	专用设备制造业	C35	100	88.9	42.9	77.3
4	软件和信息技术服务业	I65	100	75	53.3	76.1
5	化学原料和化学制品制造业	C26	100	75	50	75.0
6	通用设备制造业	C34	100	55.6	55.8	70.5
7	仪器仪表制造业	C40	100	50	60	70.0
8	电气机械和器材制造业	C38	100	37.5	39.5	59.0
9	金属制品业	C33	100	11.1	6.9	39.3
10	非金属矿物制品业	C30	100	0	5.4	35.1
11	农副食品加工业	C13	100	0	0	33.3
12	食品制造业	C14	100	0	0	33.3
13	互联网和相关服务	I64	0	0	83.3	27.8
14	水的生产和供应业	D46	0	50	25	25.0
15	研究和试验发展	M73	0	0	60	20.0
16	科技推广和应用服务业	M75	0	0	58.3	19.4
17	汽车制造业	C36	0	28.6	25	17.9
18	铁路、船舶、航空航天和其他运输设备制造业	C37	0	22.2	26.7	16.3
19	电信、广播电视和卫星传输服务	I63	0	0	42.9	14.3

续表

序号	行业（大类）名称	GB/T 4754—2017 行业代码	发明专利密集型产业覆盖率（%）			
			2015 报告	《目录》	《分类》	平均
20	化学纤维制造业	C28	0	0	9.1	3.0
21	专业技术服务业	M74	0	0	6.5	2.2
22	有色金属冶炼和压延加工业	C32	0	0	4.8	1.6

资料来源：笔者整理。

三　美国、欧盟和中国知识产权密集型产业范围比较

（一）美国、欧盟和中国知识产权密集型产业的数量比较

国民经济行业分类是划分全社会经济活动的基础性分类。美国、欧盟和中国都是按照各自的国民经济行业分类界定筛选知识产权密集型产业的，三个国家和地区的国民经济行业分类有一定的关联性和对应性，但是并不是完全一一对应的关系。

美国使用的国民行业分类标准是由美国、加拿大和墨西哥联合建立的"北美产业分类体系"（NAICS）2007 年的版本，欧盟使用的国民行业分类标准是欧盟统计局建立的"欧盟产业分类体系"（NACE）2006年的版本（NACE Rev. 2），中国使用的国民行业分类标准是国家统计局 2011 年和 2017 年发布的《国民经济行业分类》（GB/T 4754—2011）和《国民经济行业分类》（GB/T 4754—2017）。

欧盟的 NACE 分类和中国的国民经济行业分类都是联合国统计司制定的 ISIC 分类[①]的派生分类，所谓派生分类，是指欧盟和中国的分类完

---

① 联合国统计司制定的《所有经济活动的国际标准行业分类》（ISIC），是生产性经济活动的国际基准分类，目前国际上采用的是 2006 年发布的 ISIC 修订本第 4 版（ISIC Rev. 4）。ISIC 按照生产要素的投入、生产工艺、生产技术、产出特点及产出用途等因素，将经济活动划分为 21 个门类、88 个大类、238 个中类和 419 个小类，是按照国际可比的标准化方法开展数据收集、整理和分析的重要工具。

全以 ISIC 分类为基础建立，只是对一些细类根据自身经济活动特点再进行调整重组。美国的 NAICS 分类是 ISIC 分类的相关分类，所谓相关分类，是指 NAICS 只是部分地参考 ISIC 的类别定义，只在特定结构层次与 ISIC 相关联。因此，欧盟和中国的国民经济行业分类对应性较高，与美国的对应性相对弱一些，彼此的行业口径并不完全一致。

美国的 NAICS 分类将经济活动划分为部门、子部门、产业组、产业、国别产业 5 个层次，前四层为统一分类，分别对应中国的行业门类、行业大类、行业中类和行业小类，第五层为三个国家各自设定的细分类别。2007 年版的 NAICS 分类包含 20 个行业门类、99 个行业大类、313 个行业中类和 721 个行业小类。

欧盟的 NACE 分类将经济活动分为行业门类、行业大类、行业中类、行业小类 4 个层次，其中行业门类和行业大类层次与联合国的 ISIC 完全一致，行业中类和行业小类则根据欧盟情况进行了调整。2006 年版的 NACE 分类包含 21 个行业门类、88 个行业大类、272 个行业中类和 615 个行业小类。

中国的国民经济行业分类也将经济活动分为行业门类、行业大类、行业中类、行业小类 4 个层次，其中行业门类层次与联合国的 ISIC 基本一致，行业大类、行业中类和行业小类则根据中国情况进行了调整。2011 年版的国民经济行业分类包含 20 个行业门类、96 个行业大类、432 个行业中类和 1094 个行业小类；2017 年版的国民经济行业分类包含 20 个行业门类、97 个行业大类、473 个行业中类和 1381 个行业小类（见表 3 - 23）。

表 3 - 23　　相关国民经济行业分类标准行业数量比较

国民经济行业分类标准	行业门类	行业大类	行业中类	行业小类
联合国 ISIC Rev. 4	21	88	238	419
美国 NAICS 2007	20	99	313	721

续表

国民经济行业分类标准	行业门类	行业大类	行业中类	行业小类
欧盟 NACE Rev. 2	21	88	272	615
中国 GB/T 4754—2011	20	96	432	1094
中国 GB/T 4754—2017	20	97	473	1381

资料来源：笔者整理。

因此，在对美国、欧盟和中国知识产权密集产业的数量进行比较的时候，不仅要看绝对数量，也要看相对数量；在对知识产权密集产业覆盖的行业进行比较的时候，也要对相应的行业进行相应的匹配调整。

表 3 - 24 和表 3 - 25 分别给出了美国、欧盟和中国知识产权密集型产业涉及的行业绝对数量和行业相对数量。整体来看，无论是美国、欧盟还是中国，无论是绝对数量还是相对数量，基本都是商标密集型产业涉及的行业数量最多，发明专利密集型产业次之，（核心）版权密集型产业涉及的行业数量最少[1]。

分国家和地区看，欧盟知识产权密集型产业的行业覆盖率最高，中国次之，美国最低。以行业小类的覆盖为例，欧盟发明专利密集型产业、（核心）版权密集型产业和商标密集型产业对所有行业小类的覆盖率分别达到 24.1%、12.8% 和 45.5%；中国发明专利密集型产业、（核心）版权密集型产业和商标密集型产业对所有行业小类的覆盖率分别达到 20.4%、7.9% 和 40.6%；而美国发明专利密集型产业、（核心）版权密集型产业和商标密集型产业的对所有行业小类的覆盖率分别为 7.2%、6.2% 和 24.0%[2]。

___

① 表中同时给出了各类知识产权密集型产业涉及的行业门类、行业大类、行业中类和行业小类数量，其中行业中类和行业小类数量更能体现知识产权密集型产业涉及的广度，因此对三个国家和地区对比时，主要参考涉及的行业中类和行业小类数量。

② 由于美国、欧盟和中国的行业划分标准不同，因此只知识产权密集型产业涉及行业的相对数量才有一定的可比意义，涉及行业的绝对数量比较意义不大。

表 3－24　美国、欧盟和中国知识产权密集型产业涉及的行业绝对数量

相关研究或文件	国民经济行业分类标准	界定层次	涉及的行业数量（个）			
			行业门类	行业大类	行业中类	行业小类
发明专利密集型产业						
美国 2016 年报告	NAICS 2007	中类	1	5	25	52
欧盟 2019 年报告	NACE Rev. 2	小类	6	32	87	148
中国 2015 年报告	GB/T 4754—2011	大类	2	12	93	319
中国 2016 年《目录》	GB/T 4754—2011	中类	3	12	48	202
中国 2019 年《分类》	GB/T 4754—2017	小类	4	20	75	188
中国平均	—	—	3	15	72	236
平均	—	—	3	16	66	182
（核心）版权密集型产业						
美国 2016 年报告	NAICS 2007	中类	3	6	13	45
欧盟 2019 年报告：版权	NACE Rev. 2	小类	7	26	48	79
欧盟 2019 年报告：核心	NACE Rev. 2	小类	3	9	16	33
中国 2015 年报告	GB/T 4754—2011	大类	4	9	49	86
平均	—	—	5	14	37	70
商标密集型产业						
美国 2016 年报告	NAICS 2007	中类	15	43	66	173
欧盟 2019 年报告	NACE Rev. 2	小类	12	51	138	280
中国 2015 年报告	GB/T 4754—2011	大类	3	21	132	444
平均	—	—	10	38	112	299

注：阴影部分为重点关注内容，方便读者阅读。

资料来源：笔者整理。

表3-25 美国、欧盟和中国知识产权密集型产业涉及的行业相对数量

相关研究或文件	国民经济行业分类标准	界定层次	行业覆盖率（%）			
			行业门类	行业大类	行业中类	行业小类
发明专利密集型产业						
美国2016年报告	NAICS 2007	中类	5.0	5.1	8.0	7.2
欧盟2019年报告	NACE Rev. 2	小类	28.6	36.4	32.0	24.1
中国2015年报告	GB/T 4754—2011	大类	10.0	12.5	21.5	29.2
中国2016年《目录》	GB/T 4754—2011	中类	15.0	12.5	11.1	18.5
中国2019年《分类》	GB/T 4754—2017	小类	20.0	20.6	15.9	13.6
中国平均	—	—	15.0	15.2	16.2	20.4
平均	—	—	15.7	17.4	17.7	18.5
（核心）版权密集型产业						
美国2016年报告	NAICS 2007	中类	15.0	6.1	4.2	6.2
欧盟2019年报告：版权	NACE Rev. 2	小类	33.3	29.5	17.6	12.8
欧盟2019年报告：核心	NACE Rev. 2	小类	33.3	29.5	17.6	12.8
中国2015年报告	GB/T 4754—2011	大类	20.0	9.4	11.3	7.9
平均	—	—	22.8	15.0	11.0	9.0
商标密集型产业						
美国2016年报告	NAICS 2007	中类	75.0	43.4	21.1	24.0
欧盟2019年报告	NACE Rev. 2	小类	57.1	58.0	50.7	45.5
中国2015年报告	GB/T 4754—2011	大类	15.0	21.9	30.6	40.6
平均	—	—	49.0	41.1	34.1	36.7

注：阴影部分为重点关注内容，方便读者阅读。

资料来源：笔者整理。

（二）美国、欧盟和中国知识产权密集型产业的行业分布比较

1. 发明专利密集型产业行业分布比较

无论是从行业门类的分布，还是从行业大类的分布看，发明专利密集型产业整体都呈现出了很强的集聚性。

从行业门类的分布看，美国、欧盟和中国的发明专利密集型产业均主要集中在制造业（占比分别达到了100%、82.4%和85.6%）。

此外，中国的发明专利密集型产业在信息传输、软件和信息技术服务业（占比10.7%），科学研究和技术服务业（占比2.1%），电力、热力、燃气及水生产和供应业（占比1.6%）等行业也有分布；欧盟的发明专利密集型产业在上述4个行业门类之外，在采矿业（占比3.4%）、租赁和商务服务业（占比0.7%）等行业也有分布。

表3-26　美国、欧盟和中国发明专利密集型产业行业（门类）分布对比

行业（门类）代码和名称				发明专利密集型产业占比（%）					
中国GB/T 4754—2017 行业（门类）名称	中国GB/T 4754—2017 代码	NACE Rev. 2 代码	NAICS 2007 代码	中国 2015年 报告	中国 2016年 《目录》	中国 2019年 《分类》	中国 平均	欧盟 2019年 报告	美国 2016年 报告
制造业	C	C	31 32 33	91.7	83.3	81.9	85.6	82.4	100
信息传输、软件和信息技术服务业	I	J	—	8.3	12.5	11.2	10.7	2.0	—
科学研究和技术服务业	M	M		0	0	6.4	2.1	3.4	
电力、热力、燃气及水生产和供应业	D	D		0	4.2	0.5	1.6	1.4	
采矿业	B	B		0	0	0	0	3.4	
租赁和商务服务业	L	N		0	0	0	0	0.7	

注：阴影部分为重点关注内容，方便读者阅读。

资料来源：笔者整理。

从行业大类的分布看，美国、欧盟和中国的发明专利密集型产业均主要集中在专用设备制造业（平均占比17.4%），通用设备制造业（平均占比16.9%），计算机、通信和其他电子设备制造业（平均占比13.0%），仪器仪表制造业（平均占比11.4%），化学原料和化学

制品制造业（平均占比 13.9%），化学纤维制造业（平均占比
11.4%），医药制造业（平均占比 10.1%），电气机械和器材制造业
（平均占比8.7%）8 个行业大类①。此外，中国发明专利密集型产业
在软件和信息技术服务业（占比5.6%）的分布也不少，欧盟发明专
利密集型产业在金属制品业（占比6.8%）和非金属矿物制品业（占
比7.4%）的分布也较多。

表3－27　美国、欧盟和中国发明专利密集型产业行业（大类）分布对比

序号	行业（大类）代码和名称				发明专利密集型产业占比（%）			
	中国 GB/T 4754—2017 行业（大类）名称	中国 GB/T 4754—2017 代码	欧盟 NACE Rev. 2 代码名称	美国 NAICS 2007 代码名称	中国平均	欧盟	美国	平均
1	专用设备制造业	C35	C28 机械设备制造业	333 机械设备制造业	9.9	14.2	28.0	17.4
2	通用设备制造业	C34			8.6	14.2	28.0	16.9
3	计算机、通信和其他电子设备制造业	C39	C26 计算机、电子及光学产品制造业	334 计算机与电子产品制造业	8.8	6.1	24.0	13.0
4	仪器仪表制造业	C40			4.3	6.1	24.0	11.4
5	化学原料和化学制品制造业	C26	C20 化学原料及化学品制造业	325 化工制造业	7.6	10.1	24.0	13.9
6	化学纤维制造业	C28			0.2	10.1	24.0	11.4
7	医药制造业	C27	C21 医药制造业		5.1	1.4	24.0	10.1

---

① 8 个行业大类是依据中国国民经济行业分类标准 GB/T 4754—2017 的分类，按照美
国 NAICS 2007 标准是机械设备制造业等 4 个行业大类，按照欧盟 NACE Rev. 2 标准是机械
设备制造业等 5 个行业大类。

续表

序号	行业（大类）代码和名称				发明专利密集型产业占比（%）			
	中国GB/T 4754—2017 行业（大类）名称	中国GB/T 4754—2017代码	欧盟NACE Rev. 2代码名称	美国NAICS 2007代码名称	中国平均	欧盟	美国	平均
8	电气机械和器材制造业	C38	C27	335	4.8	5.4	16.0	8.7
9	其他制造业	C41			0	4.7	8.0	4.2
10	文教、工美、体育和娱乐用品制造	C24	C32 其他制造业	339 其他制造业	0	4.7	8.0	4.2
11	研究和试验发展	M73	M72 研究和试验发展业		0.5	2.0	0	0.9
12	科技推广和应用服务业	M75			1.2	2.0	0	1.1
13	汽车制造业	C36	C29		1.8	2.7	0	1.5
14	铁路、船舶、航空航天和其他运输设备制造业	C37	C30		2.8	4.7	0	2.5
15	烟草制品业	C16	C12		0	0.7	0	0.2
16	橡胶和塑料制品业	C29	C22	—	0	4.1	0	1.4
17	金属制品业	C33	C25		1.1	6.8	0	2.6
18	非金属矿物制品业	C30	C23		0.4	7.4	0	2.6
19	软件和信息技术服务业	I65	J62		5.6	0	0	1.9
20	电信、广播电视和卫星传输服务	I63	J61		0.5	1.4	0	0.6
21	农副食品加工业	C13	C10 食品制造业		0	2.7	0	0.9
22	食品制造业	C14			0	2.7	0	0.9

续表

序号	行业（大类）代码和名称				发明专利密集型产业占比（%）			
	中国GB/T 4754—2017 行业（大类）名称	中国 GB/T 4754—2017 代码	欧盟 NACE Rev. 2 代码名称	美国 NAICS 2007 代码名称	中国平均	欧盟	美国	平均
23	有色金属冶炼和压延加工业	C32	M72 研究和试验发展业		0.2	4.7	0	1.6
24	黑色金属冶炼和压延加工业	C31			0	4.7	0	1.6
25	专业技术服务业	M74	M71		0.4	0.7	0	0.3
26	纺织业	C17	C13		0	3.4	0	1.1
27	石油和天然气开采业	B7	B6		0	0.7	0	0.2
28	开采专业及辅助性活动	B11	B9		0	0.7	0	0.2
29	黑色金属矿采选业	B8	B7 金属矿采选业		0	0.7	0	0.2
30	有色金属矿采选业	B9			0	0.7	0	0.2
31	其他采矿业	B12	B8	—	0	1.4	0	0.5
32	金属制品、机械和设备修理业	C43	C33		0	1.4	0	0.5
33	造纸和纸制品业	C22	C17		0	1.4	0	0.5
34	互联网和相关服务	I64	J63		1.8	0	0	0.6
35	电力、热力生产和供应业	D44	D35 电力、燃气、热力生产和供应业		0	1.4	0	0.5
36	燃气生产和供应业	D45			0	1.4	0	0.5
37	水的生产和供应业	D46	E36		1.6	0	0	0.5
38	商务服务业	L72	M74		0	0.7	0	0.2
39	批发业	F51	G46		0	4.7	0	1.6

序号	行业（大类）代码和名称				发明专利密集型产业占比（%）			
	中国 GB/T 4754—2017 行业（大类）名称	中国 GB/T 4754—2017 代码	欧盟 NACE Rev. 2 代码名称	美国 NAICS 2007 代码名称	中国平均	欧盟	美国	平均
40	新闻和出版业	R86	J58		0	0.7	0	0.2
41	木材加工和木、竹、藤、棕、草制品业	C20	C16	—	0	0.7	0	0.2
42	租赁业	L71	N77		0	0.7	0	0.2
43	零售业	F52	G47		0	0.7	0	0.2

注：阴影部分为重点关注内容，方便读者阅读。

资料来源：笔者整理。

2. 商标密集型产业行业分布比较

与发明专利密集型产业类似，商标密集型产业整体也呈现出较强的集聚性。但是与发明专利密集型产业相比，商标密集型产业的集聚性要相对弱一些。

从行业门类的分布看，美国、欧盟和中国的商标密集型产业也主要集中在制造业（占比分别达到了34.9%、57.5%和85.7%），但是所占比例比发明专利密集型产业明显低一些。此外，美国和欧盟的批发和零售业（分别占比11.6%和19.6%），信息传输、软件和信息技术服务业（分别占比11.6%和8.2%）也集中了较多的商标密集型产业；美国的金融业（占比9.3%）和房地产业（占比7.0%），中国的住宿和餐饮业（占比9.5%）也是商标密集型产业分布较多的行业。

表3-28 美国、欧盟和中国商标密集型产业行业（门类）分布对比

序号	行业（门类）代码和名称				商标密集型产业占比（%）			
	中国GB/T 4754—2017 行业（门类）名称	中国GB/T 4754—2017 代码	欧盟 NACE Rev. 2 代码名称	美国 NAICS 2007 代码名称	中国平均	欧盟	美国	平均
1	制造业	C	C	31—33	85.7	57.5	34.9	59.4
2	批发和零售业	F	G	42	0	19.6	11.6	10.4
3	信息传输、软件和信息技术服务业	I	J	51	0	8.2	11.6	6.6
4	金融业	J	K	52	0	0.4	9.3	3.2
5	住宿和餐饮业	H	—	—	9.5	0	0	3.2
6	租赁和商务服务业	L	N	—	4.8	4.3	0	3.0
7	房地产业	K	L	53	0	0.7	7.0	2.6
8	采矿业	B	B	21	0	2.9	4.7	2.5
9	科学研究和技术服务业	M	M	54	0	3.6	2.3	2.0
10	建筑业	E	F	23	0	0.4	4.7	1.7
11	电力、热力、燃气及水生产和供应业	D	D	22	0	1.4	2.3	1.2
12	文化、体育和娱乐业	R	R	71	0	0.7	2.3	1.0
13	交通运输、仓储和邮政业	G	H	48—49	0	0.4	2.3	0.9
14	居民服务、修理和其他服务业	O	—	56	0	0	2.3	0.8
15	卫生和社会工作	Q	—	62	0	0	2.3	0.8
16	公共管理、社会保障和社会组织	S	—	81	0	0	2.3	0.8

注：阴影部分为重点关注内容，方便读者阅读。

资料来源：笔者整理。

从行业大类的分布看，美国、欧盟和中国的商标密集型产业均主要集中在批发业（平均占比6.0%）、化学原料和化学制品制造业（平均占比5.9%）、化学纤维制造业（平均占比4.3%）、医药制造业（平均占比4.4%）、通用设备制造业（平均占比5.6%）、专用设备制造业（平均占比5.6%）、农副食品加工业（平均占比5.4%）和食品制造业（平均占比5.4%）8个行业大类[①]。此外，美国的仪器仪表制造业（占比4.5%），计算机、通信和其他电子设备制造业（占比4.5%）和卫生业（占比4.5%），欧盟的非金属矿物制品业（占比6.1%），中国的住宿业（占比4.8%）和餐饮业（占比4.8%）也都分布了较多的商标密集型产业。

表3-29　美国、欧盟和中国商标密集型产业行业（大类）分布对比

序号	行业（大类）代码和名称				商标密集型产业占比（%）			
	中国 GB/T 4754—2017 行业（大类）名称	中国 GB/T 4754—2017 代码	欧盟 NACE Rev.2 代码名称	美国 NAICS 2007 代码名称	中国平均	欧盟	美国	平均
1	批发业	F51	G46	423	0	15.0	3.0	6.0
2	化学原料和化学制品制造业	C26	C20 化学原料及化学品制造业	325 化工制造业	4.8	5.4	7.6	5.9
3	化学纤维制造业	C28			0	5.4	7.6	4.3
4	医药制造业	C27	C21		4.8	0.7	7.6	4.4
5	通用设备制造业	C34	C28 机械设备制造业	333 机械设备制造业	4.8	6.1	6.1	5.6
6	专用设备制造业	C35			4.8	6.1	6.1	5.6

---

① 8个行业大类是依据中国国民经济行业分类标准GB/T 4754—2017的分类，按照美国NAICS 2007标准是机械设备制造业等4个行业大类，按照欧盟NACE Rev.2标准是机械设备制造业等5个行业大类。

续表

序号	行业（大类）代码和名称				商标密集型产业占比（%）			
	中国 GB/T 4754—2017 行业（大类）名称	中国 GB/T 4754—2017 代码	欧盟 NACE Rev. 2 代码名称	美国 NAICS 2007 代码名称	中国平均	欧盟	美国	平均
7	农副食品加工业	C13	C10 食品制造业	311 食品制造业	4.8	6.8	4.5	5.4
8	食品制造业	C14			4.8	6.8	4.5	5.4
9	仪器仪表制造业	C40	C26 计算机、电子及光学产品制造业	334 计算机与电子产品制造业	4.8	3.2	4.5	4.2
10	计算机、通信和其他电子设备制造业	C39			0	3.2	4.5	2.6
11	非金属矿物制品业	C30	C23	327	4.8	6.1	1.5	4.1
12	商务服务业	L72	M73	541	4.8	1.1	4.5	3.5
13	电气机械和器材制造业	C38	C27	335	4.8	2.1	3.0	3.3
14	文教、工美、体育和娱乐用品制造业	C24	C32 其他制造业	339 其他制造业	4.8	3.2	3.0	3.7
15	其他制造业	C41			0	3.2	3.0	2.1
16	酒、饮料和精制茶制造业	C15	C11	312	4.8	2.5	1.5	2.9
17	纺织业	C17	C13	—	4.8	3.2	0	2.7
18	纺织服装、服饰业	C18	C14	—	4.8	2.9	0	2.5
19	印刷和记录媒介复制业	C23	C18	323	4.8	1.1	1.5	2.4
20	金属制品业	C33	C25	—	4.8	2.5	0	2.4
21	皮革、毛皮、羽毛及其制品和制鞋业	C19	C15	316	4.8	0.7	1.5	2.3

序号	行业（大类）代码和名称				商标密集型产业占比（%）			
	中国GB/T 4754—2017 行业（大类）名称	中国GB/T 4754—2017 代码	欧盟 NACE Rev. 2 代码名称	美国 NAICS 2007 代码名称	中国平均	欧盟	美国	平均
22	家具制造业	C21	C31	337	4.8	0.7	1.5	2.3
23	木材加工和木、竹、藤、棕、草制品业	C20	C16	321	4.8	0.7	1.5	2.3
24	新闻和出版业	R86	J58	511	0	2.5	3.0	1.8
25	零售业	F52	G47	445	0	3.9	1.5	1.8
26	住宿业	H61	—	—	4.8	0	0	1.6
27	餐饮业	H62	—	—	4.8	0	0	1.6
28	卫生业	Q84		621	0	0	4.5	1.5
29	电力、热力生产和供应业	D44	D35 电力、热力、燃气的生产和供应业	221 电力、热力、燃气、水的生产和供应业	0	1.4	3.0	1.5
30	燃气生产和供应业	D45			0	1.4	3.0	1.5
31	水的生产和供应业	D46	—		0	0	3.0	1.0
32	电信、广播电视和卫星传输服务	I63	J61	517	0	1.1	3.0	1.4
33	黑色金属冶炼和压延加工业	C31	C24 金属冶炼和压延加工业	331 金属冶炼和压延加工业	0	2.5	1.5	1.3
34	有色金属冶炼和压延加工业	C32			0	2.5	1.5	1.3
35	橡胶和塑料制品业	C29	C22	326	0	2.1	1.5	1.2
36	资本市场服务	J67	K66	523	0	0.4	3.0	1.1

续表

序号	行业（大类）代码和名称				商标密集型产业占比（%）			
	中国 GB/T 4754—2017 行业（大类）名称	中国 GB/T 4754—2017 代码	欧盟 NACE Rev. 2 代码名称	美国 NAICS 2007 代码名称	中国平均	欧盟	美国	平均
37	广播、电视、电影和录音制作业	R87	—	515	0	0	3.0	1.0
38	互联网和相关服务	I64	J63	519	0	1.4	1.5	1.0
39	铁路、船舶、航空航天和其他运输设备制造业	C37	C30	336	0	1.4	1.5	1.0
40	租赁业	L71	N79	532	0	1.1	1.5	0.9
41	房地产业	K70	L68	531	0	0.7	1.5	0.7
42	烟草制品业	C16	C12	312	0	0.4	1.5	0.6
43	石油和天然气开采业	B7	B6	211	0	0.4	1.5	0.6
44	房屋建筑业	E47	F41	236	0	0.4	1.5	0.6
45	黑色金属矿采选业	B8	B7 金属矿采选业	212 除石油天然气外的矿采业	0	0.4	1.5	0.6
46	有色金属矿采选业	B9			0	0.4	1.5	0.6
47	煤炭开采和洗选业	B6	—		0	0	1.5	0.5
48	汽车制造业	C36	C29	336	0	0.4	1.5	0.6
49	其他采矿业	B12	B8	—	0	1.8	0	0.6
50	造纸和纸制品业	C22	C17	—	0	1.8	0	0.6
51	保险业	J68	—	524	0	0	1.5	0.5
52	其他金融业	J69	—	525	0	0	1.5	0.5

续表

序号	行业（大类）代码和名称				商标密集型产业占比（%）			
	中国 GB/T 4754—2017 行业（大类）名称	中国 GB/T 4754—2017 代码	欧盟 NACE Rev. 2 代码名称	美国 NAICS 2007 代码名称	中国平均	欧盟	美国	平均
53	非金属矿采选业	B10	—	212	0	0	1.5	0.5
54	货币金融服务	J66	—	522	0	0	1.5	0.5
55	娱乐业	R90	—	713	0	0	1.5	0.5
56	土木工程建筑业	E48	—	237	0	0	1.5	0.5
57	群众团体、社会团体和其他成员组织	S95	—	813	0	0	1.5	0.5
58	装卸搬运和仓储业	G59	—	488	0	0	1.5	0.5
59	研究和试验发展	M73	M72	—	0	1.1	0	0.4
60	软件和信息技术服务业	I65	J62	—	0	1.1	0	0.4
61	石油、煤炭及其他燃料加工业	C25	C19	—	0	0.7	0	0.2
62	开采专业及辅助性活动	B11	B9	—	0	0.4	0	0.1
63	水上运输业	G55	H50	—	0	0.4	0	0.1
64	体育	R89	R93	—	0	0.4	0	0.1
65	金属制品、机械和设备修理业	C43	C33	—	0	0.4	0	0.1

注：阴影部分为重点关注内容，方便读者阅读。

资料来源：笔者整理。

3. 版权密集型产业行业分布比较

美国、欧盟和中国的核心版权密集型产业不是依据知识产权密集度界定的，而是均依据世界知识产权组织《版权产业的经济贡献调查指南》（2003）确定的核心版权产业目录界定的。核心版权产业是指完全从事创作、生产、制造、传播、展览或销售作品及受版权保护对象的产业。世界知识产权组织确定的核心版权产业包括9大类产业：（1）文字作品；（2）音乐、戏剧、歌剧；（3）电影、录像；（4）广播与电视；（5）摄影；（6）软件与数据库；（7）美术与建筑设计、图形和模型作品；（8）广告设计；（9）版权管理与服务。因此美国、欧盟和中国确定的核心版权产业涉及的产业内容是相同的。

此外，一方面，由于美国、欧盟和中国核心版权相关行业的划分标准差异较大，各个行业之间交叉对应较多；另一方面，美国、欧盟和中国分别从行业中类、小类和大类筛选核心版权密集型产业，因此此处难以像前文对发明专利密集型产业和商标密集型产业那样，通过表格对三个地区的核心版权密集型产业进行一一对应的比较。此处不再列示相关表格。

（三）美国、欧盟和中国相关行业的知识产权密集型产业覆盖率比较

1. 相关行业的发明专利密集型产业覆盖率比较

从行业大类上看，发明专利密集型产业对美国、欧盟和中国专用设备制造业（平均覆盖率92.4%），通用设备制造业（平均覆盖率90.2%），计算机、通信和其他电子设备制造业（平均覆盖率89.9%），仪器仪表制造业（平均覆盖率86.7%），医药制造业（平均覆盖率91.1%），化学原料和化学制品制造业（平均覆盖率84.8%），化学纤维制造业（平均覆盖率60.8%），电气机械和器

材制造业（平均覆盖率79.7%）8个行业大类的覆盖率较高，平均覆盖率均超过了60%。此外，发明专利密集型产业在美国和欧盟的其他制造业（覆盖率分别为100%和77.8%）和文教、工美、体育和娱乐用品制造业（覆盖率分别为100%和77.8%），欧盟的研究和试验发展业（覆盖率100%），科技推广和应用服务业（覆盖率100%），汽车制造业（覆盖率100%），铁路、船舶、航空航天和其他运输设备制造业（覆盖率87.5%），烟草制品业（覆盖率100%），橡胶和塑料制品业（覆盖率100%），金属制品业（覆盖率58.8%）等行业，中国的软件和信息技术服务业（覆盖率76.1%）也有较高的覆盖率。

表 3-30　　美国、欧盟和中国相关行业（大类）发明专利
密集型产业覆盖率对比

序号	行业（大类）代码和名称				发明专利密集型产业覆盖率（%）			
	中国 GB/T 4754—2017 行业（大类）名称	中国 GB/T 4754—2017 代码	欧盟 NACE Rev. 2 代码名称	美国 NAICS 2007 代码名称	中国平均	欧盟	美国	平均
1	专用设备制造业	C35	C28 机械设备制造业	333 机械设备制造业	77.3	100	100	92.4
2	通用设备制造业	C34			70.5	100	100	90.2
3	计算机、通信和其他电子设备制造业	C39	C26 计算机、电子及光学产品制造业	334 计算机与电子产品制造业	79.6	90.0	100	89.9
4	仪器仪表制造业	C40			70.0	90.0	100	86.7

续表

序号	行业（大类）代码和名称				发明专利密集型产业覆盖率（%）			
	中国GB/T 4754—2017 行业（大类）名称	中国GB/T 4754—2017 代码	欧盟 NACE Rev. 2 代码名称	美国 NAICS 2007 代码名称	中国平均	欧盟	美国	平均
5	医药制造业	C27	C21 医药制造业	325 化工制造业	87.5	100	85.7	91.1
6	化学原料和化学制品制造业	C26	C20 化学原料及化学品制造业		75.0	93.8	85.7	84.8
7	化学纤维制造业	C28			3.0	93.8	85.7	60.8
8	电气机械和器材制造业	C38	C27	335	59.0	80.0	100	79.7
9	其他制造业	C41	C32 其他制造业	339 其他制造业	0	77.8	100	59.3
10	文教、工美、体育和娱乐用品制造业	C24			0	77.8	100	59.3
11	研究和试验发展业	M73	M72 研究和试验发展业		20.0	100	0	40.0
12	科技推广和应用服务业	M75			19.4	100	0	39.8
13	汽车制造业	C36	C29		17.9	100	0	39.3
14	铁路、船舶、航空航天和其他运输设备制造业	C37	C30	—	16.3	87.5	0	34.6
15	烟草制品业	C16	C12		0	100	0	33.3
16	橡胶和塑料制品业	C29	C22		0	100	0	33.3
17	金属制品业	C33	C25		39.3	58.8	0	32.7

序号	行业（大类）代码和名称				发明专利密集型产业覆盖率（%）			
	中国 GB/T 4754—2017 行业（大类）名称	中国 GB/T 4754—2017 代码	欧盟 NACE Rev. 2 代码名称	美国 NAICS 2007 代码名称	中国平均	欧盟	美国	平均
18	非金属矿物制品业	C30	C23		35.1	45.8	0	27.0
19	软件和信息技术服务业	I65	J62		76.1	0	0	25.4
20	电信、广播电视和卫星传输服务业	I63	J61		14.3	50.0	0	21.4
21	农副食品加工业	C13	C10 食品制造业		33.3	16.0	0	16.4
22	食品制造业	C14			33.3	16.0	0	16.4
23	有色金属冶炼和压延加工业	C32	C24 金属冶炼和压延加工业	—	1.6	43.8	0	15.1
24	黑色金属冶炼和压延加工业	C31			0	43.8	0	14.6
25	专业技术服务业	M74	M71		2.2	33.3	0	11.8
26	纺织业	C17	C13		0	50.0	0	16.7
27	石油和天然气开采业	B7	B6		0	50.0	0	16.7
28	开采专业及辅助性活动	B11	B9		0	50.0	0	16.7
29	黑色金属矿采选业	B8	B7 金属矿采选业		0	33.3	0	11.1
30	有色金属矿采选业	B9			0	33.3	0	11.1
31	其他采矿业	B12	B8		0	33.3	0	11.1
32	金属制品、机械和设备修理业	C43	C33		0	22.2	0	7.4

续表

| 序号 | 行业（大类）代码和名称 | | | | 发明专利密集型产业覆盖率（%） | | | |
	中国 GB/T 4754—2017 行业（大类）名称	中国 GB/T 4754—2017 代码	欧盟 NACE Rev. 2 代码名称	美国 NAICS 2007 代码名称	中国平均	欧盟	美国	平均
33	造纸和纸制品业	C22	C17		0	28.6	0	9.5
34	互联网和相关服务	I64	J63		27.8	0	0	9.3
35	电力、热力生产和供应业	D44	D35 电力、热力、燃气生产和供应业		0	25.0	0	8.3
36	燃气生产和供应业	D45			0	25.0	0	8.3
37	水的生产和供应业	D46	E36	—	25.0	0	0	8.3
38	商务服务业	L72	M74		0	25.0	0	8.3
39	批发业	F51	G46		0	14.6	0	4.9
40	新闻和出版业	R86	J58		0	14.3	0	4.8
41	木材加工和木、竹、藤、棕、草制品业	C20	C16		0	16.7	0	5.6
42	租赁业	L71	N77		0	8.3	0	2.8
43	零售业	F52	G47		0	2.7	0	0.9

注：阴影部分为重点关注内容，方便读者阅读。

资料来源：笔者整理。

2. 相关行业的商标密集型产业覆盖率比较

从行业大类上看，商标密集型产业整体对美国、欧盟和中国医药制造业（平均覆盖率 90.5%），化学原料和化学制品制造业（平均覆盖率 88.4%)、印刷和记录媒介复制业（平均覆盖率 86.7%)、酒、饮料和精制茶制造业（平均覆盖率 83.3%)、仪器仪表制造业（平均覆盖率 80.0%)、专用设备制造业（平均覆盖率 79.4%)、通用设备制造业（平均覆盖率 79.4%)、电气机械和器材制造业（平均覆盖率 70.0%）8 个行业大类的覆盖率较高，平均覆盖率均超过了 70%；对食品制造业（平均覆盖率 69.8%)、新闻和出版业（平均覆盖率 66.7%)、文教、工美、体育和娱乐用品制造业（平均覆盖率 66.7%)、其他制造业（平均覆盖率 66.7%)、皮革、毛皮、羽毛及其制品和制鞋业（平均覆盖率 66.7%)、互联网和相关服务（平均覆盖率 66.7%)、纺织服装、服饰业（平均覆盖率 66.7%)、商务服务业（平均覆盖率 64.5%)、非金属矿物制品业（平均覆盖率 63.6%)、纺织业（平均覆盖率 63.3%)、家具制造业（平均覆盖率 61.1%）11 个行业大类的覆盖率也较为突出，平均覆盖率均超过了 60%。

此外，商标密集型产业对美国和欧盟的化学纤维制造业（覆盖率分别为 71.4% 和 93.8%) 和广播、电视、电影和录音制作业（覆盖率分别为 75.0% 和 85.7%) 都有较高的覆盖率；对中国的木材加工和木、竹、藤、棕、草制品业（覆盖率 100%)、金属制品业（覆盖率 100%)、农副食品加工业（覆盖率 100%)、住宿业（覆盖率 100%)、餐饮业（覆盖率 100%) 有较高的覆盖率；对欧盟的烟草制品业（覆盖率 100%)、橡胶和塑料制品业（覆盖率 100%)、计算机、通信和其他电子设备制造业（覆盖率 90.0%)、电信、广播电视和卫星传输服务（覆盖率 75.0%)、批发业（覆盖率 87.5%)、研究和试验发展（覆盖率 100%)、石油、煤炭及其他燃料加工业（覆盖率 100%)、其他采矿业（覆盖率 83.3%)、软件和信息技术服务业（覆盖率 75.0%)、造纸和纸制品业（覆盖率 71.4%) 有较高的覆盖率；对美国的石油和天然气开采业（覆盖率 100%)、燃气生产和供应业（覆盖率66.7%），资本市场服务（覆盖率66.7%），水的生产和供应业（覆盖率66.7%），电力、热力生产和供应业（覆盖率66.7%）也有较高的覆盖率。

表3-31　美国、欧盟和中国相关行业（大类）商标密集型产业覆盖率对比

序号	行业（大类）代码和名称				商标密集型产业覆盖率（%）			
	中国GB/T 4754—2017 行业（大类）名称	中国GB/T 4754—2017 代码	欧盟 NACE Rev. 2 代码名称	美国 NAICS 2007 代码名称	中国平均	欧盟	美国	平均
1	医药制造业	C27	C21	325	100	100	71.4	90.5
2	化学原料和化学制品制造业	C26	C20	325	100	93.8	71.4	88.4
3	印刷和记录媒介复制业	C23	C18	323	100	60.0	100	86.7
4	酒、饮料和精制茶制造业	C15	C11	312	100	100	50.0	83.3
5	仪器仪表制造业	C40	C26	334	100	90.0	50.0	80.0
6	专用设备制造业	C35	C28	333	100	81.0	57.1	79.4
7	通用设备制造业	C34	C28	333	100	81.0	57.1	79.4
8	电气机械和器材制造业	C38	C27	335	100	60.0	50.0	70.0
9	食品制造业	C14	C10	311	100	76.0	33.3	69.8
10	新闻和出版业	R86	J58	511	0	100	100	66.7
11	文教、工美、体育和娱乐用品制造业	C24	—	339	100	0	100	66.7

续表

序号	行业（大类）代码和名称				商标密集型产业覆盖率（%）			
	中国 GB/T 4754—2017 行业（大类）名称	中国 GB/T 4754—2017 代码	欧盟 NACE Rev. 2 代码名称	美国 NAICS 2007 代码名称	中国平均	欧盟	美国	平均
12	其他制造业	C41	C32	339	0	100	100	66.7
13	皮革、毛皮、羽毛及其制品和制鞋业	C19	C15	316	100	66.7	33.3	66.7
14	互联网和相关服务	I64	J63	519	0	100	100	66.7
15	纺织服装、服饰业	C18	C14	—	100	100	0	66.7
16	商务服务业	L72	M70 M73 M74	541 561	100	70.0	23.5	64.5
17	非金属矿物制品业	C30	C23	327	100	70.8	20.0	63.6
18	纺织业	C17	C13	—	100	90.0	0	63.3
19	家具制造业	C21	C31	337	100	50.0	33.3	61.1
20	木材加工和木、竹、藤、棕、草制品业	C20	C16	321	100	33.3	33.3	55.6
21	化学纤维制造业	C28	C20	325	0	93.8	71.4	55.1
22	广播、电视、电影和录音制作业	R87	J59 J60	512 515	0	85.7	75.0	53.6
23	烟草制品业	C16	C12	312	0	100	50.0	50.0
24	橡胶和塑料制品业	C29	C22	326	0	100	50.0	50.0

续表

序号	行业（大类）代码和名称				商标密集型产业覆盖率（%）			
	中国 GB/T 4754—2017 行业（大类）名称	中国 GB/T 4754—2017 代码	欧盟 NACE Rev. 2 代码名称	美国 NAICS 2007 代码名称	中国平均	欧盟	美国	平均
25	石油和天然气开采业	B7	B6	211	0	50.0	100	50.0
26	金属制品业	C33	C25	—	100	41.2	0	47.1
27	计算机、通信和其他电子设备制造业	C39	C26	334	0	90.0	50.0	46.7
28	农副食品加工业	C13	—	311	100	0	33.3	44.4
29	电信、广播电视和卫星传输服务	I63	J61	517	0	75.0	50.0	41.7
30	燃气生产和供应业	D45	D35	221	0	50.0	66.7	38.9
31	电力、热力生产和供应业	D44	D35	221	0	50.0	66.7	38.9
32	批发业	F51	G45 G46	423 424	0	87.5	16.7	34.7
33	住宿业	H61	—	—	100	0	0	33.3
34	研究和试验发展	M73	M72	—	0	100	0	33.3
35	石油、煤炭及其他燃料加工业	C25	C19	—	0	100	0	33.3
36	房屋建筑业	E47	F41	236	0	50.0	50.0	33.3
37	餐饮业	H62	—	—	100	0	0	33.3
38	租赁业	L71	N77 N79	532 533	0	53.3	40.0	31.1

续表

序号	行业（大类）代码和名称				商标密集型产业覆盖率（%）			
	中国 GB/T 4754—2017 行业（大类）名称	中国 GB/T 4754—2017 代码	欧盟 NACE Rev. 2 代码名称	美国 NAICS 2007 代码名称	中国平均	欧盟	美国	平均
39	其他采矿业	B12	B8	—	0	83.3	0	27.8
40	房地产业	K70	L68	531	0	50.0	33.3	27.8
41	资本市场服务	J67	K66	523	0	14.3	66.7	27.0
42	软件和信息技术服务业	I65	J62	—	0	75.0	0	25.0
43	造纸和纸制品业	C22	C17	—	0	71.4	0	23.8
44	零售业	F52	G47	445 452 454	0	29.7	37.5	22.4
45	水的生产和供应业	D46	—	221	0	0	66.7	22.2
46	有色金属矿采选业	B9	B7	212	0	33.3	33.3	22.2
47	黑色金属矿采选业	B8	B7	212	0	33.3	33.3	22.2
48	铁路、船舶、航空航天和其他运输设备制造业	C37	C30	336	0	50.0	14.3	21.4
49	有色金属冶炼和压延加工业	C32	C24	331	0	43.8	20.0	21.3
50	黑色金属冶炼和压延加工业	C31	C24	331	0	43.8	20.0	21.3

续表

序号	行业（大类）代码和名称				商标密集型产业覆盖率（%）			
	中国 GB/T 4754—2017 行业（大类）名称	中国 GB/T 4754—2017 代码	欧盟 NACE Rev.2 代码名称	美国 NAICS 2007 代码名称	中国平均	欧盟	美国	平均
51	其他金融业	J69	—	525	0	0	50.0	16.7
52	开采专业及辅助性活动	B11	B9	—	0	50.0	0	16.7
53	保险业	J68	—	524	0	0	50.0	16.7
54	卫生	Q84	—	621	0	0	42.9	14.3
55	汽车制造业	C36	C29	336	0	25.0	14.3	13.1
56	娱乐业	R90	—	713	0	0	33.3	11.1
57	煤炭开采和洗选业	B6	—	212	0	0	33.3	11.1
58	货币金融服务	J66	—	522	0	0	33.3	11.1
59	非金属矿采选业	B10	—	212	0	0	33.3	11.1
60	土木工程建筑业	E48	—	237	0	0	25.0	8.3
61	水上运输业	G55	H50	—	0	25.0	0	8.3
62	群众团体、社会团体和其他成员组织	S95	—	813	0	0	20.0	6.7
63	装卸搬运和仓储业	G59	—	488	0	0	16.7	5.6
64	体育	R89	R93	—	0	16.7	0	5.6
65	金属制品、机械和设备修理业	C43	C33	—	0	11.1	0	3.7

注：阴影部分为重点关注内容，方便读者阅读。

资料来源：笔者整理。

（四）美国、欧盟和中国知识产权密集型产业范围总结

通过上述分析，我们可以看出知识产权密集型产业的范围有如下特点。

第一，在发明专利、商标、核心版权三种知识产权密集型产业中，商标密集型产业的范围最为分散，广泛分布在制造业、服务业的多个领域，且与发明专利密集型产业和核心版权密集型产业多有交叉重合；发明专利密集型产业和核心版权密集型产业的范围则相对集中，发明专利密集型产业主要集中在几大类的制造业中，核心版权密集型产业则集中在信息出版、文化娱乐等行业中。

第二，美国、欧盟和中国的发明专利、商标、核心版权密集型产业均有很大的共同范围，说明与其他行业相比，某些行业天然具有知识产权密集性，这些行业可以被认为是较为典型的知识产权密集型产业。例如，化工制造（325，美国NAICS 2007代码，下同）、机械制造（333）、计算机与电子产品制造（334）、电气设备、电器及组件制造（335）等行业均是典型的发明专利密集型产业；饮料和烟草产品制造（312）、化工制造（325）、塑料和橡胶产品制造（326）、机械制造（333）、计算机与电子产品制造（334）等行业均是典型的商标密集型产业；出版业（互联网除外）（511）、电影业和唱片业（512）、广播（互联网除外）、电信（517）、其他信息服务业（519）等行业均是典型的核心版权密集型产业。

第三，不同的国家和地区由于本地区产业结构的差异，也会有一些自己独有的知识产权密集型产业。例如，欧盟的汽车制造业（C29，欧盟NACE Rev.2代码）是发明专利密集型产业，美国和中国的汽车制造业还不属于发明专利密集型产业；中国的软件和信息服务业（I65，中国GB/T 4754—2017代码）是发明专利密集型产业，欧盟的则不是（美国在筛选发明专利密集型产业时没有考虑服务业，因此无法比较美国情况）；美国和欧盟的金融业（52，美国NAICS 2007代码）均是商标密集型产业，而中国的金融业则没有入选商标密集型产业。

第四章 知识产权密集型产业与高新技术产业、战略性新兴产业比较

中国创新经济活动由高新技术产业、战略性新兴产业和知识产权密集型产业引领，三大产业对于中国来说都有重要的战略意义，因此有必要对三大行业进行比较分析，厘清三者的异同。笔者在本章从三大产业提出的背景、产业特征，以及产业范围上对三大产业进行了比较分析。

一 产业背景比较

（一）高新技术产业提出的背景

中国正式将高科技产业列入国家发展计划始于火炬计划。1988年，旨在促进高新技术产业化的火炬计划开始实施。火炬计划是为了应对20世纪80年代的全球新技术革命挑战，推动中国高新技术产业化，保持国民经济健康、快速、稳定发展而提出。20世纪70年代，石油危机导致发达国家经济陷入滞胀，为摆脱滞胀的局面，发达国家纷纷探索新经济发展模式。以美国为首的发达国家利用信息、生物、装备制造等领域的技术进步，积极推进高新技术产业化。高新技术产业化的主要载体是科技园区，以硅谷为代表的科技园在促进本国

科技创新产业化过程中发挥了重要作用，成为引领国家经济的新增长极。受其影响，美国 20 世纪 90 年代经历了历史上最长的经济繁荣期。当时中国尚处于改革开放初期，为在全球经济竞争中不掉队，国家积极发展高新技术产业。经过 20 多年的追赶，中国探索出了一条高科技产业化的发展道路，为中国在高科技产业的全球竞争中赢得一席之地奠定了基础。

（二）战略性新兴产业提出的背景

2009 年 2 月，国务院常务会议通过《国务院关于发挥科技支撑作用促进经济平稳较快发展的意见》首次正式提出"战略性高新技术产业"的概念，2010 年 10 月，国务院发布《关于加快培育战略性新兴产业的决定》，这标志着中国将发展战略性新兴产业上升为国家产业政策。战略性新兴产业的提出主要基于两方面背景。

一是新一轮世界科技革命如火如荼的发展。进入 21 世纪以来，科学技术发展在诸多领域都在孕育重大创新突破，包括网络信息领域、能源与资源领域、先进材料和制造领域、生命科学和医药领域。新一轮科技革命既使中国获得了赶超发达国家的机遇，又使中国尚未构筑起国际竞争力的新兴产业面临巨大的国际冲击。在发达国家纷纷制定促进新兴产业发展战略并积极展开布局的情况下，如果中国不制定相应政策，将使国内新兴产业处于更加不利的竞争地位。

二是国际金融危机带来的影响不断蔓延，国内经济转型升级压力提升，经济面临减速压力。2007 年后，美国次贷危机持续发酵，蔓延至整个发达国家群体，升级为国际金融危机。全球贸易总需求下降、政府债务危机加剧、贸易摩擦升级。作为国家增长引擎的沿海地区，由于外向型经济受到危机的影响，增长出现大幅下跌。与此同时，中国经济自身要素禀赋结构也在发生巨大变化。改革开放后 30 年间，中国处于近乎劳动力资源无限供给的状态，人口红利推动了制造业的发展。但随着人口红利的释放，进入 21 世纪，中国逐步跨越刘易斯转折点，劳动力成本迅速提高，制造业国际竞争力下降。中国经济需要新的增长点，这就要求国家大力培育有带动能力、成长空间广阔的战略性新兴产业。

（三）知识产权密集型产业提出的背景

知识产权密集型产业是在知识经济蓬勃发展的国际背景下，以及经济增长新旧动能转换的国内背景下提出的。当前，知识产权成为全球市场竞争的焦点，作为企业竞争与合作的战略性要素，渗透至企业经营、决策的全过程。2012 年，美国发布了《知识产权和美国经济：聚焦产业》报告，随后欧盟也进行了跟进。为此，中国于 2014 年发布了《深入实施国家知识产权战略行动计划（2014—2020 年）》，提出"培育知识产权密集型产业"，首次从国家层面确立了知识产权密集型产业的概念；2016 年，国家知识产权局制定了《专利密集型产业目录 2016（试行）》，标志着中国知识产权密集型产业成为国家创新产业体系中的重要一环；2018 年，国家知识产权局印发了《知识产权重点支持产业目录（2018 年本）》；2019 年，国家统计局和国家知识产权局联合印发了《知识产权（专利）密集型产业统计分类（2019）》，进一步推动知识产权密集型产业的发展。

（四）三种产业确立的时代背景几点异同

第一，都是在科技领域取得重要突破后的产业化行动。高新技术产业是在 20 世纪八九十年代科技革命发展的背景下提出的，以电子计算、信息网络技术的突破为主要标志。进入 21 世纪，以互联网＋、3D 打印、云计算、人工智能等技术突破为主要标志的新一轮技术革命正在拓展，战略性新兴产业在这种背景下提出。知识产权密集型产业也是在本轮技术革命发展的背景下提出，它与战略性新兴产业的主要差别在于功能定位不同。

第二，都是在经济危机后由发达国家发起，中国实施的追赶策略。每次爆发经济危机后，资本主义国家都会出现一股新技术产业化的过程，试图通过发展新兴产业帮助本国经济走出困境。实际上，技术革命既是知识与技术的客观演变规律，又是一种社会需求驱动使然。在经济危机中对新技术进步的需求更为迫切，资本主义国家纷纷制定政策推进技术创新，使经济能够尽快摆脱危机。高新技术产业规划就是在发达国家推动园区发展的背景下中国实施的追赶策略。中国推出战略性新兴产业规划之前，发达国家已经开始布局新兴产业领域。美国在新能源、生命科学、航空航天、海洋等产业领域加大支持力度，欧盟出台了战略能源技术计划，日本也制定了新经济成长战略，战略性新兴产业既有中国转型升级的内在需要，又有紧跟发达国家新兴产业支持政策的目的。近年来，面对经济复苏乏力、就业市场低迷的经济形式，发达国家开始聚焦成长性好、带动性强、本国具有较强竞争力的知识产权密集型产业，中国知识产权密集型产业的提出也是紧跟美、欧知识产权密集型产业报告出台后的追赶策略。

第三，追赶过程越来越接近国家竞争力塑造的核心环节。国家竞争力核心在于产业竞争力，而产业竞争力关键靠技术创新。技术追赶过程包括模仿、逆向工程、自主研发几个阶段。知识产权是技术创新的载体，在知识经济时代，知识产权在技术追赶、经济竞争力塑造中处于核心地位，掌握了知识产权话语权就掌握了产业链和价值链的制高点。20世纪80年代，中国经济基础与西方国家相差较大，科技创新的追赶主要是效仿发达国家建立了众多园区，这实际是在硬件条件上的追赶，而创新制度、研发能力、知识产权等软实力上与发达国家相差甚远。进入21世纪，中国在技术进步上紧跟发达国家的步伐，2010年起，中国对于战略性新兴产业的培育和发展实际上是国家已经开始谋求在重要领域实现赶超。2015年，中央提出了知识产权强国战略，知识产权密集型产业作为知识产权强国战略的重要抓手，也成为中国塑造国家竞争力的重要一环。

二　产业特征比较

共性特征方面，三大创新产业均具有显著的战略性、先导性和成长性。"战略性"是指对综合国力的提高和掌握国际话语权有重要影响，关系到国家经济、技术安全，能够带动一批相关产业发展；"先导性"是指技术水平相对较高，拥有一定的知识产权优势，更容易实现规模化发展；"成长性"是指具备较为完整的产业链和一定的产业化能力，在较短时间内可实现规模化发展，未来有望成为国家的支柱产业。

差异化特征方面，对战略性新兴产业而言，其两大关键特征是"战略"和"新兴"。战略性体现在共性特征中，而新兴产业是其差别化特征的重要体现。"新兴"主要是区别于传统产业，是指新产生的经济活动。如果把产业发展阶段划分为萌芽期、起步期、扩张期和成熟期，那么新兴产业是处于萌芽和起步期的产业。而高新技术产业和知识产权密集型产业并不强调新兴这一属性。

高新技术产业是以要素投入密集度来划分的产业。高新技术产业以研发投入密度、技术人员密度、R&D 经费投入比例三个标准作为识别依据，要素投入集约度、高科技产品占销售收入比重达到一定门槛就被划分为高新技术产业。由此可见，高新技术产业更多地强调科技投入的密集度和技术先进性，而并不考虑产业处于生命周期的哪个阶段，也不论技术的载体是什么。

知识产权密集型产业是将知识产权作为关键中间投入要素的产业。知识产权既是创新思想和新技术的载体，直接应用于生产领域；也是一种战略要素，在企业竞争和博弈中发挥作用。知识产权密集型产业强调知识产权在占据产业链和价值链高端中的作用，但并不强调一定是新兴产业，也不过多关注知识产权是自己研发还是通过授权获得。

表4-1 高新技术产业、战略性新兴产业、知识产权密集型产业特征对比

产业名称	正式提出时间	政策出发点	共同特征	主导特征
高新技术产业	1988年火炬计划	A. 提高自主创新能力 B. 提高经济发展的质量和效益 C. 促进产业结构调整 D. 提升国际竞争力和影响力	A. 战略性 对综合国力提高和掌握国际话语权有重要影响；关系到国家经济、技术安全；能够带动一批相关产业发展 B. 先导性 技术水平相对较高，拥有一定的知识产权优势，更容易实现规模化发展。知识、技术与产业活动的融合度高 C. 成长性 具备较为完整的产业链和一定的产业化能力，在较短时间内可实现规模化发展，有望成为国家的支柱产业	A. 研发投入密集：技术人员、R&D经费等投入集约度高 B. 产品科技含量高：生产的产品是高新技术产品
战略性新兴产业	2010年《国务院关于加快培育和发展战略性新兴产业的决定》（国发〔2010〕32号）	A. 加快形成新的经济增长点 B. 推进产业结构升级、加快经济发展方式转变 C. 构建国际竞争新优势 D. 掌握发展主动权的迫切需要		A. 新兴行业：区别于传统产业，技术变革过程中生发的新兴经济活动 B. 边界比较模糊：一些新业态、新模式被迅速吸纳进去
知识产权密集型产业	2014年《深入实施国家知识产权战略行动计划（2014—2020年）》（国办发〔2014〕64号）	A. 深入实施国家知识产权战略 B. 有效促进知识产权创造运用 C. 促进新技术、新产业、新业态蓬勃发展 D. 提升产业国际化发展水平 E. 为实施创新驱动发展战略提供有力支撑		A. 知识产权运营具备一定的优势 B. 知识产权高密集度应用，与产业活动全方位融合 C. 高度依赖知识产权法律和制度保障

资料来源：王博雅、蔡翼飞：《创新产业支持政策体系研究》，《宏观经济研究》2018年第10期。

三　产业范围比较

前文的分析表明，知识产权密集型产业与高新技术产业和战略性新兴产业既有很多的共性，也存在显著的差异。因此三类产业的范围必然存在一定的交叉，但是又不完全重合。笔者依据国家统计局发布的相关产业分类目录，对三类产业覆盖的国民经济行业范围进行了比较，发现三类产业确实既存在交叉又存在差异。表 4-2 展示了中国知识产权密集型产业中的发明专利密集型产业与高新技术产业中的高技术产业和战略性新兴产业的重合情况：188 个发明专利密集型产业中，有 171 个是战略性新兴产业（占比 90.96%），67 个是高技术制造业（占比 35.64%），33 个是高技术服务业（占比 17.55%）。

需要说明的是，对于知识产权密集型产业，《知识产权（专利）密集型产业统计分类（2019）》只给出了发明专利密集型产业的范围，没有给出其他知识产权密集型产业的范围，因此我们只能关注其中的发明专利密集型产业；对于高新技术产业，中国没有官方的高新技术产业目录，只分别由《高技术产业（制造业）分类（2017）》和《高技术产业（服务业）分类（2018）》给出了高新技术产业中高技术制造业（覆盖 85 个国民经济行业小类）和高技术服务业（覆盖 97 个国民经济行业小类）的范围；对于战略性新兴产业，《战略性新兴产业分类（2018）》建立了与《国民经济行业分类》（GB/T 4754—2017）的对应关系（涉及 488 个国民经济行业小类），但是一些国民经济行业仅有部分经济活动属于战略性新兴产业，因此战略性新兴产业与国民经济行业并不是完全一一对应的关系。虽然基于现实原因存在这些数据上的不足，但是相关信息依然能给我们提供一定的参考价值。

表4-2 高新技术产业、战略性新兴产业、发明专利密集型产业范围对比

序号	GB/T 4754—2017 行业小类代码	发明专利密集型产业 2019	高技术产业（制造业）2017	高技术产业（服务业）2018	战略性新兴产业 2018
1	2612	无机碱制造	—	—	是
2	2613	无机盐制造	—	—	是
3	2614	有机化学原料制造	—	—	是
4	2619	其他基础化学原料制造	—	—	是
5	2624	复混肥料制造	—	—	—
6	2631	化学农药制造	—	—	—
7	2632	生物化学农药及微生物农药制造	—	—	是
8	2641	涂料制造	—	—	是
9	2642	油墨及类似产品制造	—	—	是
10	2645	染料制造	—	—	是
11	2651	初级形态塑料及合成树脂制造	—	—	是
12	2659	其他合成材料制造	—	—	是
13	2661	化学试剂和助剂制造	—	—	是
14	2662	专项化学用品制造	—	—	是
15	2663	林产化学产品制造	—	—	是
16	2666	环境污染处理专用药剂材料制造	—	—	是
17	2669	其他专用化学产品制造	—	—	是
18	2682	化妆品制造	—	—	是
19	2684	香料、香精制造	—	—	—
20	2710	化学药品原料药制造	是	—	是
21	2720	化学药品制剂制造	是	—	是
22	2730	中药饮片加工	是	—	是
23	2740	中成药生产	是	—	是
24	2750	兽用药品制造	是	—	是

续表

序号	GB/T 4754—2017 行业小类代码	发明专利密集型产业 2019	高技术产业（制造业）2017	高技术产业（服务业）2018	战略性新兴产业 2018
25	2761	生物药品制造	是	—	是
26	2762	基因工程药物和疫苗制造	是	—	是
27	2770	卫生材料及医药用品制造	是	—	是
28	2780	药用辅料及包装材料	是	—	是
29	2829	其他合成纤维制造	—	—	是
30	3051	技术玻璃制品制造	—	—	是
31	3073	特种陶瓷制品制造	—	—	是
32	3240	有色金属合金制造	—	—	是
33	3351	建筑、家具用金属配件制造	—	—	—
34	3360	金属表面处理及热处理加工	—	—	是
35	3411	锅炉及辅助设备制造	—	—	是
36	3412	内燃机及配件制造	—	—	是
37	3419	其他原动设备制造	—	—	是
38	3421	金属切削机床制造	—	—	是
39	3422	金属成形机床制造	—	—	是
40	3423	铸造机械制造	—	—	是
41	3424	金属切割及焊接设备制造	—	—	是
42	3425	机床功能部件及附件制造	—	—	是
43	3429	其他金属加工机械制造	—	—	是
44	3431	轻小型起重设备制造	—	—	—
45	3432	生产专用起重机制造	—	—	是
46	3434	连续搬运设备制造	—	—	是
47	3441	泵及真空设备制造	—	—	是
48	3442	气体压缩机械制造	—	—	是
49	3443	阀门和旋塞制造	—	—	是

续表

序号	GB/T 4754—2017 行业小类代码	发明专利密集型产业 2019	高技术产业（制造业）2017	高技术产业（服务业）2018	战略性新兴产业 2018
50	3444	液压动力机械及元件制造	—	—	是
51	3445	液力动力机械元件制造	—	—	是
52	3446	气压动力机械及元件制造	—	—	是
53	3459	其他传动部件制造	—	—	—
54	3461	烘炉、熔炉及电炉制造	—	—	是
55	3463	气体、液体分离及纯净设备制造	—	—	是
56	3464	制冷、空调设备制造	—	—	是
57	3466	喷枪及类似器具制造	—	—	是
58	3467	包装专用设备制造	—	—	—
59	3474	复印和胶印设备制造	是	—	—
60	3491	工业机器人制造	—	—	是
61	3492	特殊作业机器人制造	—	—	是
62	3493	增材制造装备制造	—	—	是
63	3499	其他未列明通用设备制造业	—	—	是
64	3511	矿山机械制造	—	—	是
65	3515	建筑材料生产专用机械制造	—	—	是
66	3516	冶金专用设备制造	—	—	是
67	3521	炼油、化工生产专用设备制造	—	—	是
68	3523	塑料加工专用设备制造	—	—	是
69	3529	其他非金属加工专用设备制造	—	—	—
70	3531	食品、酒、饮料及茶生产专用设备制造	—	—	是

续表

序号	GB/T 4754—2017 行业小类代码	发明专利密集型产业 2019	高技术产业（制造业）2017	高技术产业（服务业）2018	战略性新兴产业 2018
71	3532	农副食品加工专用设备制造	—	—	是
72	3542	印刷专用设备制造	—	—	是
73	3544	制药专用设备制造	—	—	是
74	3551	纺织专用设备制造	—	—	是
75	3562	半导体器件专用设备制造	是	—	是
76	3563	电子元器件与机电组件设备制造	是	—	是
77	3569	其他电子专用设备制造	是	—	是
78	3572	机械化农业及园艺机具制造		—	是
79	3581	医疗诊断、监护及治疗设备制造	是	—	是
80	3584	医疗、外科及兽医用器械制造	是	—	是
81	3585	机械治疗及病房护理设备制造	是	—	是
82	3586	康复辅具制造	是	—	是
83	3589	其他医疗设备及器械制造	是	—	是
84	3591	环境保护专用设备制造	—	—	是
85	3596	交通安全、管制及类似专用设备制造	—	—	—
86	3597	水资源专用机械制造	—	—	是
87	3599	其他专用设备制造	—	—	是
88	3630	改装汽车制造			是
89	3670	汽车零部件及配件制造			是
90	3714	高铁设备、配件制造			是

续表

序号	GB/T 4754—2017 行业小类代码	发明专利密集型产业 2019	高技术产业（制造业）2017	高技术产业（服务业）2018	战略性新兴产业 2018
91	3716	铁路专用设备及器材、配件制造	—	—	是
92	3737	海洋工程装备制造	—	—	是
93	3741	飞机制造	是	—	是
94	3742	航天器及运载火箭制造	是	—	是
95	3743	航天相关设备制造	是	—	是
96	3744	航空相关设备制造	是	—	是
97	3749	其他航空航天器制造	是	—	是
98	3812	电动机制造	—	—	是
99	3821	变压器、整流器和电感器制造	—	—	是
100	3823	配电开关控制设备制造	—	—	是
101	3824	电力电子元器件制造	—	—	是
102	3825	光伏设备及元器件制造	—	—	是
103	3829	其他输配电及控制设备制造	—	—	是
104	3832	光纤制造	是	—	是
105	3833	光缆制造	是	—	—
106	3841	锂离子电池制造	是	—	是
107	3844	锌锰电池制造	—	—	—
108	3849	其他电池制造	—	—	是
109	3871	电光源制造	—	—	是
110	3874	智能照明器具制造	—	—	—
111	3879	灯用电器附件及其他照明器具制造	—	—	是
112	3891	电气信号设备装置制造	—	—	是
113	3913	计算机外围设备制造	是	—	是

续表

序号	GB/T 4754—2017 行业小类代码	发明专利密集型产业 2019	高技术产业（制造业）2017	高技术产业（服务业）2018	战略性新兴产业 2018
114	3914	工业控制计算机及系统制造	是	—	是
115	3915	信息安全设备制造	是	—	是
116	3919	其他计算机制造	是	—	是
117	3921	通信系统设备制造	是	—	是
118	3922	通信终端设备制造	是	—	是
119	3931	广播电视节目制作及发射设备制造	是	—	是
120	3932	广播电视接收设备制造	是	—	是
121	3933	广播电视专用配件制造	是	—	—
122	3934	专业音响设备制造	是	—	是
123	3940	雷达及配套设备制造	是	—	是
124	3961	可穿戴智能设备制造	是	—	是
125	3962	智能车载设备制造	是	—	是
126	3963	智能无人飞行器制造	是	—	是
127	3964	服务消费机器人制造	—	—	是
128	3969	其他智能消费设备制造	是	—	是
129	3971	电子真空器件制造	是	—	是
130	3972	半导体分立器件制造	是	—	是
131	3973	集成电路制造	是	—	是
132	3974	显示器件制造	是	—	是
133	3975	半导体照明器件制造	是	—	是
134	3976	光电子器件制造	是	—	是
135	3979	其他电子器件制造	是	—	是
136	3981	电阻电容电感元件制造	是	—	是
137	3982	电子电路制造	是	—	是
138	3983	敏感元件及传感器制造	是	—	是

续表

序号	GB/T 4754—2017 行业小类代码	发明专利密集型产业 2019	高技术产业（制造业）2017	高技术产业（服务业）2018	战略性新兴产业 2018
139	3984	电声器件及零件制造	是	—	是
140	3985	电子专用材料制造	是	—	是
141	3989	其他电子元件制造	是	—	是
142	3990	其他电子设备制造	是	—	是
143	4011	工业自动控制系统装置制造	是		是
144	4012	电工仪器仪表制造	是	—	是
145	4013	绘图、计算及测量仪器制造	是		—
146	4014	实验分析仪器制造	是		是
147	4015	试验机制造	是		是
148	4021	环境监测专用仪器仪表制造	是		是
149	4023	导航、测绘、气象及海洋专用仪器制造	是		是
150	4025	地质勘探和地震专用仪器制造	是		是
151	4026	教学专用仪器制造	是		—
152	4028	电子测量仪器制造	是	—	是
153	4029	其他专用仪器制造	是		是
154	4040	光学仪器制造	是		是
155	4620	污水处理及其再生利用	—	—	是
156	6312	移动电信服务	—	是	是
157	6331	广播电视卫星传输服务	—	是	是
158	6339	其他卫星传输服务	—	是	是
159	6421	互联网搜索服务	—	是	是
160	6422	互联网游戏服务	—	是	是

序号	GB/T 4754—2017 行业小类代码	发明专利密集型产业 2019	高技术产业（制造业）2017	高技术产业（服务业）2018	战略性新兴产业 2018
161	6429	互联网其他信息服务	—	是	是
162	6431	互联网生产服务平台	—	是	是
163	6432	互联网生活服务平台	—	是	是
164	6433	互联网科技创新平台	—	是	是
165	6434	互联网公共服务平台	—	是	是
166	6439	其他互联网平台	—	是	是
167	6440	互联网安全服务	—	是	是
168	6450	互联网数据服务	—	是	是
169	6511	基础软件开发	—	是	是
170	6512	支撑软件开发	—	是	是
171	6513	应用软件开发	—	是	是
172	6519	其他软件开发	—	是	是
173	6550	信息处理和存储支持服务	—	是	是
174	6571	地理遥感信息服务	—	是	是
175	6572	动漫、游戏数字内容服务	—	是	是
176	6579	其他数字内容服务	—	是	是
177	7310	自然科学研究和试验发展	—	是	是
178	7320	工程和技术研究和试验发展	—	是	是
179	7340	医学研究和试验发展	—	是	是
180	7491	工业设计服务	—	是	是
181	7492	专业设计服务	—	是	是
182	7512	生物技术推广服务	—	是	是
183	7513	新材料技术推广服务	—	是	是
184	7514	节能技术推广服务	—	是	是
185	7515	新能源技术推广服务	—	是	是
186	7516	环保技术推广服务	—	是	是

续表

序号	GB/T 4754—2017 行业小类代码	发明专利密集型产业 2019	高技术产业（制造业）2017	高技术产业（服务业）2018	战略性新兴产业2018
187	7517	三维（3D）打印技术推广服务	—	是	是
188	7519	其他技术推广服务	—	是	是
重合行业数量			67	33	171
重合行业占比（%）			35.64	17.55	90.96

资料来源：笔者整理。

第二部分　实践与经验

第五章　知识产权密集型产业的
发展现状

一　美国知识产权密集型产业的发展现状

（一）美国知识产权密集型产业的经济规模

美国 2012 年和 2016 年的知识产权密集型产业报告分别统计汇报了美国 2010 年和 2014 年的知识产权密集型产业发展情况。报告数据显示，知识产权密集型产业已经成为美国重要的支柱产业。2010 年和 2014 年，美国的知识产权密集型产业的增加值分别达到了 5.06 万亿美元和 6.60 万亿美元，GDP 占比分别达到了 34.8% 和 38.2%。

在美国的各类知识产权密集型产业中，商标密集型产业的规模最大，2014 年的增加值达到 6.10 万亿美元，占整个知识产权密集型产业增加值的 92.4%，占美国 GDP 的 34.9%；核心版权密集型产业和发明专利密集型产业的规模相对较小，2014 年的增加值分别为 0.95 万亿美元和 0.88 万亿美元，GDP 占比均分别为 5.5% 和 5.1%。

与 2010 年相比，2014 年商标密集型产业增加值增长了 1.60 万亿美元，GDP 占比增长了 4.1 个百分点；核心版权密集型产业增加值增长了 0.31 万亿美元，GDP 占比增长了 1.1 个百分点；发明专利密集型产业增加值增加了 0.12 万亿美元，但是 GDP 占比降低了 0.2 个百分点（见表 5-1）。

表5-1 美国知识产权密集型产业增加值及GDP占比（2010—2014年）

产业类型	增加值（万亿美元）			GDP占比（%）		
	1	2	2-1	3	4	4-3
	2010年	2014年	变化	2010年	2014年	变化
知识产权密集型产业	5.06	6.60	1.54	34.8	38.2	3.4
商标密集型产业	4.50	6.10	1.60	30.8	34.9	4.1
核心版权密集型产业	0.64	0.95	0.31	4.4	5.5	1.1
发明专利密集型产业	0.76	0.88	0.12	5.3	5.1	-0.2

资料来源：笔者依据美国2012年和2016年的知识产权密集型产业报告相关数据整理。

美国发布的两份知识产权密集型产业报告的相关数据只到2014年，为了了解美国知识产权密集型产业最新的发展情况，笔者搜集整理了集中度较高的发明专利密集型产业和核心版权产业的最新情况。

在发明专利密集型产业方面，笔者依据美国经济分析局（U. S. Bureau of Economic Analysis）提供的化工制造业、计算机与电子产品制造业、机械制造业、其他制造业、电气设备制造业5个行业大类的增加值数据，测算了美国发明专利密集型产业的增加值（后文的就业规模测算与此相同）。从本书前文对美国知识产权密集型产业的范围分析看，美国的发明专利密集型产业全部分布在上述5个行业大类，并且覆盖了机械制造业、计算机与电子产品制造业、电气设备制造业、其他制造业4个行业大类100%的行业中类，覆盖了化工制造业85.7%的行业中类。因此，这一测算方法的测算结果具有较高的代表性。测算结果表明，2019年，美国发明专利密集型产业增加值为9442亿美元，GDP占比为4.8%；与2014年相比，美国发明专利密集型产业增加值增加了878亿美元，但是GDP占比下降了0.2个百分点；从2010—2019年的整个区间看，虽然美国发明专利密集型产业的增加值规模不断提升，但是GDP占比却在不断下降（为了可比范围内的一致性，这里作比较的是表5-2中各年的数据）。

表 5-2　美国发明专利密集型产业增加值及 GDP 占比（2010—2019 年）

经济指标	行业名称	NAICS 行业代码	2010 年	2014 年	2019 年
增加值（亿美元）	化工制造业	325	3465	3117	3229
	计算机与电子产品制造业	334	2268	2608	3371
	机械制造业	333	1321	1499	1361
	其他制造业	339	841	805	880
	电气设备制造业	335	527	535	601
	发明专利密集型产业（合计）	—	8422	8564	9442
GDP 占比（%）	化工制造业	325	2	1.9	1.8
	计算机与电子产品制造业	334	1.5	1.4	1.4
	机械制造业	333	0.9	0.9	0.8
	其他制造业	339	0.5	0.5	0.5
	电气设备制造业	335	0.3	0.3	0.3
	发明专利密集型产业（合计）	—	5.2	5	4.8

资料来源：笔者依据美国经济分析局（U. S. Bureau of Economic Analysis）相关数据整理。

在核心版权密集型产业方面，美国国际知识产权联盟（International Intellectual Property Alliance）发布的《美国经济中的版权产业》历年报告中汇报了美国版权产业的情况，其中的核心版权产业基本和我们关注的核心版权密集型产业完全重合，为此，笔者将《美国经济中的版权产业》中的核心版权产业作为核心版权密集型产业的代表。数据显示，2019 年，美国核心版权密集型产业增加值为 15872 亿美元，GDP 占比为 7.4%；与 2014 年相比，美国核心版权密集型产业增加值增加了 4418 亿美元，GDP 占比增加了 0.8 个百分点；从2010—2019 年的整个区间看，美国核心版权密集型产业的增加值规模不断提升，GDP 占比整体呈上升趋势（为了可比范围内的一致性，这里作比较的是表 5-3 中各年的数据）。

表 5 - 3　美国核心版权密集型产业增加值及 GDP 占比（2010—2019 年）

经济指标	产业类型	2010 年	2014 年	2019 年
增加值 （亿美元）	核心版权密集型产业	9888	11454	15872
	版权产业	17083	19724	25682
GDP 占比 （%）	核心版权密集型产业	6.6	6.6	7.4
	版权产业	11.4	11.3	12.0

资料来源：笔者依据《美国经济中的版权产业》历年报告相关数据整理。

（二）美国知识产权密集型产业的就业贡献

就业方面，2010 年和 2014 年，美国知识产权密集型产业分别贡献了 2707 万·人和 2259 万人的就业，分别占就业总量的 18.8% 和 18.2%。其中，商标密集型产业的就业贡献最大，2010 年和 2014 年分别贡献了 2259 万人和 2374 万人的就业，分别占就业总量的 15.7% 和 15.5%；核心版权密集型产业和发明专利密集型产业的就业贡献相对小一些，核心版权密集型产业 2010 年和 2014 年分别贡献了 510 万人和 567 万人的就业，分别占就业总量的 3.0% 和 3.2%，发明专利密集型产业 2010 年和 2014 年分别贡献了 389 万人和 393 万人的就业，分别占就业总量的 3.0% 和 3.2%。

与 2010 年相比，整个知识产权密集型产业的就业规模增加了 81 万人，其中商标密集型产业、核心版权密集型产业、发明专利密集型产业分别增加了 115 万人、57 万人、4 万人；但是除了核心版权密集型产业，商标密集型产业和发明专利密集型产业的就业占比均出现了下降，整个知识产权密集型产业的就业占比也下降了 0.6 个百分点（见表 5 - 4）。

与前文类似，笔者分别依据美国经济分析局（U. S. Bureau of Economic Analysis）和《美国经济中的版权产业》的数据测算了美国发明专利密集型产业和核心版权密集型产业 2019 年的就业数据。

数据显示，2019 年美国发明专利密集型产业的就业规模为 400 万人，就业占比 2.9%。与 2014 年相比，美国发明专利密集型产业就业规模增加了 13 万人，但是就业占比下降了 0.1 个百分点；从 2010—2019 年的整个区间看，虽然美国发明专利密集型产业的就业规模不断提升，但是就业占比却在不断下降（为了可比范围内的一致性，这里作比较的是表 5 - 5 中各年的数据）。

2019 年美国核心版权密集型产业的就业规模为 576 万人，就业占比 3.8%。与 2014 年相比，美国核心版权密集型产业就业规模增加了 34 万人，但是就业占比也下降了 0.1 个百分点；从 2010—2019 年的整个区间看，美国核心版权密集型产业也呈现出就业规模不断提升，但就业占比不断下降的趋势（为了可比范围内的一致性，这里作比较的是表 5 - 6 中各年的数据）。

表 5 - 4　　美国知识产权密集型产业就业规模及占比（2010—2014 年）

产业类型	规模（万人）			占比（%）		
	2010 年	2014 年	变化	2010 年	2014 年	变化
知识产权密集型产业	2707	2788	81	18.8	18.2	- 0.6
商标密集型产业	2259	2374	115	15.7	15.5	- 0.2
核心版权密集型产业	510	567	57	3.5	3.7	0.2
发明专利密集型产业	389	393	4	2.7	2.6	- 0.1

资料来源：笔者整理。

表 5 - 5　　美国发明专利密集型产业就业规模及占比（2010—2019 年）

就业指标	行业名称	NAICS 行业代码	2010 年	2014 年	2019 年
规模（万人）	机械制造业	333	104	111	111
	计算机与电子产品制造业	334	109	103	106
	电气设备制造业	335	36	37	39
	其他制造业	339	55	57	60
	化工制造业	325	77	79	84
	发明专利密集型产业（合计）	—	381	387	400

续表

就业指标	行业名称	NAICS 行业代码	2010 年	2014 年	2019 年
占比 （%）	机械制造业	333	0.9	0.9	0.8
	计算机与电子产品制造业	334	0.9	0.8	0.8
	电气设备制造业	335	0.3	0.3	0.3
	其他制造业	339	0.5	0.4	0.4
	化工制造业	325	0.6	0.6	0.6
	发明专利密集型产业（合计）	—	3.1	3.0	2.9

资料来源：笔者整理。

表 5-6　美国核心版权密集型产业就业规模及占比（2010—2019 年）

就业指标	产业类型	2010 年	2014 年	2019 年
规模 （万人）	核心版权密集型产业	518	542	576
	版权产业	1059	1115	1171
占比 （%）	核心版权密集型产业	4.0	3.9	3.8
	版权产业	8.2	7.9	7.7

资料来源：《美国经济中的版权产业 2020》，美国国际知识产权联盟（IPPA）。

（三）美国知识产权密集型产业的生产效率

劳动生产率和比较劳动生产率是体现产业生产效率的重要指标。其中，某一产业的劳动生产率等于该产业的人均产值，用产业的"增加值/就业量"计算；某一产业的比较劳动生产率等于 1% 的劳动力在该产业创造的产值比例，用产业的"增加值占比/就业占比"计算。笔者依据前文的知识产权密集型产业增加值和就业数据，计算了美国知识产权密集型产业的劳动生产率和比较劳动生产率。

结果显示，2010 年和 2014 年，美国知识产权密集型产业的劳动生产率分别达到了 18.7 万美元/人和 23.7 万美元/人，比较劳动生产率分别达到了 1.9 和 2.1。其中，商标密集型产业的劳动生产率和比较劳动生产率最高，2014 年分别达到了 25.7 万美元/人和 2.3；发明专利密集型产业的劳动生产率和比较劳动生产率次之，2014 年分别达到了 22.4 万美元/人和 2.0；核心版权密集型产业的劳动生产率和比较劳动生产率最低，2014 年分别为 16.8 万美元/人和 1.5。

与 2010 年相比，美国知识产权密集型产业的劳动生产率和比较劳动生产率分别增加了 5.0 万美元/人和 0.2。其中商标密集型产业的劳动生产率和比较劳动生产率增长最多，2014 年分别增加了 5.8 万美元/人和 0.3；核心版权密集型产业的劳动生产率和比较劳动生产率增长情况次之，2014 年分别增加 4.2 万美元/人和 0.2；发明专利密集型产业的劳动生产率增长了 2.9 万美元/人，但是比较劳动生产率没有变化（见表 5 - 7）。

使用美国经济分析局（U. S. Bureau of Economic Analysis）和《美国经济中的版权产业》的数据测算的结果显示，2019 年，美国发明专利密集型产业和核心版权密集型产业的劳动生产率分别达到了 23.6 万美元/人和 27.6 万美元/人，比较劳动生产率分别达到了 1.7 和 1.6。与 2014 年相比，发明专利密集型产业和核心版权密集型产业的劳动生产率分别增长了 1.5 万美元/人和 6.5 万美元/人，发明专利密集型产业的比较劳动生产率没有变化，核心版权密集型产业的比较劳动生产率增加了 0.2。从 2010—2019 年的整个区间看，美国发明专利密集型产业的劳动生产率有缓慢增长，但是比较劳动生产率没有变化；而美国核心版权密集型产业的劳动生产率和比较劳动生产率均有不错的增长（为了使可比范围内保持一致性，这里作比较的是表5 - 8 中各年的数据）。

表 5-7　　　　美国知识产权密集型产业劳动生产率与比较

劳动生产率（2010—2014 年）

产业类型	劳动生产率（万美元/人）			比较劳动生产率		
	2010 年	2014 年	变化	2010 年	2014 年	变化
知识产权密集型产业	18.7	23.7	5.0	1.9	2.1	0.2
商标密集型产业	19.9	25.7	5.8	2.0	2.3	0.3
核心版权密集型产业	12.5	16.8	4.2	1.3	1.5	0.2
发明专利密集型产业	19.5	22.4	2.9	2.0	2.0	0.0

资料来源：笔者整理。

表 5-8　　　　美国知识产权密集型产业劳动生产率与比较

劳动生产率（2010—2019 年）

产业效率指标	产业类型	2010 年	2014 年	2019 年
劳动生产率（万美元/人）	发明专利密集型产业	22.1	22.1	23.6
	核心版权密集型产业	19.1	21.1	27.6
比较劳动生产率	发明专利密集型产业	1.7	1.7	1.7
	核心版权密集型产业	1.4	1.4	1.6

资料来源：笔者整理。

二　欧盟知识产权密集型产业的发展现状

（一）欧盟知识产权密集型产业的经济规模

欧盟 2013 年、2016 年和 2019 年的知识产权密集型产业报告分别统计汇报了欧盟 2008—2010 年、2011—2013 年和 2014—2016 年的知识产权密集型产业发展情况。数据显示，知识产权密集型产业已经成为欧盟重要的支柱产业。2008—2010 年、2011—2013 年和 2014—2016 年，欧盟的知识产权密集型产业的年平均增加值①分别达到了

---

① 以 2008—2010 年为例，年平均增加值 =（2008 年知识产权密集型产业增加值 + 2009 年知识产权密集型产业增加值 + 2010 年知识产权密集型产业增加值）/3。

4.74 万亿欧元、5.66 万亿欧元和 6.55 万亿欧元，GDP 占比分别达到了 38.6%、42.3% 和 44.8%。

在欧盟的各类知识产权密集型产业中，商标密集型产业的规模最大，2014—2016 年的年平均增加值达到 5.45 万亿欧元，占整个知识产权密集型产业增加值的 83.2%，占欧盟 GDP 的 37.3%；外观设计密集型产业和发明专利密集型产业的规模也较为突出，2014—2016 年的年平均增加值分别达到了 2.37 万亿欧元和 2.35 万亿欧元，GDP 占比均超过了 16%；版权密集型产业的规模也不小，2014—2016 年的年平均增加值超过了 1 万亿欧元，GDP 占比也将近有 7%；植物品种权密集型产业和地理标志密集型产业的规模相对较小，2014—2016 年的年平均增加值分别为 0.18 万亿欧元和 0.02 万亿欧元。

在三个报告区间，欧盟知识产权密集型产业的经济规模经历了长足增长。与 2011—2013 年相比①，欧盟知识产权密集型产业 2014—2016 年的年平均增加值增长了 0.89 万亿欧元，GDP 占比增长了 2.5 个百分点。其中，商标密集型产业的规模增长最多，2014—2016 年的年平均增加值比 2011—2013 年增长了 0.64 万亿欧元（GDP 占比增长了 1.4 个百分点）；外观专利密集型产业的 GDP 占比增长最多，2014—2016 年的年平均 GDP 占比比 2011—2013 年增长了 2.8 个百分点（年平均增加值增长了 0.58 万亿欧元）。此外，发明专利密集型产业也有不错的增长，2014—2016 年的年平均增加值比 2011—2013 年增长了 0.32 万亿欧元，GDP 占比增长了 0.9 个百分点；版权密集型产业和植物品种权密集型产业 2014—2016 年的年平均增加值比 2011—2013 年分别增长了 0.09 万亿欧元和 0.13 万亿欧元，GDP 占比分别增长了 0.1 个和 0.8 个百分点；地理标志密集型产业的年平均增加值和 GDP 占比则分别稳定在 0.02 万亿欧元和 0.1% 的规模，三

①　与 2008—2010 年相比，2011—2013 年和 2014—2016 年的"核心＼版权密集型产业"界定范围更广，因此，对比产业规模的时候仅做适当参考。下同。

个报告区间内均无变化（见表5-9）。

由于相关统计数据尚未更新，暂时无法像对美国的知识产权密集型产业那样，对欧盟知识产权密集型产业2016年以来（截至2021年6月底）的发展情况进行进一步的分析，下同。

表5-9　　　　　　　欧盟知识产权密集型产业增加值及

GDP占比（2008—2016年）

产业类型	增加值（万亿欧元）				GDP占比（%）			
	1	2	3	3-2	5	6	7	7-6
	2008—2010年平均	2011—2013年平均	2014—2016年平均	变化	2008—2010年平均	2011—2013年平均	2014—2016年平均	变化
知识产权密集型产业	4.74	5.66	6.55	0.89	38.6	42.3	44.8	2.5
商标密集型产业	4.16	4.81	5.45	0.64	33.9	35.9	37.3	1.4
外观设计密集型产业	1.57	1.79	2.37	0.58	12.8	13.4	16.2	2.8
发明专利密集型产业	1.70	2.04	2.35	0.32	13.9	15.2	16.1	0.9
核心/版权密集型产业*	0.51	0.91	1.01	0.09	4.2	6.8	6.9	0.1
地理标志密集型产业	0.02	0.02	0.02	0.00	0.1	0.1	0.1	0.0
植物品种权密集型产业	—	0.05	0.18	0.13	—	0.4	1.2	0.8

注：*2008—2010年的数据为"核心版权密集型产业"，2011—2013年和2014—2016年的数据为"版权密集型产业"。

资料来源：笔者依据欧盟2013年、2016年和2019年知识产权密集型产业报告相关数据整理。

（二）欧盟知识产权密集型产业的就业贡献

从就业贡献上看，2008—2010 年、2011—2013 年和 2014—2016 年，欧盟的知识产权密集型产业的年平均就业规模分别达到了 5649 万人、6003 万人和 6296 万人，就业占比分别达到了 25.9%、27.8% 和 29.2%。

在各类知识产权密集型产业中，商标密集型产业的就业贡献最大，2014—2016 年的年平均就业规模达到 4670 万人，占整个知识产权密集型产业增加值的 83.2%，占欧盟 GDP 的 21.7%；外观设计密集型产业和发明专利密集型产业的规模也较为突出，2014—2016 年的年平均增加值分别达到了 2.37 万亿欧元和 2.35 万亿欧元，GDP 占比均超过了 16%；版权密集型产业的规模也不小，2014—2016 年的年平均增加值超过了 1 万亿欧元，GDP 占比也将近有 7%；植物品种权密集型产业和地理标志密集型产业的规模相对较小，2014—2016 年的年平均增加值分别为 0.18 万亿欧元和 0.02 万亿欧元。

在三个报告区间，欧盟知识产权密集型产业的经济规模经历了长足增长。与 2011—2013 年相比[①]，欧盟知识产权密集型产业 2014—2016 年的年平均增加值增长了 0.89 万亿欧元，GDP 占比增长了 2.5 个百分点。其中，商标密集型产业的规模增长最多，2014—2016 年的年平均增加值比 2011—2013 年增长了 0.64 万亿欧元（GDP 占比增长了 1.4 个百分点）；外观专利密集型产业的 GDP 占比增长最多，2014—2016 年的年平均 GDP 占比比 2011—2013 年增长了 2.8 个百分点（年平均增加值增长了 0.58 万亿欧元）。此外，发明专利密集型产业也有不错的增长，2014—2016 年的年平均增加值比 2011—2013 年增长了 0.32 万亿欧元，GDP 占比增长了 0.9 个百分点；版权密集型

---

① 与 2008—2010 年相比，2011—2013 年和 2014—2016 年的"核心/版权密集型产业"界定范围更广，因此对比产业规模的时候仅做适当参考。下同。

产业和植物品种权密集型产业 2014—2016 年的年平均增加值比
2011—2013 年分别增长了 0.09 万亿欧元和 0.13 万亿欧元，GDP 占
比分别增长了 0.1 个和 0.8 个百分点；地理标志密集型产业的年平均
增加值和 GDP 占比则分别稳定在 0.02 万亿欧元和 0.1% 的规模，三
个报告区间内均无变化（见表 5 - 10）。

表 5 - 10　欧盟知识产权密集型产业就业规模及占比（2008—2016 年）

产业类型	规模（万人）				占比（%）			
	1	2	3	3 - 2	5	6	7	7 - 6
	2008—2010 年平均	2011—2013 年平均	2014—2016 年平均	变化	2008—2010 年平均	2011—2013 年平均	2014—2016 年平均	变化
知识产权密集型产业	5649	6003	6296	293	25.9	27.8	29.2	1.4
商标密集型产业	4551	4579	4670	91	20.8	21.2	21.7	0.5
外观设计密集型产业	2666	2566	3071	505	12.2	11.9	14.2	2.3
发明专利密集型产业	2245	2227	2357	130	10.3	10.3	10.9	0.6
核心/版权密集型产业	705	1163	1182	19	3.2	5.4	5.5	0.1
地理标志密集型产业	37	——	——	——	0.2	——	——	——
植物品种权密集型产业	——	102	174	72	——	0.5	0.8	0.3

资料来源：笔者依据欧盟 2013 年、2016 年和 2019 年知识产权密集型产业报告相关数据整理。

（三）欧盟知识产权密集型产业的生产效率

从生产效率上看，2008—2010 年、2011—2013 年和 2014—2016

年，欧盟知识产权密集型产业的劳动生产率分别达到了8.4万欧元/人、9.4万欧元/人和10.4万欧元/人，比较劳动生产率分别达到了1.49、1.52和1.53。

在各类知识产权密集型产业中，商标密集型产业的劳动生产率和比较劳动生产率最高，2014—2016年的年平均劳动生产率和比较劳动生产率分别达到11.7万欧元/人和1.72；植物品种权密集型产业和发明专利密集型产业的劳动生产率和比较劳动生产率也比较突出，2014—2016年的年平均劳动生产率分别达到了10.5万欧元/人和10.0万欧元/人，比较劳动生产率分别达到了1.50和1.48；核心/版权密集型产业和外观设计密集型产业的劳动生产率与比较劳动生产率相对较低，2014—2016年的年平均劳动生产率分别为8.5万欧元/人和7.7万欧元/人，比较劳动生产率分别为1.26和1.14。

在三个报告区间，欧盟知识产权密集型产业的劳动生产率和比较劳动生产率都有一定的增长。与2011—2013年相比，欧盟知识产权密集型产业2014—2016年的年平均劳动生产率和比较劳动生产率分别增加了1.0万欧元/人和0.01。其中，植物品种权密集型产业的劳动生产率和比较劳动生产率增长最多，2014—2016年的年平均劳动生产率和比较劳动生产率分别比2011—2013年增长了5.4万欧元/人和0.70；商标密集型产业的劳动生产率和比较劳动生产率增长也很突出，2014—2016年的年平均劳动生产率和比较劳动生产率分别比2011—2013年增长了1.2万欧元/人和0.03；外观设计密集型产业的劳动生产率和比较劳动生产率也都实现了增长，2014—2016年的年平均劳动生产率和比较劳动生产率分别比2011—2013年增长了0.8万欧元/人和0.01；发明专利密集型产业和核心/版权密集型产业的劳动生产率都实现了增长，但是比较劳动生产率没有变化，两者2014—2016年的年平均劳动生产率分别比2011—2013年增长了0.8万欧元/人和0.7万欧元/人（见表5－11）。

表 5 – 11　　欧盟知识产权密集型产业劳动生产率及比较
劳动生产率（2008—2016 年）

产业类型	劳动生产率（万欧元/人）				比较劳动生产率			
	1	2	3	3 – 2	4	5	6	6 – 5
	2008—2010 年平均	2011—2013 年平均	2014—2016 年平均	变化	2008—2010 年平均	2011—2013 年平均	2014—2016 年平均	变化
知识产权密集型产业	8.4	9.4	10.4	1.0	1.49	1.52	1.53	0.01
商标密集型产业	9.1	10.5	11.7	1.2	1.63	1.69	1.72	0.03
外观设计密集型产业	5.9	7.0	7.7	0.8	1.05	1.13	1.14	0.01
发明专利密集型产业	7.6	9.1	10.0	0.8	1.35	1.48	1.48	0.00
核心/版权密集型产业	7.2	7.9	8.5	0.7	1.31	1.26	1.26	0.00
地理标志密集型产业	4.3	—	—		0.50	—	—	
植物品种权密集型产业	—	5.1	10.5	5.4	—	0.80	1.50	0.70

资料来源：笔者依据欧盟 2013 年、2016 年和 2019 年知识产权密集型产业报告相关数据整理。

三　中国知识产权密集型产业的发展现状

（一）中国知识产权密集型产业的经济规模

国家知识产权局 2015 年的研究报告从《国民经济行业分类》（GB/T 4754—2011）的 96 个行业大类中筛选出了 30 个知识产权密集型产业，并汇报了相关产业 2010 年和 2014 年的发展情况。报告数据显示，知识产权密集型产业也是中国经济的重要组成部分。2010

年和 2014 年，中国知识产权密集型产业的增加值分别达到了 11.58
万亿元和 14.27 万亿元，GDP 占比分别达到了 28.11% 和 30.36%。

在中国的各类知识产权密集型产业中，商标密集型产业的规模最
大，2014 年的增加值达到 11.02 万亿元，占整个知识产权密集型产
业增加值的 77.89%，占 GDP 的 23.45%；发明专利密集型产业的规
模也比较突出，2014 年的增加值达到 8.55 万亿元，占 GDP 的
18.19%；核心版权密集型产业的规模相对较小，2014 年的增加值为
2.93 万亿元，占 GDP 的 6.24%。

与 2010 年相比，2014 年商标密集型产业增加值增长了 2.01 万亿
元，GDP 占比增长了 1.57 个百分点；发明专利密集型产业增加值增
加了 1.83 万亿元，GDP 占比增加了 1.88 个百分点；核心版权密集型
产业增加值仅增长了 0.60 万亿元，GDP 占比仅增长了 0.59 个百分点
（见表 5 - 12）。

表 5 - 12　**中国知识产权密集型产业增加值及 GDP 占比（2010—2014 年）**

产业类型	增加值（万亿元）			GDP 占比（%）		
	1	2	2 - 1	3	4	4 - 3
	2010 年	2014 年	变化	2010 年	2014 年	变化
知识产权密集型产业	11.58	14.27	2.69	28.11	30.36	2.25
商标密集型产业	9.02	11.02	2.01	21.88	23.45	1.57
核心版权密集型产业	2.33	2.93	0.60	5.65	6.24	0.59
发明专利密集型产业	6.72	8.55	1.83	16.31	18.19	1.88

资料来源：笔者依据美国 2012 年和 2016 年的知识产权密集型产业报告相关数据整理。

2020 年 3 月和 12 月，国家统计局和国家知识产权局先后联合发
布了《2018 年全国专利密集型产业增加值数据公告》和《2019 年全
国专利密集型产业增加值数据公告》，分别核算了《知识产权（专
利）密集型产业统计分类（2019）》中的发明专利密集型产业 2018

年和2019年的增加值。结果显示，2018年和2019年，中国发明专利
密集型产业增加值分别为10.71万亿元和11.46万亿元，GDP占比分
别达到了11.65%和11.62%。与2018年相比，中国2019年发明专
利密集型产业增加值增加了0.75万亿元，但是GDP占比下降了0.03
个百分点。从发明专利密集型产业的内部结构看，新装备制造业的规
模最大（2019年增加值3.40万亿元，GDP占比3.45%），信息通信
技术服务业增长最多（2019年增加值比2018年增加0.33万亿元，
GDP占比增加0.19个百分点）（见表5-13）。

2020年12月，中国新闻出版研究院发布了《2019年中国版权产
业经济贡献》报告，测算了中国版权产业的最新发展情况。数据显
示，2019年，中国核心版权密集型产业的增加值为4.59万亿元，
GDP占比为4.63%，分别比2014年增加了1.86万亿元和0.34个百
分点，比2010年增加了3.18万亿元和1.11个百分点（见表5-14）。

表5-13 中国发明专利密集型产业增加值及GDP占比（2018—2019年）

产业类型	增加值（万亿元）			GDP占比（%）		
	1	2	2-1	3	4	4-3
	2018年	2019年	变化	2018年	2019年	变化
一、信息通信技术制造业	2.16	2.30	0.14	2.34	2.33	-0.01
二、信息通信技术服务业	1.95	2.28	0.33	2.12	2.31	0.19
三、新装备制造业	3.28	3.40	0.12	3.57	3.45	-0.12
四、新材料制造业	1.41	1.40	-0.01	1.54	1.42	-0.12
五、医药医疗产业	0.95	1.00	0.05	1.03	1.01	-0.02
六、环保产业	0.24	0.26	0.02	0.26	0.26	0
七、研发、设计和技术服务业	0.72	0.82	0.10	0.78	0.83	0.05
发明专利密集型产业总计	10.71	11.46	0.75	11.65	11.62	-0.03

资料来源：笔者依据国家统计局官方公告《2018年全国专利密集型产业增加值数据公告》和《2019年全国专利密集型产业增加值数据公告》相关数据整理。

表 5 - 14　中国核心版权密集型产业增加值及 GDP 占比（2016—2019 年）

经济指标	产业类型	2010 年	2014 年	2019 年
增加值（万亿元）	核心版权密集型产业	1.41	2.73	4.59
	版权产业	2.64	4.63	7.32
GDP 占比（%）	核心版权密集型产业	3.52	4.29	4.63
	版权产业	6.57	7.28	7.39

资料来源：笔者依据《中国版权产业的经济贡献》历年报告相关数据整理。

（二）中国知识产权密集型产业的就业贡献

就业方面，2010 年和 2014 年，中国知识产权密集型产业分别贡献了 10152 万人和 11773 万人的就业，分别占就业总量的 13.34% 和 15.42%。其中，商标密集型产业的就业贡献最大，2010 年和 2014 年分别贡献了 7542 万人和 8322 万人的就业，分别占就业总量的 9.91% 和 10.90%；发明专利密集型产业的就业贡献相对小一些，2010 年和 2014 年分别贡献了 4696 万人和 5131 万人的就业，分别占就业总量的 6.17% 和 6.72%；核心版权密集型产业的就业贡献最小，2010 年和 2014 年分别贡献了 2884 万人和 4054 万人的就业，分别占就业总量的 3.79% 和 5.31%。

与 2010 年相比，整个知识产权密集型产业的就业规模增加了 1621 万人，就业占比增加了 2.08 个百分点。其中商标密集型产业、核心版权密集型产业、发明专利密集型产业分别增加了 780 万人、1170 万人和 435 万人，就业占比分别增加了 0.99 个百分点、1.52 个百分点和 0.55 个百分点（见表 5 - 15）。

表 5 - 15　中国知识产权密集型产业就业规模及占比（2010—2014 年）

产业类型	规模（万人）			占比（%）		
	2010 年	2014 年	变化	2010 年	2014 年	变化
知识产权密集型产业	10152	11773	1621	13.34	15.42	2.08
商标密集型产业	7542	8322	780	9.91	10.90	0.99

产业类型	规模（万人）			占比（%）		
	2010 年	2014 年	变化	2010 年	2014 年	变化
核心版权密集型产业	2884	4054	1170	3.79	5.31	1.52
发明专利密集型产业	4696	5131	435	6.17	6.72	0.55

资料来源：笔者整理。

（三）中国知识产权密集型产业的生产效率

2010 年和 2014 年，中国知识产权密集型产业的劳动生产率分别达到了 11.41 万元/人和 12.12 万元/人，比较劳动生产率分别达到了 2.11 和 1.97。其中，发明专利密集型产业的劳动生产率和比较劳动生产率最高，2014 年分别达到了 16.66 万元/人和 2.71；商标密集型产业的劳动生产率和比较劳动生产率次之，2014 年分别达到了 13.24 万元/人和 2.15；核心版权密集型产业的劳动生产率和比较劳动生产率最低，2014 年分别为 7.23 万元/人和 1.18。

与 2010 年相比，2014 年中国知识产权密集型产业的劳动生产率增加了 0.71 万元/人，其中发明专利密集型产业和商标密集型产业的劳动生产率分别增加了 2.35 万元/人和 1.28 万元/人，核心版权密集型产业的劳动生产率下降了 0.85 万元/人。与 2010 年相比，2014 年中国知识产权密集型产业的比较劳动生产率下降了 0.14，其中核心版权密集型产业和商标密集型产业的比较劳动生产率分别下降了 0.32 和 0.06，只有发明专利密集型产业的比较劳动生产率出现了增长（增长了 0.06）（见表 5 - 16）。

表 5 - 16　中国知识产权密集型产业劳动生产率与比较劳动生产率（2010—2014 年）

产业类型	劳动生产率（万元/人）			比较劳动生产率		
	2010 年	2014 年	变化	2010 年	2014 年	变化
知识产权密集型产业	11.41	12.12	0.71	2.11	1.97	- 0.14

续表

产业类型	劳动生产率（万元/人）			比较劳动生产率		
	2010 年	2014 年	变化	2010 年	2014 年	变化
商标密集型产业	11.96	13.24	1.28	2.21	2.15	-0.06
核心版权密集型产业	8.08	7.23	-0.85	1.49	1.18	-0.32
发明专利密集型产业	14.31	16.66	2.35	2.64	2.71	0.06

资料来源：笔者整理。

四　美国、欧盟和中国知识产权密集型产业发展现状对比

（一）美国、欧盟和中国知识产权密集型产业的经济贡献比较

由于美国、欧盟和中国知识产权密集型产业较为全面的可比的数据最新仅到 2014 年，为此，笔者在此部分主要使用 2014 年的相关数据比较美国、欧盟和中国的知识产权密集型产业发展情况。

2014 年，美国、欧盟和中国的知识产权密集型产业增加值分别为 40.5 万亿元、40.2 万亿元和 14.3 万亿元，GDP 占比分别为 38.2%、44.8% 和 30.4%。美国和欧盟的知识产权密集型产业增加值均约是中国的 2.8 倍，GDP 占比分别比中国高出 7.8 个百分点和 14.4 个百分点。

其中，中国与美国和欧盟差距最大的是商标密集型产业，美国和欧盟商标密集型产业的增加值分别是中国的 3.4 倍和 3.0 倍，GDP 占比分别比中国高出 11.5 个和 13.9 个百分点；中国核心版权密集型产业的绝对规模与美国和欧盟都还有不少差距，美国和欧盟的核心版权密集型产业的增加值分别是中国的 2.0 倍和 2.1 倍，中国核心版权密集型产业的相对规模比欧盟小（GDP 占比比欧盟少 0.7 个百分点），但是已经超过美国（GDP 占比比美国多 0.7 个百分点）；中国发明专利密集型产业的相对规模已经超过美国和欧盟（GDP 占比分别比美国和欧盟高出 13.1 个和 2.1 个百分点），绝对规模也已经超过美国

（增加值是美国的 1.6 倍），但是，与欧盟相比还存在一定差距（欧盟增加值是中国的 1.7 倍）（见表 5－17）。

表 5－17　　　美国、欧盟、中国知识产权密集型产业增加值
及 GDP 占比（2014 年）

产业类型	增加值（万亿元）			GDP 占比（%）		
	美国	欧盟	中国	美国	欧盟	中国
知识产权密集型产业	40.5	40.2	14.3	38.2	44.8	30.4
商标密集型产业	37.5	33.5	11.0	34.9	37.3	23.5
核心版权密集型产业	5.8	6.2	2.9	5.5	6.9	6.2
发明专利密集型产业	5.4	14.4	8.6	5.1	16.1	18.2

资料来源：笔者依据相关数据整理；其中美国为 2014 年数据，来自美国商务部发布的《知识产权和美国经济：聚焦产业 2016》，增加值数据使用 2014 年的美元平均汇率（6.1428）调整；欧盟为 2014—2016 年平均数据，来自欧盟发布的《知识产权密集型产业：对欧盟经济和就业的影响 2019》，增加值数据使用 2014 年的欧元平均汇率（8.1651）调整；中国为 2014 年数据，来自《中国知识产权密集型产业报告 2015》。

（二）美国、欧盟和中国知识产权密集型产业的就业贡献比较

从就业规模看，中国知识产权密集型产业远超美国和欧盟。2014年，中国知识产权密集型产业的就业规模为 11773 万人，分别是美国和欧盟的 4.2 倍和 1.9 倍。其中，商标密集型产业、核心版权密集型产业和发明专利密集型产业的就业规模分别是美国的 11.9 倍、14.3倍和 8.3 倍，分别是欧盟的 7.2 倍、9.6 倍和 4.9 倍。

从就业占比看，中国知识产权密集型产业与欧盟还存在不小差距（知识产权密集型产业、商标密集型产业、核心版权密集型产业和发明专利密集型产业分别比欧盟低 13.78 个百分点、10.8 个百分点、0.19 个百分点和 4.18 个百分点），但是，与美国差距不大（知识产权密集型产业和商标密集型产业分别比美国低 2.78 个百分点和 4.60个百分点），核心版权密集型产业和发明专利密集型产业分别比美国

高 1.61 个百分点和 4.12 个百分点（见表 5-18）。

表 5-18 美国、欧盟、中国知识产权密集型产业就业
规模及占比（2014 年）

产业类型	就业规模（万人）			就业占比（%）		
	美国	欧盟	中国	美国	欧盟	中国
知识产权密集型产业	2788	6296	11773	18.2	29.2	15.42
商标密集型产业	2374	4670	8322	15.5	21.7	10.9
核心版权密集型产业	567	1182	4054	3.7	5.5	5.31
发明专利密集型产业	393	2357	5131	2.6	10.9	6.72

资料来源：笔者整理。

（三）美国、欧盟和中国知识产权密集型产业的生产效率比较

劳动生产率方面，中国与美国和欧盟还存在巨大差距。2014 年，中国知识产权密集型产业、商标密集型产业、核心版权密集型产业和发明专利密集型产业的劳动生产率分别只有 12.1 万元/人、13.2 万元/人、7.2 万元/人和 16.7 万元/人，而美国知识产权密集型产业、商标密集型产业、核心版权密集型产业和发明专利密集型产业的劳动生产率均超过了 100 万元/人，分别是中国的 12.0 倍、11.9 倍、14.3 倍和 8.3 倍，欧盟知识产权密集型产业、商标密集型产业、核心版权密集型产业和发明专利密集型产业的劳动生产率也都超过了 69 万元/人，分别是中国的 7.0 倍、7.2 倍、9.6 倍和 4.9 倍。

比较劳动生产率方面，中国与美国和欧盟的差距较小，甚至还有反超。中国核心版权密集型产业的比较劳动生产率比美国和欧盟都低（分别比美国和欧盟低 0.32 和 0.08），知识产权密集型产业和商标密集型产业的比较劳动生产率比美国低（分别比美国低 0.13 和 0.15），除此之外，中国知识产权密集型产业、商标密集型产业和发明专利密集型产业的比较劳动生产率都高于欧盟（分别比欧盟高出 0.44、

0.43 和 1.23），中国发明专利密集型产业的比较劳动生产率也高于美国（比美国高出 0.71）（见表 5 - 19）。

表 5 - 19　　美国、欧盟、中国知识产权密集型产业劳动生产率
与比较劳动生产率（2014 年）

产业类型	劳动生产率（万元/人）			比较劳动生产率		
	美国	欧盟	中国	美国	欧盟	中国
知识产权密集型产业	145.6	84.9	12.1	2.1	1.53	1.97
商标密集型产业	157.9	95.5	13.2	2.3	1.72	2.15
核心版权密集型产业	103.2	69.4	7.2	1.5	1.26	1.18
发明专利密集型产业	137.6	81.7	16.7	2	1.48	2.71

资料来源：笔者整理。

第六章 知识产权密集型产业的
区域分布

一 美国知识产权密集型产业的区域分布

从知识产权密集型产业的整体分布上看，五大湖和美国东北部各州以及西部的加利福尼亚州是美国知识产权密集型产业最为集中的区域，西部的科罗拉多州、犹他州也是美国知识产权密集型产业较为集中的地区，这些地区都是美国整体经济发展水平较高的地区。此外，与2010年相比，2014年西部的华盛顿州和俄勒冈州的知识产权密集型产业集中度也超过了全美国的平均水平，成为新晋的知识产权密集型产业集中区域。

从发明专利密集型产业上看，美国区域之间发明专利密集型产业的分布密度差异很大，发明专利密集型产业主要集中在密歇根州、明尼苏达州等五大湖周边各州以及东部的北卡罗来纳州、南卡罗来纳州和西部的加利福尼亚州、俄勒冈州。这些州都是美国工业和制造业的重点地区，例如五大湖沿岸是美国的传统钢铁、汽车、化工中心，西部太平洋沿岸则是美国的高科技产业聚集区。

美国商标密集型产业的区域分布和发明专利密集型产业的区域分布有着极高的重合度，商标密集型产业也主要分布在五大湖区域和西部的高科技产业中心加利福尼亚州。与发明专利密集型产业不同的是，东部的北卡罗来纳州和南卡罗来纳州不是商标密集型产业的聚集区域。

美国核心版权密集型产业的区域分布与发明专利密集型产业和商标密集型产业有较大差异。美国的核心版权密集型产业主要集中在东部的弗吉尼亚州、纽约州以及中部的科罗拉多州和西部的加利福尼亚州、华盛顿州，而发明专利密集型产业和商标密集型产业聚集的五大湖区域则没有显著的核心版权密集型产业分布。其主要原因是发明专利密集型产业和商标密集型产业更多地集中在制造业，而核心版权密集型产业则主要集中在文化创意产业，美国不同的州有不同的产业传统，核心版权密集型产业聚集的各州均是美国第三产业发达的地区。

二　欧盟知识产权密集型产业的区域分布

欧盟知识产权密集型产业的区域差异主要体现在其 28 个成员国之间的差异。从整体上看，各个欧盟成员国之间的知识产权密集型产业发展水平差异较大。欧盟的知识产权密集型产业主要聚集在德国、英国、法国和意大利等老牌资本主义国家，以 2014—2016 年的平均值为例，这 4 个国家的知识产权密集型产业的增加值和就业规模占整个欧盟 28 国的比例均超过 10%（德国、英国、法国和意大利知识产权密集型产业增加值占欧盟 28 国的比例分别为 23.2%、15.8%、14.3% 和 11.8%，就业规模占欧盟 28 国的比例分别为 20.9%、13.4%、10.2% 和 11.0%），4 国增加值合计占比达到欧盟 28 国的 65.1%，就业规模合计占比达到欧盟 28 国的 55.5%。而增加值排名后十位的斯洛伐克、卢森堡、保加利亚、克罗地亚、斯洛文尼亚、立陶宛、拉脱维亚、爱沙尼亚、塞浦路斯和马耳他的增加值合计仅占欧盟 28 国的 2.6%，就业规模合计仅占欧盟 28 国的 5.6%（见表 6 - 1）。

表 6 - 1 　　欧盟 28 国知识产权密集型产业增加值和就业

规模对比（2014—2016 年平均）

国家	增加值			就业规模		
	排名	增加值（亿欧元）	占比（%）	排名	就业规模（万人）	占比（%）
欧盟 28 国	—	65518	100	—	6296	100
德国	1	15216	23.2	1	1314	20.9
英国	2	10377	15.8	2	843	13.4
法国	3	9400	14.3	4	640	10.2
意大利	4	7743	11.8	3	694	11.0
西班牙	5	4326	6.6	5	479	7.6
荷兰	6	2712	4.1	7	234	3.7
瑞典	7	1924	2.9	10	150	2.4
波兰	8	1772	2.7	6	418	6.6
比利时	9	1608	2.5	14	118	1.9
爱尔兰	10	1583	2.4	20	54	0.9
奥地利	11	1499	2.3	13	121	1.9
丹麦	12	1228	1.9	17	86	1.4
芬兰	13	947	1.4	19	66	1.1
捷克	14	859	1.3	9	185	2.9
葡萄牙	15	763	1.2	12	126	2.0
罗马尼亚	16	747	1.1	8	193	3.1
希腊	17	633	1.0	15	96	1.5
匈牙利	18	531	0.8	11	129	2.0
斯洛伐克	19	349	0.5	18	75	1.2
卢森堡	20	244	0.4	26	10	0.2
保加利亚	21	233	0.4	16	95	1.5
克罗地亚	22	184	0.3	21	43	0.7
斯洛文尼亚	23	180	0.3	23	30	0.5
立陶宛	24	162	0.2	22	40	0.6
拉脱维亚	25	104	0.2	24	25	0.4
爱沙尼亚	26	84	0.1	25	19	0.3
塞浦路斯	27	64	0.1	27	9	0.1
马耳他	28	46	0.1	28	5	0.1

注：阴影部分为重点关注内容，方便读者阅读。

资料来源：笔者依据欧盟 2019 年知识产权密集型产业报告整理。

　　欧盟的各个子类知识产权密集型产业也主要聚集在德国、英国、法国、意大利4国，欧盟各个子类知识产权密集型产业的增加值前3名国家和就业规模前3名国家情况如表6-2和表6-3所示。其中，德国的商标密集型产业、发明专利密集型产业和外观设计密集型产业的增加值均位居欧盟28国第一位，商标密集型产业、发明专利密集型产业、外观设计密集型产业、版权密集型产业和植物品种权密集型产业的就业规模也位居欧盟28国第一位；法国植物品种权密集型产业和地理标志密集型产业的增加值均位居欧盟28国第一位，地理标志密集型产业的就业规模也位居欧盟28国第一位。

　　从分布的集中度上看，欧盟商标密集型产业、发明专利密集型产业、外观设计密集型产业、版权密集型产业、植物品种权密集型产业和地理标志密集型产业增加值前3名国家的增加值合计占比分别达到了53.1%、55.0%、54.1%、55.0%、58.8%和68.7%（见表6-2），就业规模前3名国家的就业规模合计占比分别达到了45.8%、47.9%、45.9%、48.4%、38.9%和67.3%（见表6-3）。

表6-2　　　　　　　欧盟各类知识产权密集型产业增加值
前3名国家（2014—2016年平均）

知识产权密集型产业类型	国家/增加值（亿欧元）			前3名占比（%）
	第一名	第二名	第三名	
商标密集型产业	德国　12303	英国　8900	法国　7750	53.1
发明专利密集型产业	德国　7200	法国　2916	英国　2827	55.0
外观设计密集型产业	德国　6898	英国　3142	意大利　2793	54.1
版权密集型产业	英国　2036	德国　2033	法国　1480	55.0
植物品种权密集型产业	法国　473	德国　392	英国　203	58.8
地理标志密集型产业	法国　69	意大利　39	英国　30	68.7

资料来源：笔者依据欧盟2019年知识产权密集型产业报告整理。

表6-3　欧盟各类知识产权密集型产业就业规模前3名国家（2014—2016年平均）

知识产权密集型产业类型	国家/就业规模（万人）			前3名占比（%）
	第一名	第二名	第三名	
商标密集型产业	德国　971	英国　643	意大利　523	45.8
发明专利密集型产业	德国　627	英国　252	意大利　249	47.9
外观设计密集型产业	德国　706	意大利　379	英国　325	45.9
版权密集型产业	德国　228	英国　203	法国　141	48.4
植物品种权密集型产业	德国　30	法国　19	英国　19	38.9
地理标志密集型产业	法国　13	意大利　8	英国　6	67.3

资料来源：笔者依据欧盟2019年知识产权密集型产业报告整理。

三　中国知识产权密集型产业的区域分布

由于中国知识产权密集型产业缺乏分区域的统计资料，笔者以全国各省份创造的知识产权数量近似反映各地知识产权密集型产业的发展情况。国家知识产权局从2013年开始发布《中国知识产权发展状况评价报告》，一方面构建了知识产权创造发展指数、知识产权运用发展指数、知识产权保护发展指数和知识产权环境发展指数等发展指数，以便综合反映各地知识产权的创造、运用、保护和环境情况；另一方面也报告了各地知识产权具体的创造情况。知识产权发展创造指数能够近似反映各地知识产权密集型产业的综合发展情况，发明专利、商标、版权等各类知识产权具体的创造情况能够近似反映各地各个类型的知识产权密集型产业的发展情况。

2020年国家知识产权局发布了《2019年中国知识产权发展状况评价报告》，依据最新的知识产权创造发展指数，可以大致把全国31个省份（不含我国港澳台地区）分为4个梯队：第一梯队是创造发展指数高于90的地区，包括广东、北京、江苏、浙江、上海、山东、福建7个省份，这类地区是全国知识产权创造活动的主要分布地区；第二梯队是创造发展指数低于90高于80的地区，包括四川、湖北、湖南、安徽、辽宁 5 个省份；第三梯队是创造发展指数低于 80 高于 70 的地区，包括陕西、重庆、河北、天津、黑龙江、河南、吉林、广西 8 个省份；第四梯队是创造发展指数低于 70 的地区，包括云南、贵州、江西、山西、海南、新疆、内蒙古、西藏、甘肃、青海、宁夏 11 个省份，这类地区的知识产权创造活动与第一梯队的各个地区相比相对少很多。也就是说，全国各个地区的知识产权密集型产业发展还存在较大差异，知识产权密集型产业主要分布在沿海发达地区。

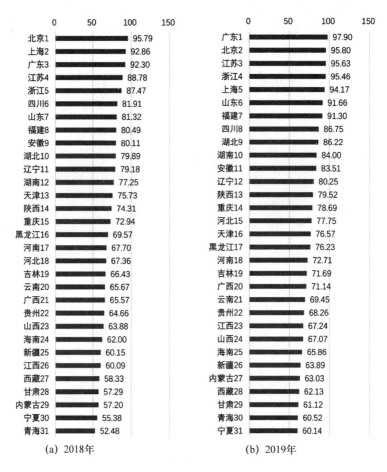

图 6-1　中国各省份知识产权创造发展指数

资料来源：《2019 年中国知识产权发展状况评价报告》，国家知识产权局，2020 年。

表 6 - 4　　　　　中国各省份知识产权创造发展指数所属梯队

层级	省份
第一梯队	广东、北京、江苏、浙江、上海、山东、福建
第二梯队	四川、湖北、湖南、安徽、辽宁
第三梯队	陕西、重庆、河北、天津、黑龙江、河南、吉林、广西
第四梯队	云南、贵州、江西、山西、海南、新疆、内蒙古、西藏、甘肃、青海、宁夏

资料来源：笔者依据《2019 年中国知识产权发展状况评价报告》相关数据整理。

图 6 - 2 至图 6 - 7 展示了 2019 年全国各省份发明专利、商标、版权、植物品种权、地理标志和集成电路布图 6 类知识产权的创造数量，可以看出，上述 6 类知识产权的创造都具有显著的集中性，部分省份的知识产权创造远高于其他省份。其中，发明专利、商标和集成电路布图等知识产权创造活动主要集中在广东、北京、江苏、浙江和上海等创造发展指数位于第一梯队的省份，版权、植物品种权、地理标志等知识产权创造活动也主要集中在创造发展指数位于前三个梯队的省份。

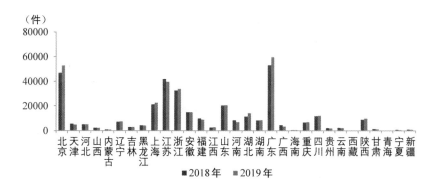

图 6 - 2　中国各省份发明专利授权量

资料来源：《2019 年中国知识产权发展状况评价报告》，国家知识产权局，2020 年。

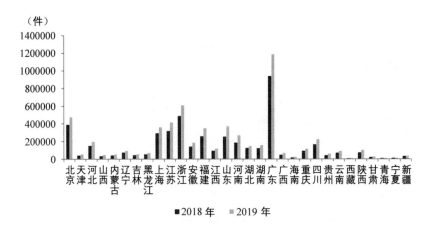

图 6 - 3　中国各省份商标注册量

资料来源:《2019 年中国知识产权发展状况评价报告》,国家知识产权局,2020 年。

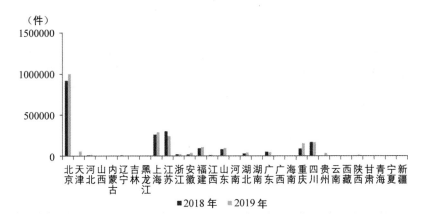

图 6 - 4　中国各省份作品自愿登记量

资料来源:《2019 年中国知识产权发展状况评价报告》,国家知识产权局,2020 年。

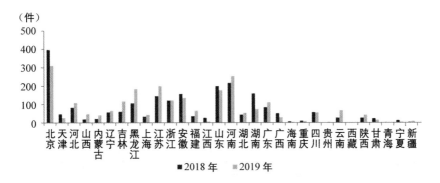

图 6 - 5　中国各省份植物品种权授权量

资料来源：《2019 年中国知识产权发展状况评价报告》，国家知识产权局，2020 年。

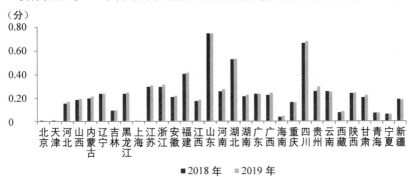

图 6 - 6　中国各省份地理标志数量综合指数

资料来源：《2019 年中国知识产权发展状况评价报告》，国家知识产权局，2020 年。

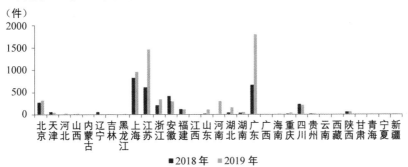

图 6 - 7　中国各省份集成电路布图设计登记发证数量

资料来源：《2019 年中国知识产权发展状况评价报告》，国家知识产权局，2020 年。

表 6-5 中国各类知识产权密集型产业知识产权数量前 5 名省份（2019 年）

产业类型	知识产权数量指标	知识产权数量前 5 名省份
发明专利密集型产业	发明专利授权量	广东、北京、江苏、浙江、上海
商标密集型产业	商标注册量	广东、浙江、北京、江苏、上海
核心版权密集型产业	作品自愿登记量	北京、上海、江苏、四川、重庆
植物品种权密集型产业	植物品种权授权量	北京、河南、江苏、黑龙江、山东
地理标志密集型产业	地理标志数量综合指数	山东、四川、湖北、福建、浙江
集成电路密集型产业	集成电路布图设计登记发证数量	广东、江苏、上海、浙江、北京

资料来源：笔者依据《2019 年中国知识产权发展状况评价报告》相关数据整理。

第七章　中国知识产权密集型产业经典案例剖析

2008 年，中国颁布了《国家知识产权战略纲要》，将知识产权战略上升到国家战略层面。2014 年，中国进一步提出"推动知识产权密集型产业发展"，将发展知识产权密集型产业作为知识产权战略的主要目标和重要抓手，而全面提升中国企业的知识产权能力，特别是知识产权的商业化能力是推动知识产权密集型产业发展、实现知识产权强国最为关键的一步。

知识产权商业化是实现知识产权从"权利"向"价值"转化进而为企业带来现实价值的关键过程，是知识产权价值链中不可或缺的重要环节。在激烈竞争的经济环境下，对知识产权资产进行有效的商用化和资本化运营不仅可以为企业缩短研发、创新的时间，降低企业研发成本，突破竞争对手的技术垄断，整合产业链，还可以将知识产权变现，为企业带来新的收益模式，从而最大限度地提升企业的利益。

知识产权商业价值的实现主要通过两个途径：一个是将专利、版权、商标等知识产权用于本企业产品的生产制造或服务，通过提供的产品或者服务而获得收益；另一个是直接将知识产权作为交易对象进行商业化运作，通过将专利、版权、商标等知识产权转让、许可他人使用，从中获取收益。此外，企业还可以通过创新型金融工具实现知识产权的商业价值，如通过知识产权质押、知识产权入股、知识产权证券化等方式释放知识产权的资产价值。对于科技创新类企业而言，知识产权商业化更多体现在专利资产的管理和商业化运营方面，如专利战略、专利交易、专利证券化等；对于文化创意类企业而言，知识产权商业化更多体现在版权资产的管理和商业化运营方面，如版权交易、版权衍生品授权、全版权运营等。

经过国家知识产权战略十多年的推动，当前中国已经涌现出了一批在知识产权领域发展较好的示范企业和代表企业，它们在发展过程中积累的知识产权生产、管理、运营等经验对于中国其他企业通过知识产权战略进行转型升级都是很好的借鉴。

表 7-1　　　　　　　知识产权密集型产业重点案例说明

案例	企业全称	所属行业	企业性质	主要知识产权商业模式
华为	华为投资控股有限公司	信息通信	100%员工持股的民营企业	专利保护专利许可
京东方	北京电子控股有限责任公司——京东方科技集团股份有限公司	电子装备	国有企业实际控制的混合所有制企业	专利替代
海尔	海尔集团公司——海尔智家股份有限公司	家电	集体所有制企业实际控制的混合所有制企业	专利保护专利许可

资料来源：笔者整理。

本章选取了华为、京东方、海尔 3 家国内有代表性的知识产权优势企业，结合企业的知识产权战略、企业的知识产权管理、企业的知识产权运营等内容简要分析总结了它们实现知识产权商业价值的经验。这里的"华为"是指 100%员工持股的"华为投资控股有限公司"；"京东方"是指北京市国资委下属独资国有企业"北京电子控股有限责任公司"实际控制的"京东方科技集团股份有限公司"；

"海尔"是指集体所有制企业"海尔集团公司"及其实际控制的"海尔智家股份有限公司"（前身为"青岛海尔股份有限公司"）[①]；这3家代表性企业，行业上涵盖了信息通信、电子装备、家电等知识产权密集型产业，企业性质上涵盖了国有企业、民营企业和集体所有制企业，商业模式上涵盖了专利替代、专利保护、专利许可等主要模式。

一 华 为

（一）企业概况

华为成立于1987年，是全球领先的信息与通信（ICT）基础设施和智能终端供应商，主营业务包括运营商业务、企业业务、消费者业务和云服务等内容，主要涉及无线电、微电子、通信等领域，2016—2020年连续5年蝉联"中国民营企业500强"榜首。截至2020年年底，华为约有19.7万名员工，业务遍及170多个国家和地区，服务全球30多亿人口。华为每年投入大量资金和人员开展研发和创新活动，是中国知识产权实力和创新能力最强的企业之一。

1987年9月15日，为生活所迫的任正非集资2.1万元在深圳创立华为公司，成为香港康力公司生产用户交换机（PBX）的代理商。1989年，公司成立两年后，开始研发自己的PBX产品，从此走上了自主研发的道路。1992年，华为的交换机批量进入市场，当年产值即达到1.2亿元，利润过千万元。

1995年，刚刚在通信行业站稳脚跟的华为开始主动寻求国际化。然而国际化的道路充满了艰难险阻，当时全球发达国家的通信设备市场被欧美的大型跨国公司把控，华为将着力点放在了被大型跨国公司忽略的发展中国家。1996年，华为进入了俄罗斯市场，正式开启了

[①] 3家企业的具体股权情况见后文案例。

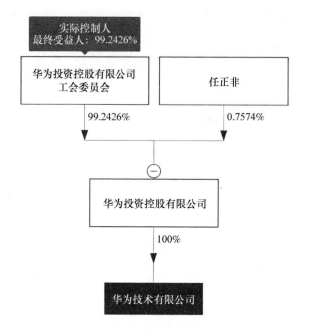

图 7 - 1 华为投资控股有限公司股权结构

注："华为投资控股有限公司"是 100% 由员工持股的民营企业（公司通过工会实行员工持股计划，参与人数为 121269 人，参与人仅为公司员工，没有任何政府部门、机构持有华为股权）。

资料来源："华为投资控股有限公司"2020 年年报和"企查查"官网。

国际化的征程。1997 年进入拉丁美洲市场，1998 年进入非洲市场，2000 年进入亚洲市场。

1999 年，华为海外市场销售收入达到 5000 万美元，但是占比不到其总营业额的 4%；但是此后 5 年，华为海外市场销售收入几乎每年翻一番，2000 年，海外市场销售收入突破 1 亿美元，2002 年海外市场销售收入达 5.52 亿美元，2003 年海外销售收入达到 10.5 亿美元，2004 年已达 22.8 亿美元，2005 年华为国际市场的销售收入达到 48 亿美元，占总营收的 58%，国际市场份额首超国内市场。2011 年华为海外市场营收达到 219 亿美元，只用了 12 年就实现了超过 200

倍的增长。

从 2011 年开始，华为从传统意义上的电信设备商开始改变，从原来主要面向运营商，转为发力运营商业务、企业业务、消费者业务（手机终端设备）三大市场。2013 年，华为营业总收入超过全球通信业巨头爱立信，标志着华为从此成为通信行业的全球领导者。2017 年，华为通信设备全球份额达到 28%，超过爱立信（27%）、诺基亚（23%）、三星（3%），正式成为全球第一大电信设备商。

当前，华为已经是全球最大的电信网络解决方案供应商和全球最大的电信基站设备供应商（2021 年第一季度占据全球 26% 的市场份额）。华为 2020 年年报显示，华为公司 2020 年实现营业收入 8914 亿元，同比增长 3.80%，其中运营商业务、企业业务和消费者业务分别实现营业收入 3026 亿元、1003 亿元和 4829 亿元，分别增长 0.20%、22.92% 和 3.34%，最终公司实现净利润 646 亿元，同比增长 3.18%。

表 7 - 2　　　　　华为历年营业收入情况（2016—2020 年）

年份	总收入	运营商业务	企业业务	消费者业务	其他业务
营业收入（亿元）					
2016	5216	2906	407	1798	105
2017	6000	2978	549	2372	101
2018	7212	2940	744	3489	39
2019	8588	3020	816	4673	80
2020	8914	3026	1003	4829	55
营业收入占比（%）					
2016	100	55.71	7.80	34.47	2.01
2017	100	49.63	9.15	39.53	1.68
2018	100	40.77	10.32	48.38	0.54
2019	100	35.17	9.50	54.41	0.92
2020	100	33.95	11.25	54.17	0.63

年份	总收入	运营商业务	企业业务	消费者业务	其他业务
			营业收入增长率（%）		
2016	32.05	25.10	47.46	39.27	75.00
2017	15.03	2.48	34.89	31.92	−3.81
2018	20.20	−1.28	35.52	47.09	−61.39
2019	19.08	2.72	9.68	33.94	102.56
2020	3.80	0.20	22.92	3.34	−29.11

资料来源："华为投资控股有限公司"历年年报。

（二）知识产权概况

知识产权是像华为这样的 IT 企业面向未来最重要的储备，也是华为在海外开疆拓土的重要保障。

从国内专利申请看，华为在 1995 年就申请了第一件中国专利，此后十年的国内专利申请量呈现爆发式增长，2006 年的发明专利申请量达到了 5300 余件，位居全国第一，此后历年申请量虽有波动，但长期稳定在数千件，长期位居国内发明专利申请量榜首（见图 7 - 2 "发明公布"数据）。

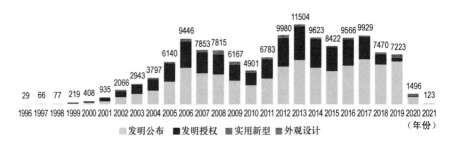

图 7 - 2　华为历年国内专利申请授权情况（1996—2020 年）

注："发明公布"为发明专利申请数据，"发明授权" + "实用新型" + "外观设计"为专利授权数据。

资料来源：笔者依据"企查查"数据库相关数据整理。

从国外专利申请看，华为在 1999 年就申请了第一件美国专利，2001 年申请了第一件欧洲专利，近年来在美欧等主要国家和地区的专利申请量长期名列前茅，2020 年以 3178 件的专利申请量在美国专利商标局的专利申请排名中位列全球第七，2020 年以 3113 件的专利申请量在欧洲专利局的专利申请排名中位列全球第二。

从世界知识产权组织（WIPO）的国际专利合作条约（PCT）申请看，华为早在 2008 年便首次位列全球 PCT 专利申请量第一，2017—2020 年又连续 4 年位列全球 PCT 申请量第一（2020 年的申请量达到 5464 件，比第二名的韩国三星和第三名的日本三菱分别多出 2371 件和 2654 件）。

经过多年的积累，截至 2020 年年底，华为在全球共持有有效授权专利 10 万余件（4 万余族），其中 90% 以上专利为发明专利，成为全球最大的专利持有企业之一，同时也是累计获得中国授权专利最多的公司。

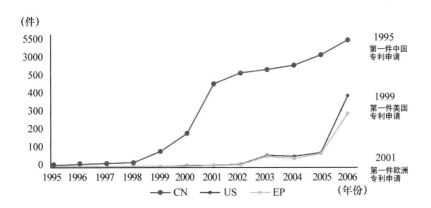

图 7-3　华为在中国、美国和欧洲历年专利申请情况（1995—2006 年）

资料来源：《华为创新和知识产权白皮书》（2020 年版）。

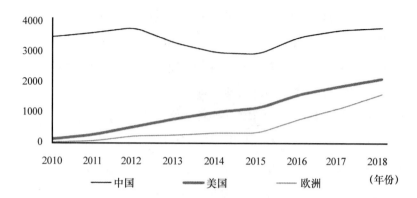

图7-4　华为在中国、美国和欧洲历年专利授权情况（2010—2018年）

资料来源：《华为创新和知识产权白皮书》（2019年版）。

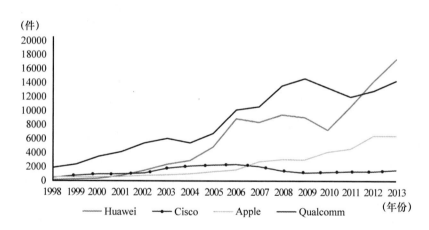

图7-5　华为历年全球专利申请情况（1998—2013年）

资料来源：《华为创新和知识产权白皮书》（2020年版）。

（三）知识产权分析

1. 知识产权战略

从华为30年的发展历程可以看出，对知识产权的重视和投入是其快速发展的核心保障，对知识产权的重视已经深深融入华为的企业战略和文化。对知识产权战略的重视也成为华为坚持走知识产权道路

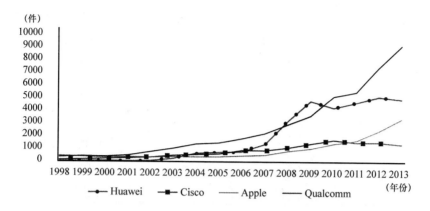

图 7 - 6　华为历年全球专利授权情况（1998—2013 年）

资料来源：《华为创新和知识产权白皮书》（2020 年版）。

的首要支撑。

　　早在 1996 年，任正非便提出了华为著名的"压强原则"，强调在战略上通过持续的、大规模科研投入和集中精力突破一点的方法，使华为与世界著名公司相比，部分产品达到先进水平，局部领先，从而获得市场的支持。华为在知识产权战略的设计和执行上，主要有以下要点：在定位上，华为将知识产权战略作为打造华为核心竞争力、保持巩固竞争优势的核心战略。华为每年将不低于销售收入的 10%用于产品研发和技术创新，以保持参与市场竞争所必需的知识产权能力。在执行上，将知识产权战略融入公司总体战略。在华为，知识产权战略是与公司总体战略密不可分的组成部分，非常具体而切合实际。在策略上，注重以实用性研究为基础的渐次突破。华为注重通过多种途径获得知识产权，公司首先重视自己进行技术研究开发，获得原始性创新成果；其次通过合资合作，与友商构成知识产权战略联盟；还通过收购某些国外小型公司获得先进的专利技术等。在态度上，主动遵守行业及国际规则。具体表现为：遵守和运用国际知识产权规则，以交叉许可、商业合作等多种途径解决知识产权问题；积极参与国际标准的制定，推动自有技术方案纳入标准，积累基本专利；积极与其他企业合作，通过专利交叉许可，消除由知识产权垄断而形成的竞争壁垒。

2. 知识产权生产

华为对知识产权的重视首先体现在投入方面。为了保证研发投入得到充分保证，华为在1998年的《华为基本法》中将其制度化，在第二十六条中写明："我们保证按销售额的10%拨付研发经费，有必要且可能时还将加大拨付的比例。"

1993年，华为成立了基础研究部，专门负责研发华为通信设备所需要的专用集成电路（ASIC）。大量ASIC芯片的推出，不仅构筑了华为在硬件方面的核心技术基础，而且大大降低了成本。1995年，华为成立了知识产权部，并同时成立了首个研发中心——北京研发中心。

自1992年开始自主研发以来的近30年里，华为一直坚持每年投入销售收入的10%以上用于研发，近几年的投入比例更是超过了14%，近十年累计投入的研发费用超过7200亿元人民币。2020年，华为研发费用支出达到1419亿元人民币，欧盟委员会公布的"2020年欧盟工业研发投资排名"数据显示，在全球范围内，华为2020年的研发投入排名全球第三，仅次于亚马逊和谷歌母公司Alphabet。

为了建立自己的研发体系，华为从20世纪90年代开始每年从国内重点大学招揽数以千计的优秀人才。在2003年的时候，华为即已拥有1500多名博士，员工中获得本科硕士学位的占全公司70%以上。目前，华为在全球9个国家建立了5G创新研究中心，全球研发中心总数达到16个，联合创新中心达到28个，研发人员数量达到10.5万名，约占公司总人数的53.4%。

未来数年，华为计划将每年的研发经费逐步提升到150亿—200亿美元，持续加大在技术创新上的投入，积极开放合作，吸引、培养顶尖人才，加强探索性研究，以便在全球经济的数字化和智能化转型中取得先机和竞争优势。

表 7 – 3 　　　　华为历年研发投入情况（2009—2020 年）

年份	销售收入（亿人民币）	销售收入增长率（%）	研发投入（亿人民币）	研发投入占收入比重（%）	研发增长率（%）
2009	1491	—	133	8.92	0.3
2010	1852	24.21	166	8.96	24.8
2011	2039	10.10	237	11.6	42.8
2012	2202	7.99	301	13.7	27.0
2013	2390	8.54	307	12.8	2.0
2014	2882	20.59	408	14.2	32.9
2015	3950	37.06	596	15.1	46.1
2016	5216	32.05	764	14.6	28.2
2017	6000	15.03	897	14.9	17.4
2018	7212	20.20	1015	14.1	13.2
2019	8588	19.08	1317	15.3	29.7
2020	8914	3.8	1419	15.9	7.8

资料来源：笔者根据"华为投资控股有限公司"历年年报整理。

3. 知识产权管理

在保证研发投入的同时，华为在战略上对知识产权的重视也切实落到了管理层面。早在 1995 年，华为便成立了知识产权部。1998 年 8 月，华为请来 IBM 公司团队对公司进行骨架的重新打造，进行了华为有史以来影响最为广泛、深远的一次内部管理与业务流程变革，推动华为打造了集成产品开发（IPD）、集成供应链（ISC）等 8 个深度嵌入研发和知识产权管理的管理系统，彻底改变了华为的技术管理和项目研发流程，让华为从技术驱动转向了市场驱动。

为了配合公司知识产权战略的执行，华为建立了完善的知识产权战略规划和制度，成立了由各产品线的最高领导组成的知识产权管理办公室，负责公司重大知识产权决策，包括制定和实施公司知识产权总体战略，并设立了专门的知识产权部，服务于全公司 4 万多研发人员。华为目前拥有 300 多名专门从事知识产权相关工作的技术专家、专利工程师和负责版权、商标、许可等业务的律师。

在具体的知识产权战略实施过程中，华为将研发、市场、知识产权部紧密配合，研发在立项时就预先进行知识产权风险分析，市场随时在一线反馈回知识产权问题，知识产权部对产品是否落入专利的保护范围给出法律意见指导，通力合作寻求有效的知识产权解决方案，发挥知识产权对公司业务的牵引和支持作用。

如果知识产权没有转换成现金流，对一个商业组织来讲就没有什么值得光荣的事情。把我们花了这么大力气申请的知识产权变成商业价值，才是最有意义的。

——华为投资控股有限公司首席法务官、首席合规官宋柳平

4. 知识产权运营

在发展早期，华为还没有专利积累的时候，就采取了积极尊重同业企业专利运营的策略。1999 年华为进入国际市场的时候，就主动地向欧洲和北美的业界主流公司支付专利费，获得它们的专利许可。自 2001 年签署第一份专利许可合同至今，华为历史累计支付专利使用费超过 60 亿美元，其中接近 80% 是支付给美国的公司。

通过近 30 年的积累，华为终于有了开拓专利运营的资本，华为在 4G 时代成为 ICT 行业的主要专利权人之一，并在 5G 时代进一步取得领先地位。2015 年，华为与苹果公司达成一系列专利许可协议，

华为向苹果公司许可专利 769 件，苹果公司向华为许可专利 98 件，华为开始向苹果公司收取专利许可使用费，成为中国通信企业发展的里程碑。目前，华为已经与美国、欧洲、日韩等主要 ICT 厂家签署 100 份以上专利许可和交叉许可协议。2015 年以来，华为获得交叉许可后的知识产权净收入超过 14 亿美元，付费方涵盖美国、欧洲、亚洲公司，预计 2019—2021 年的知识产权总收入为 12 亿—13 亿美元。

（四）小结

华为作为中国知识产权领域的领军者，其在知识产权领域的发展漫长而艰难。但是华为依托强大的信念、持续的投入、优秀的管理、积极的运营，终于在强者如林的信息通信领域开拓出一条道路。总结华为在知识产权发展上的经验可以看到，前瞻的知识产权意识、主动参与国际市场竞争的勇气、持续不断坚持自主创新的毅力、面对强敌脚踏实地的耐力和强大的知识产权管理运营能力是华为能够崛起的关键要素。这也提醒我们，提升知识产权能力这条道路是一个考验眼光、耐力、能力的综合过程，企业在提升知识产权能力的过程中，一定要耐得住寂寞，保持住定力。

二　京东方

（一）企业概况

京东方创立于 1993 年 4 月，前身是 1956 年建立的北京电子管厂（774 厂），北京电子管厂是国内最早的半导体公司，是中国第一块集成电路的诞生地，是中国当时最重要的军工企业之一，20 世纪 60 年代一度成为亚洲第一大电子管厂。

但是改革开放带来的国外技术冲击和市场化冲击让北京电子管厂逐渐没落。1986—1992 年，北京电子管厂连续亏损 7 年，徘徊在无债可举的破产边缘。1992 年，35 岁的王东升临危受命，出任北京电子管厂厂长，在他的带领下，1993 年 4 月，厂内 2600 多名员工自筹 650 万元种子基金，对北京电子管厂进行改制，创立了北京东方电子集团股份有限公司（"京东方"）。1997 年，京东方进入显示终端领域，与中国台湾企业冠捷科技合作，成立了东方冠捷电子股份有限公司（持股 52%），同年在深交所成功发行 B 股，成为北京第一家 B 股上市公司。

2001 年，京东方在深交所增发 A 股，并正式更命名为"京东方科技集团股份有限公司"。2003 年，京东方以 3.5 亿美元收购 HINIX 旗下的 HYDISTFT-LCD 业务，获得 HYDIS 的全面知识产权及团队，以及全球性的 TFT-LCD 市场份额和营销网络，进入薄膜晶体管液晶显示器件（TFT-LCD）领域。2014 年，京东方基于在显示领域中积累的显示、传感、人工智能、大数据等技术基础，启动了"DSH 战略"转型，即由单一的显示器件业务向显示器件、智慧系统和健康服务三大板块转型。2016 年，京东方进一步升级企业战略定位，由"半导体显示技术、产品和服务提供商"转型为"物联网技术、产品和服务提供商"，致力于成为"全球创新型物联网公司"。

目前，京东方已经成为全球半导体显示产品龙头企业，全球有超过 1/4 的显示屏来自京东方。全球市场调研机构 Omdia 的数据显示，2020 年，京东方在智能手机、平板电脑、笔记本电脑、显示器、电视五大市场的显示屏出货量均稳居全球第一。公司的核心业务——显示器件业务的营业收入，2016 年以来基本保持了 20% 以上的高速增长（2018 年除外），2020 年的增长速度更是达到了 40.70%；显示器件业务的营业收入占比也从 2016 年的 88.84% 增长至 2020 年的 97.36%，主营业务更为集中；显示器件业务的毛利率也基本保持在 15% 以上（2019 年除外）；2020 年，京东方全年实现营业收入达 1355.53 亿元，同比增长 16.80%（见表 7-4）。

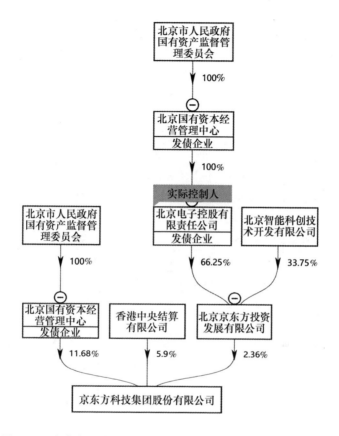

图 7 - 7 京东方科技集团股份有限公司股权结构（前 3 大股东）

注："京东方科技集团股份有限公司"是同时在 A 股（深圳证券交易所）和 B 股（深圳证券交易所人民币特种股票）上市的混合所有制企业，实际控制人为北京市国资委下属独资国有企业"北京电子控股有限责任公司"。

资料来源：京东方科技集团股份有限公司 2020 年年报和 Wind 数据库。

表 7 - 4　　**京东方历年营业收入情况（2016—2020 年）**

年份	总收入	显示器件业务	智慧健康服务	智慧系统产品业务	其他业务
			营业收入（亿元）		
2016	688.96	612.07	9.07	125.03	18.35
2017	938.00	826.36	10.24	181.35	22.26

年份	总收入	显示器件业务	智慧健康服务	智慧系统产品业务	其他业务
营业收入（亿元）					
2018	971.09	866.64	11.52	160.12	35.69
2019	1160.60	1064.82	13.57	167.31	52.63
2020	1355.53	1319.71	15.22	13.28	73.72
营业收入占比（%）					
2016	100	88.84	1.32	18.15	2.66
2017	100	88.10	1.09	19.33	2.37
2018	100	89.24	1.19	16.49	3.68
2019	100	91.75	1.17	14.42	4.53
2020	100	97.36	1.12	0.98	5.44
营业收入增长率（%）					
2016	41.69	23.94	12.15	−92.06	40.08
2017	36.15	22.83	17.85	−4.39	47.46
2018	3.53	1.78	12.50	2.50	60.36
2019	19.52	35.01	12.86	45.04	21.27
2020	16.80	40.70	9.79	42.39	53.43
营业收入毛利率（%）					
2016	17.87	16.96	55.44	8.53	98.94
2017	25.07	25.00	59.37	8.47	98.49
2018	20.39	18.84	59.14	10.08	99.11
2019	15.18	13.11	50.73	13.01	99.63
2020	19.72	18.34	52.43	26.09	69.97

资料来源：笔者依据京东方科技集团股份有限公司历年年报数据整理。

（二）知识产权概况

作为面板行业的后起之秀，京东方早期的发展阶段并不顺利，这也严重制约了京东方的知识产权能力。2006年，京东方的专利申请量仅有116件。2010年后，京东方在专利申请方面开始连续发力，2014年后，京东方的专利申请更是进入加速阶段，京东方新增专利申请量从 2013 年的 4282 件增至 2017 年的 8678 件，连续 4 年位居全球业内第一。

2013—2019 年，京东方连续 7 年跻身国内发明专利申请和授权"前十强"，2020 年上半年，京东方国内发明专利授权 1432 件，排名全国第三；2016—2020 年，京东方连续 5 年进入全球 PCT 专利申请 TOP10（2020 年以 1892 件 PCT 专利申请量位列全球第七）；2018—2020 年，京东方连续 3 年跻身美国专利授权全球前 20 名（2020 年位列全球第 13 名，美国专利授权量累积达 2144 件）；2020 年，京东方也位居欧洲专利局 50 大专利申请人之列。

截至 2020 年年底，京东方累计可使用专利超 7 万件，在年度新增专利申请中，发明专利超 90%，海外专利超过 35%，覆盖美国、欧洲、日本、韩国等多个国家和地区。这些专利技术已全面应用于京东方柔性显示、8K 超高清显示，以及智慧车联、智慧零售、智慧金融、智慧文博、数字艺术、智慧健康等领域。

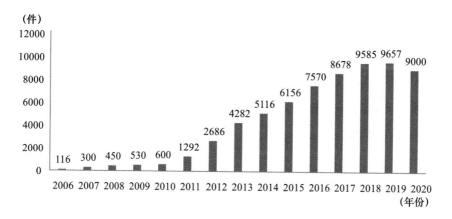

图 7-8　京东方历年专利申请情况（2006—2020 年）

资料来源：笔者依据京东方科技集团股份有限公司历年年报数据整理。

图 7 - 9　京东方历年国内专利申请授权情况（1996—2020 年）

注："发明公布"为发明专利申请数据，"发明授权" + "实用新型" + "外观设计"为专利授权数据，资料由笔者依据"企查查"数据库相关数据整理。

（三）知识产权分析

> 核心技术是企业命门与强国重器，市场换不来核心技术，有钱也买不来核心技术。
>
> ——京东方科技集团董事长王东升

1. 知识产权战略

京东方所在的半导体显示技术领域，长久以来一直被日本、韩国等垄断。显示面板的制造从原材料的生产，到最终面板成像电路的设计等各个环节都有专利壁垒存在。京东方作为以后发姿态进入的中国面板制造企业，起初在缺少自主知识产权的情况下，面对严峻的市场竞争的同时，还要承担高昂的专利许可费用，这不仅严重增加了生产成本，也是未来发展的沉重包袱。

因此，京东方从创立的第一天起就深知知识产权的重要性，从一开始就将获得核心知识产权作为公司发展的重要战略目标。为了加快技术发展速度，追赶技术发展的步伐，京东方走了引进、吸收、提升、自主研发的道路。

2003 年，京东方通过海外并购正式进入液晶显示领域。完成并购后，京东方不断通过消化吸收再创新，加大研发投入，努力实现技术为己所用。经过十多年的奋力追赶，京东方积累了一大批拥有自主知识产权的创新产品。其凭借厚积薄发的技术优势，终于初步完成了从追随者到领先者的跳跃。

当前，京东方的知识产权战略已从以前的防御为主，发展到目前的攻防兼备，从战略支撑逐步迈向战略引领。2014 年以来，基于在发展显示事业中积累的显示、传感、人工智能、大数据等技术基础，京东方启动 DSH 战略转型，由原有的显示和传感器件事业向以物联网和人工智能为主要方向的智慧系统事业，以及以医学和生命科学为主的健康服务事业延展，由半导体显示企业向为信息交互和人类健康提供智慧端口产品和专业服务的物联网公司转型。

2. 知识产权生产

半导体显示产业是典型的高技术、高投入产业，为了在强者林立的行业里赢得发展主动权，打破日韩企业在行业里的垄断地位，京东方近年来一直大力提升研发投入。

多年来，京东方始终把科技创新作为企业发展的原动力，每年拿出超过 6% 的营业收入作为研发支出，近年来已经把这一比例提升至 7%。2012—2016 年，京东方研发支出累计增长 133%，累计投入136.2 亿元，研发人员数量每年也保持 20% 左右的增长。2017 年，京东方大幅提升研发支出和研发人员规模，研发支出从 2016 年的41.29 亿元猛增至 2017 年的 69.72 亿元，同比增长 68.43%，研发支出占比增长了 1.42 个百分点；研发人员从 2016 年的 0.32 万人猛增至 2017 年的 1.71 万人，同比增长 427.74%，研发人员占比增长了20.81 个百分点。2018—2019 年，京东方基本保持了每年超过 7% 的研发支出占比和大约 30% 的研发人员占比。2020 年，京东方研发支出达到 94.42 亿元，同比增长 7.93%，研发支出占比 6.97%；研发人员达到 1.97 万人，同比增长 0.39%，研发人员占比 25.76%。

表 7 - 5　　　　京东方历年研发投入情况（2016—2020 年）

年份	研发支出			研发人员		
	金额（亿元）	增长率（%）	占比（%）	数量（万人）	增长率（%）	占比（%）
2016	41.39	24.74	6.01	0.32	24.78	6.61
2017	69.72	68.43	7.43	1.71	427.74	27.42
2018	72.38	3.82	7.45	1.96	14.50	28.73
2019	87.48	20.86	7.54	1.96	-0.05	30.17
2020	94.42	7.93	6.97	1.97	0.39	25.76

资料来源：笔者依据京东方科技集团股份有限公司历年年报数据整理。

3. 知识产权管理

京东方在加大研发投入力度的同时，不断增加知识产权相关投入，形成以专利战略为龙头，以专利管理系统、能力提升平台、外部资源平台为支撑，以专利开发、专利风险管控和专利运营为核心业务的全面的企业专利管理体系。京东方构建了由技术管理中心、技术研发中心、产品开发中心、生产技术开发中心等部门组成的创新体系，重点开展新技术、新产品、新工艺的研究、设计、应用等工作，建立了完善的产学研体系。

当前京东方已形成人员梯队和结构较为完善的专利管理团队，建立了贯穿立项、研发、采购、生产、销售全过程的知识产权侵权预警机制和风险监控机制，有效降低了知识产权风险。

4. 知识产权运营

京东方在加大研发投入力度的同时，不断增加知识产权相关投入，依托专利管理系统、能力提升平台、外部资源平台为支撑，将专利运营纳入企业的核心业务。

在运营策略上，一方面，京东方大力追赶国际先进厂商，强抓技术替代，将海外先进生产线收入囊中后，展开了一系列消化、吸收、再创新的工作，掌握并创造了一系列的先进面板技术，为中国显示屏产业填补大量空白。2013 年，京东方提交的专利数量终于超过 LG、三星、夏普等行业巨头，实现了质的跨越，其独有的 ADSDS 超硬屏技术也成为世界三大显示屏技术标准之一。

另一方面，京东方积极加快创新成果的转化力度，积极推动知识产权的产业化和商业化运作。应用相关技术，京东方先后建设了多条全球领先的面板生产线，全球最高世代线——京东方合肥第 10.5 代 TFT-LCD 生产线于 2016 年封顶，京东方成都第 6 代 AMOLED 生产线于 2017 年点亮投产。截至目前，京东方共投建了 4 条第 6 代柔性 AMOLED 生产线，每条生产线的投资规模都达到了 465 亿元，设计产能都达到了 48K/月，为京东方的全球市场扩张奠定了坚实基础。

（四）小结

京东方所处的电子制造和显示器属于寡头垄断行业，长期被日韩企业把持，京东方作为后来者，面临着技术和市场的双重压力；而与此同时，电子制造和显示器行业又属于战略性产业，是中国必须要啃下的硬骨头。面临上述的产业环境和战略压力，民营资本往往没有足够的实力和能力进行推进，而更能够保持战略定力的国有资本在此刻就扮演了重要的角色。中国许多国企、央企也都面临着和京东方类似的战略任务，然而之所以京东方能够最终突围，离不开京东方在知识产权战略上的前瞻性和战略定力，也离不开京东方主动参与市场竞争，将市场竞争转换为发展动力的眼光和意识。京东方在很早的时候就明确了技术创新的方向，并且提前在下一代技术方向布局。1997 年，京东方设立了 TFT-LCD（薄膜晶体管液晶显示器）技术实验室；2001 年，设立了 AMOLED（有机发光二极管显示器）技术实验室，这两个实验室的设立让京东方在技术领域能够提前布局积累。正是由于京东方正确地选对了赛道，保持了足够的战略定力，20 年后京东方的业绩才会出现爆发性地增长。京东方的知识产权发展经验告诉我们：在研发项目上要准确定位，提前布局。而实现这一前提的关键是要积极做好知识产权的战略和管理，积极实现研发和市场需求的深度接轨。

三　海尔

（一）企业概况

海尔集团是全球家电产业的龙头企业，业务涵盖了家电、药品、通讯、数码产品、智能家居、软件、物流、金融保险、房地产、医疗设备等领域，其中主营业务为家电，产品包含了电冰箱、洗衣机、空调器、热水器、电风扇等诸多品类。

海尔集团前身是成立于 1984 年的青岛电冰箱总厂。1958 年，由青岛市四方区小白干路 161 号的个体手工业户组织起来的电机生产合作社、电冰箱修配合作社和蓄电池生产合作社三个合作社合并为大集体所有制的"青岛电机厂"。经过多次调整规划，1980 年，"青岛电机厂"与"青岛第四工具厂"合并改称为"青岛日用电器厂"，开始研制生产吹风机、洗衣机、电冰箱等产品。但是由于经营不善，到1984 年时，厂里产品滞销、人心涣散、年亏损 147 万元、员工工资不能正常支付，企业已经到了资不抵债的边缘。

1984 年，在"青岛日用电器厂"的基础上成立了"青岛电冰箱总厂"，同年 12 月 26 日，张瑞敏厂长到任，带领新的领导班子来到小白干路上的青岛电冰箱总厂，从此开启了海尔的变革与创新之路。1984 年以来，海尔集团经历了六大发展阶段。

1984—1991 年，海尔进入"名牌战略"发展阶段。1985 年，时任青岛海尔电冰箱总厂厂长的张瑞敏收到一封消费者来信，反映海尔

图 7 - 10　海尔集团发展的 6 个战略阶段

资料来源：海尔集团官网。

冰箱存在质量问题。张瑞敏带人检查仓库后，从 400 余台冰箱中发现了 76 台冰箱存在质量瑕疵，张瑞敏随即召集全体员工，当众抢起大锤砸毁了"问题"冰箱，砸醒了海尔人的质量意识，也砸出了全国质量发展的先河。1985 年当年，海尔制定了"名牌战略"，围绕冰箱产品，大力提升产品质量和企业管理经验。1988 年，海尔冰箱获得第一枚国家质量金牌；1990 年，海尔获得电冰箱行业唯一的国家质量管理奖；到 1991 年，海尔冰箱连续 5 年被全国消费者评为"最受欢迎的轻工产品电冰箱类"第一名，海尔冰箱在品牌知名度、产品质量和服务质量上，都达到了一个空前的高度。

　　1991—1998 年，海尔进入"多元化战略"发展阶段。1991 年 12 月，以青岛电冰箱厂为核心企业，以空调器厂、冷柜厂为紧密层企业，经过改制，组建了海尔集团公司。1993 年，经青岛市股份制试点工作领导小组和中国证监会批准，海尔集团下属的电冰箱厂由定向募集公司转为社会募集公司，更名为"青岛海尔电冰箱股份有限公司"，并在上海证券交易所上市（股票简称：青岛海尔；股票代码：600690）。海尔集团通过技术开发、精细化管理、资本运营、兼并控股等一系列的资本运营，以无形资产盘活有形资产，从白色家电进入黑色家电领域，从单一的冰箱产品向多个产品条线发展，到 1998 年时已有电冰箱、冷柜、空调器等 13 个门类 5000 余个规模品种，并批量出口到欧美、日本等发达国家和地区。

　　1998—2005 年，海尔进入"国际化战略"发展阶段。这一阶段，海尔的重点是以中国为基地，通过管理国际化、服务国际化和品牌国际化等措施，努力走出国门，扩大海尔的产品出口和国际化的品牌。1999 年，海尔投资 3000 万美元，在美国南卡罗来纳州建起了建筑面积为 2.7 万平方米、年产量达 20 万台的海尔电冰箱工厂，迈出了开拓国际市场的关键一步。到 2005 年，海尔在全球已拥有 18 个设计中心、56 个贸易中心、10 个工业园、22 个海外工厂及制造基地、58800 个营销网点和 11976 个服务网点，冰箱、空调、洗衣机等主导产品的产能达到或接近世界第一的规模，全球营业额达到 1039 亿元。2005 年，国家质检总局首次评选三个"中国世界名牌"，海尔冰箱、洗衣机双双入选；英国《金融时报》评选"中国十大世界级品牌"，海尔荣登榜首。

　　2005—2012 年，海尔进入"全球化品牌战略"发展阶段。这一阶段，海尔发展的重点是实现"本土化的全球化"，即在全球每个地方都成为本土化品牌。通过在海外实行本土化设计、本土化制造、本土化营销的"三位一体"战略，海尔聚焦为全球各地提供全流程的、系统化的、本土化的服务，最大限度地满足全球各地用户的需求。2009—2012 年，海尔大型家用电器品牌零售量连续四年蝉联全球第一。

　　2012—2019 年，海尔进入"网络化战略"发展阶段，从传统制造家电产品的企业转型为面向全社会孵化创客的平台。从 2012 年开始，海尔开启海外并购之路，从日本的三洋，到新西兰的斐雪派克，再到美国的通用家电，并购足迹遍布五湖四海，以实现全球化业务布局。2014 年，为了更好地落实网络化、全球化的发展战略，推进公司向平台型企业转型，海尔引入了全球一流的私募股权投资机构 KKR 作为公司的战略投资者。2018 年，海尔入选世界品牌实验室（World Brand Lab）独家编制的《世界品牌 500 强》，在全球市场的热度水平已超过国际对标品牌中的松下、三菱、西门子和 LG，成为最具全球影响力的中国家电品牌。

2019 年以来，海尔进入"生态品牌战略"发展阶段，向物联网生态方向全面迈进。2019 年，海尔集团的核心业务主体"青岛海尔"正式更名为"海尔智家"，青岛海尔全资收购意大利 Candy 公司，强化在智慧家庭领域的领先地位。

截至 2021 年 2 月，海尔集团拥有海尔智家（前身为"青岛海尔"）、海尔生物与盈康生命 3 家上市公司，拥有海尔 Haier、卡萨帝 Casarte、Leader、GE Appliances、Fisher & Paykel、AQUA、Candy 七大全球化高端品牌和全球首个场景品牌"三翼鸟 THREE-WINGED BIRD"，构建了全球引领的工业互联网平台卡奥斯 COSMOPlat，成功孵化 5 家独角兽企业和 37 家瞪羚企业，在全球 160 个国家和地区布局了 10 + N 创新生态体系、28 个工业园、122 个制造中心、108 个营销中心和 24 万个销售网络。

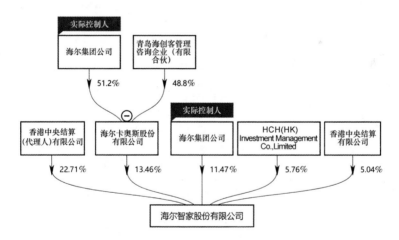

图 7 - 11　海尔智家股份有限公司股权结构（持股比例超过 5% 的股东）

注："海尔智家股份有限公司"是"海尔集团"的核心业务主体，是同时在 A 股（上海证券交易所）、H 股（香港证券交易所）和 D 股（中欧国际交易所）上市的混合所有制企业，实际控制人为集体所有制企业"海尔集团公司"（"海尔集团公司"工商登记为股份制企业，根据青岛市国有资产管理办公室 2002 年 6 月 1 日出具的说明，认定"海尔集团公司"企业性质为集体所有制企业）。

资料来源："海尔智家股份有限公司"2020 年年报和 Wind 数据库。

海尔集团最新数据显示，2017 年，海尔集团全球雇员约 7.8 万人，集团整体实现营业额 2419 亿元，净利润 301 亿元。集团核心业务主体海尔智家 2016—2020 年的营业收入分别为 1190.66 亿元、1592.54 亿元、1833.17 亿元、2007.62 亿元和 2097.26 亿元，同比增速分别为 32.67%、33.75%、15.11%、9.52% 和 4.46%。2020年公司主营业务电冰箱、洗衣机、厨卫电器、空调和渠道综合服务对营业收入的贡献分别为 29.34%、23.10%、14.95%、14.30% 和 13.06%，营业收入毛利率分别为 32.45%、33.12%、31.70%、27.41% 和 10.12%。

表 7 - 6 　　　海尔智家历年营业收入情况（2016—2020 年）

年份	总收入	电冰箱	洗衣机	厨卫电器	空调	渠道综合服务	其他业务
营业收入（亿元）							
2016	1190.66	362.55	234.80	190.14	186.76	184.99	31.42
2017	1592.54	471.14	308.95	285.60	287.45	203.88	35.52
2018	1833.17	543.39	362.68	249.51	317.73	257.62	102.24
2019	2007.62	584.38	447.14	295.09	291.28	280.58	109.15
2020	2097.26	615.38	484.52	313.61	299.99	273.86	109.90
营业收入占比（%）							
2016	100	30.45	19.72	15.97	15.69	15.54	2.64
2017	100	29.58	19.40	17.93	18.05	12.80	2.23
2018	100	29.64	19.78	13.61	17.33	14.05	5.58
2019	100	29.11	22.27	14.70	14.51	13.98	5.44
2020	100	29.34	23.10	14.95	14.30	13.06	5.24
营业收入增长率（%）							
2016	32.67	31.41	34.40	187.18	14.92	-4.75	31.14
2017	33.75	29.95	31.58	50.21	53.91	10.21	13.05
2018	15.11	15.34	17.39	-12.64	10.53	26.36	187.84
2019	9.52	7.54	23.29	18.27	-8.32	8.91	6.76
2020	4.46	5.30	8.36	6.28	2.99	-2.40	0.69

年份	总收入	电冰箱	洗衣机	厨卫电器	空调	渠道综合服务	其他业务
营业收入毛利率（％）							
2016	31.02	33.08	34.64	41.16	32.29	12.98	—
2017	31.00	32.11	35.58	39.76	31.79	10.23	—
2018	29.00	30.36	33.92	30.97	31.72	8.19	—
2019	29.83	32.27	32.72	31.13	31.22	10.25	—
2020	29.68	32.45	33.12	31.70	27.41	10.12	—

资料来源：笔者依据海尔智家股份有限公司历年年报数据整理。

（二）知识产权概况

海尔拥有全球的研发资源布局，依托全球十大研发中心搭建了"10＋N"开放式创新体系，形成遍布全球的资源网络和用户网络，以"共创·共赢·共享"的机制开放吸引全球一流资源参与研发。

2010 年后，海尔大力增加发明专利的申请，国内发明专利申请量从 2010 年的 175 件迅速增长至 2020 年的 5173 件，十年间增长了近 30 倍。截至 2020 年年底，海尔全球累计专利申请 6 万余项，其中发明专利 3.8 万余项，占比超过 63％；海外发明专利申请也达到 1.2 万余项，覆盖 28 个国家，是该领域海外布局专利最多的中国企业。在 2020 年"全球智慧家庭发明专利排行榜"中，海尔集团旗下的海

图 7－12　海尔集团历年国内专利申请授权情况（2010—2020 年）

注："发明公布"为发明专利申请数据，"发明授权"＋"实用新型"＋"外观设计"为专利授权数据，资料由笔者依据"企查查"数据库相关数据整理。

尔智家以 2034 件排名榜首，连续四次排名全球第一。此外，截至
2021 年 7 月，海尔相关技术和专利还累计获得"国家科技进步奖"
15 项、"中国专利金奖"10 项，排名行业第一。

（三）知识产权分析

> 　　我们能实现中国家电在全球的领先地位，与集团持续创新
> 并打造出 30 个具有核心竞争力的专利包，有着密切的联系。
> 　　　　——海尔知识产权负责人王建国

1. 知识产权战略

知识产权战略是海尔集团战略的一个重要组成部分，海尔的"品
牌国际化"战略的成功，知识产权起到了重要的作用。海尔将知识产
权战略作为企业重要战略之一，以保障参与全球竞争的核心专利资
产。在具体策略上，海尔通过：构建核心专利池，确保行业技术领先
地位；构建事实标准及行业标准，实现产业控制力；参与全球规则制
定，掌握知识产权国际规则，保证企业知识产权战略的施行。

海尔采取"世界就是我的研发部"的开放式创新战略，依托全球
十大研发中心搭建了"10＋N"开放式创新体系，形成遍布全球的资
源网络和用户网络。公司围绕"引领产品，引领技术，引领研发效
率，引领创新文化"开展全球研发协同。无论技术来源于海尔在世界
上的哪一个团队，靠着海尔高效的协同平台，就可以将技术运用于海
尔全球的产品平台。

在知识产权积累的基础上，海尔集团通过"技术、专利、标准"
联动的模式，以用户为中心，以技术创新为驱动，以专利为机制，以

标准为基础和纽带，致力于打造开放的产业创新生态圈，实现了技术引领。据统计，海尔的178项原创技术，大部分变成中国，乃至全球的标杆，并进而被对手所模仿；在"十三五"期间，中国家电行业评选出十大原创科技，海尔独占6席，另外2个与行业伙伴共同创造；中国家电行业80%的国际标准专家、80%的国际标准提案均来自海尔；2021年3月底，海尔在CHIP提出的建立智慧家庭工作组倡议通过审批，由此成为行业唯一全面覆盖IEC、ISO、IEEE、OCF、CHIP五大智慧家庭领域国际标准的企业。

2. 知识产权生产

海尔的知识产权产出与海尔持续的知识产权投入密切相关。2013—2015年，海尔智家研发投入一直维持在20多亿元。2016—2020年，海尔智家先后投入32.49亿元、45.89亿元、53.98亿元、67.11亿元和72.20亿元进行研发，研发支出增长率分别达到了31.99%、41.25%、17.63%、24.32%和7.58%，研发支出占比由2016年的2.70%提升至2020年的3.44%；研发人员方面，先后投入1.03万人、1.13万人、1.49万人、1.67万人和1.80万人，研发人员先后增长1.94%、9.79%、32.21%、11.63%和8.00%，研发人员占比由2016年的13.80%提升至2020年的18.14%。

表7-7　　海尔智家历年研发投入情况（2016—2020年）

年份	研发支出			研发人员		
	金额（亿元）	增长率（%）	占比（%）	数量（万人）	增长率（%）	占比（%）
2016	32.49	31.99	2.70	1.03	1.94	13.80
2017	45.89	41.25	2.88	1.13	9.79	14.70
2018	53.98	17.63	2.94	1.49	32.21	17.09
2019	67.11	24.32	3.34	1.67	11.63	16.72
2020	72.20	7.58	3.44	1.80	8.00	18.14

资料来源：笔者依据海尔智家股份有限公司历年年报数据整理。

3. 知识产权管理

具有海尔特色的知识产权管理是海尔创新战略的基础和保障。早在 1992 年，海尔即成立国内首家由企业自主设立的知识产权办公室，并由公司高层领导直接负责。在很多经营决策中，特别是涉及海外事务时，知识产权办公室更是享有一票否决权。

此外，海尔构建了体系完备的知识产权管理体系，包括针对破坏性创新和延续性创新等不同策略的专利布局、专利品质管控体系、内部专利侵权风险管控体系、外部导入专利风险管控体系、海外专利诉求纠纷处理体系、海外知识产权风险防火墙等，并随时根据内外部环境的变化对这些体系进行调整优化。

4. 知识产权运营

海尔在专利运营上采取的是多元化的运营模式，通过最大限度上满足产业效应和用户需求，增强专利资产的变现能力。目前，海尔集团的专利运营模式主要有：运用专利规则实现前端的一流创新资源利益绑定；借助专利占位实现行业事实标准推动及增值；利用自身专利资源优势实现产业协同和运营收益。同时，专利运营还以海尔集团的全球十大研发中心和 HOPE 开放式创新平台为载体，构建了线上线下互动融合的开放创新生态系统。例如，海尔通过全球专利检索及情报分析，试制出全球体积最小、性能领先且噪声低的新型压缩机，并围绕该产品布局了近 80 件发明专利，相关专利许可合同金额超过 1.5 亿元。海尔通过专利运营不仅收回了前期研发投入，更保持了竞争优势。

（四）小结

海尔的知识产权经验表明，在知识经济时代，传统创新企业切不可一味"埋头苦干"，在研发自主创新产品的同时，要充分利用好知识产权，让知识产权成为激励企业创新的基本保障、发展的战略性资源和竞争的核心要素。海尔集团不断进行前瞻技术领域的专利占位及布局，积极探索专利运用与专利资产化的新途径，让创新与知识产权携手，构建未来家电行业的竞争力。

海尔集团在知识产权领域最大的特色在于其知识产权运营经验。总结海尔的知识产权运营经验，主要有以下内容：海尔集团专利运营的基础是拥有一大批优质的专利资产，具体方式呈现为线上与线下联动；专利运营要基于各产业战略规划进行相应的增值设计，增大产业协同效应；在专利占位布局管理方面，一是每日更新世界专利资讯，倒逼创新提升；二是研发专利资料库以满足研发人员的用户体验；三是重视对创新内容的可专利化的挖掘。

四　总结与启示

本章所选的 3 个案例在知识产权的发展上既有许多共性，也存在差异性。

从共性上看，首先，华为、京东方、海尔等知识产权优势企业在战略上都极其重视知识产权，而对知识产权的重视往往伴随着企业的转型升级；其次，在知识产权战略的设计上，均综合考量市场环境、自身发展阶段、自身业务特点选择脚踏实地打造适合自身能力和愿景的战略方向和措施，而不是茫然冒进；最后，知识产权战略的执行需要长期较大的资金和人力资源投入，在知识产权战略的执行上，各个企业均保持了极强的战略定力和毅力，经过了长时间的耕耘。

从差异性上看，首先，企业发展阶段的差异会导致企业知识产权战略、管理、运营的差异，对于还处在追赶阶段的企业来说，更多的是要用自主知识产权替代现有的对其他企业知识产权的依赖，只有企业拥有了一定数量的核心知识产权积累之后才能进入知识产权的授权运营，而当企业通过知识产权积累构建了自身的护城河和核心竞争力之后，便更容易迈向开放式创新和知识产权共享投资等新阶段；其次，企业性质的差异也导致企业知识产权行为的差异，国有企业在高新技术产业、战略性新兴产业等行业领域具有更好的战略定力、更有优势，而民营企业、集体所有制企业、外资企业在市场化程度较高的知识产权密集型产业更具有发展空间和战略定力。

　　以上的分析结果带给我们以下启示：知识产权等知识载体实现商业价值和经济价值的前提是转化为生产要素，通过与产品的融合获得收入从而获得价值的实现。没有成为生产要素的知识产权只是企业的一项沉没成本。只有将知识产权转化为实实在在的产业活动，才能有效发挥知识产权作用。随着知识产权制度改革的深化，知识产权保护的加强，知识产权商业化的途径也越来越多。企业需要根据自身的行业特征、经营目的和发展阶段选择合适的商品化途径，最大化知识产权利益。

第八章　中国发明专利密集型产业发展情况分析

本书前文结合《中国知识产权密集型产业报告 2015》《2018 年全国专利密集型产业增加值数据公告》《2019 年全国专利密集型产业增加值数据公告》和《2019 年中国版权产业经济贡献》等相关官方数据资料，对中国知识产权密集型产业的发展现状进行了简要梳理。本章依据前文研究成果，结合计量经济学方法，在总结中国发明专利密集型产业四点特征基础上，剖析了技术水平提升、技术效率变化、物质资本积累和人力资本积累在其发展过程中的重要作用，并进一步考察了要素市场对中国发明专利密集型产业劳动生产率的影响效果和影响机制，以便科学把握中国知识产权密集型产业的发展趋势和其中存在的问题。

之所以选择中国的发明专利密集型产业为样本进行分析，一方面是因为数据的限制，商标密集型产业和版权密集型产业的相关数据难以获得；另一方面，发明专利密集型产业在中国的知识产权密集型产业发展中扮演了中流砥柱的角色（见本书前文分析），把握好发明专利密集型产业的发展趋势也是中国知识产权密集型产业培育发展的重中之重。

之所以关注要素市场对发明专利密集型产业劳动生产率的影响，是因为现有研究不断证实中国存在明显的要素市场扭曲，这种扭曲显著阻碍了中国经济效率的提升，要素市场发展是破解中国当前产业转型升级问题的关键。如白俊红和卞元超发现中国劳动力要素市场和资本要素市场均呈现出较强的扭曲态势，并显著抑制了中国创新生产活动的开展及其效率的提升①。张雄等测算结果显示，土地资源错配造成光电子信息产业总体上经济效率损失达 10.23%，高端装备制造产业达 13.82%，生物产业和环保节能产业都超过了 20%；在各类型企业的技术和规模效率不变的条件下，不增加资源要素投入，通过纠正企业的土地资源错配，能够有效地提升企业的经济效率②。郑万腾等发现技术扩散能够引发研发要素流动，进而驱动区域创新效率提升③。

一　中国发明专利密集型产业的现状特征

发明专利密集型产业的发展主要体现在增加值的增长和劳动生产率的提升。为了刻画中国发明专利密集型产业发展的现状特征，笔者首先测算了中国 30 个省级行政单位④发明专利密集型产业 2006—2016 年⑤的增加值、就业量和劳动生产率。(1)在产业范围上：本章所指发明专利密集型产业包括"计算机、通信和其他电子设备制造业""仪器仪表制造业""专用设备制造业""通用设备制造业""电气机械及器材制造业""医药制造业""化学原料及化学制品制造业""交通运输设备制造业（包含汽车制造业、航空等其他运输设备制造业)"八个大类行业，前文关于知识产权密集型产业的范围分析结果表明，这八个大类行业是最为典型的发明专利密集型产业。(2)在发明专利密集型产业的增加值测算上：第一，使

①　白俊红、卞元超：《要素市场扭曲与中国创新生产的效率损失》，《中国工业经济》2016 年第 11 期。

②　张雄、张安录、邓超：《土地资源错配及经济效率损失研究》，《中国人口·资源与环境》2017 年第 3 期。

③　郑万腾、赵红岩、陈羽洁、谢敏：《技术扩散能否成为区域创新效率提升的新动能——研发要素流动视角》，《科技进步与对策》2020 年第 21 期。

④　因缺乏相关数据，不包括我国香港、澳门、台湾和西藏 4 个地区。下同。

⑤　之所以截至 2016 年，是因为《中国工业统计年鉴》《中国工业经济统计年鉴》相关数据只更新到 2016 年；之所以起始于 2006 年，是因为计算中国 2007—2016 年创新型制造业的相关增长率，第一年数据要向前多测算一年。

用 2003 年、2007 年、2012 年各省份的《投入产出表》，计算出三个年份各省份分行业的工业增加值率；第二，使用线性拟合方法估算出 2006—2016 年的工业增加值率；第三，使用《中国工业统计年鉴》各省份分行业的工业销售产值和存货数据估算出各省份分行业各年的工业总产值；第四，使用上述估算的工业总产值和工业增加值率计算出各省份分行业各年的名义工业增加值；第五，使用各省份分行业的工业生产者出厂价格指数（PPI）进行平减，将名义工业增加值调整为以 2016 年为基期的实际工业增加值（可比工业增加值)[1]。（3）在发明专利密集型产业就业量的测算上：2006—2013 年使用全部从业人员年平均人数、2014—2016 年使用平均用工人数作为就业量数据，其中 2012 年缺失数据使用插值法估算，数据来自历年《中国工业经济统计年鉴》。（4）在发明专利密集型产业劳动生产率的测算上：劳动生产率＝增加值/就业量。

笔者发现了中国发明专利密集型产业发展的以下四点现状特征。

（一）发明专利密集型产业的规模和占比实现大幅增长

发明专利密集型产业是全国各省份制造业转型升级的主要方向，2007—2016 年，大部分省份发明专利密集型产业的规模和占比都经历了大幅增长。从发明专利密集型产业的增加值看，除了海南，其他 29 个省份发明专利密集型产业增加值、就业量、劳动生产率都有了较大提升，与 2007 年相比，2016 年 15 个省份发明专利密集型产业的增加值都增长到了 2007 年的 3 倍以上，9 个省份都增长到 2 倍以上；各省份发明专利密集型产业增加值的均值从 2007 年的 1269.08 亿元增长到了 2016 年的 3565.17 亿元，最大值从 2007 年的 6623.15 亿元增长到了 2016 年的 18293.42 亿元，十年间分别增长了 2.81 倍和

---

① 工业总产值和工业增加值的具体计算公式如下：当年名义工业总产值＝当年名义工业销售产值＋当年名义存货－去年名义存货，当年名义工业增加值＝当年工业总产值×当年工业增加值率，当年实际工业增加值＝当年名义工业增加值/当年工业生产者出厂价格指数。

2.76 倍。从发明专利密集型产业增加值占第二产业增加值的比例看，2007 年，仅有上海、北京、广东 3 个省份的占比超过了 20%，19 个省份的占比都不超过 10%；2016 年，占比最高的重庆、湖北、江苏分别达到了 69.85%、65.38%、60.07%，20 个省份的占比都超过了 20%；各省份占比均值从 2007 年的 10.16% 增长到了 2016 年的 30.90%，中位数从 2007 年的 7.42% 增长到了 2016 年的 32.07%。

表 8 - 1　中国发明专利密集型产业增加值规模及占比（2007—2016 年）

年份	发明专利密集型产业增加值（亿元）			发明专利密集型产业增加值占第二产业的比例（%）		
	均值	最小值	最大值	均值	最小值	最大值
2007	1269.08	49.60	6623.15	10.16	1.50	32.61
2008	1509.10	65.66	7629.43	11.18	1.90	34.93
2009	1694.62	59.25	8631.59	13.23	2.86	36.57
2010	2132.53	76.08	10609.32	15.87	3.33	43.79
2011	2422.13	83.24	12247.66	17.12	3.40	43.35
2012	2566.52	87.67	13366.75	18.66	3.70	41.52
2013	2927.69	86.50	14926.75	22.35	5.90	46.85
2014	3191.79	79.00	16015.02	25.00	6.40	51.45
2015	3330.61	71.88	17076.89	27.94	8.16	59.73
2016	3565.17	63.52	18293.42	30.90	8.99	69.85

注：发明专利密集型产业增加值和第二产业增加值均调整至 2016 年人民币不变价。

（二）发明专利密集型产业增长率存在显著的地区差异

虽然中国发明专利密集型产业实现了显著的增长，但是也面临两个显著的问题。第一个问题是各地区发明专利密集型产业的增长速度存在巨大差异。表 8 - 2 和表 8 - 3 展示了中国各地区和各省份发明专利密集型产业增加值和劳动生产率的增长情况。2007—2016 年，发明专利密集型产业增加值增长最快的省份主要集中在长江中游地区（安徽、江西、湖北、湖南），该地区 4 省发明专利密集型产业增加值平均增长 6.04 倍，远高于其他地区；这一地区也是长江经济带和中部 6 省的核心地区，是推动长江经济带建设和中部崛起的中坚力量。大西南地区（云南除外）和大西北地区（甘肃除外）也经历了较快增长，两个地区各省份发明专利密集型产业增加值平均增长了 4.04 倍和 3.63 倍。黄河中游地区内部差异较大，河南、陕西经历了较快增长，内蒙古增长一般，山西增长较慢，整个地区发明专利密集型产业平均增长 2.87 倍。其他增长较慢的省份主要集中在东部沿海、南部沿海、北部沿海、东北等东部地区，特别是东北地区，2012—2016年甚至出现了负增长。从南北方视角看，南方地区普遍快于北方地区；从东中西部视角看，中西部地区普遍快于东部地区。

表 8 - 2　　　　**中国各地区发明专利密集型产业增加值和**
劳动生产率增长情况（2007—2016 年）[①]

划分标准	地区	增加值增长倍数均值（倍）	劳动生产率增长倍数均值（倍）
八大经济区	长江中游	6.04	2.75
	大西南	4.04	2.51
	大西北	3.63	2.60
	黄河中游	2.87	2.02
	北部沿海	2.41	1.88
	东部沿海	2.11	1.77
	南部沿海	1.96	1.56
	东北	1.66	1.78

① 在地区划分上，笔者采用了八大经济区、南北方、东中西部三类划分标准。八大经济区标准和中国当前的重点城市群在空间上高度重合，如北部沿海、东部沿海、南部沿海、黄河中游、长江中游、大西南等经济区分别对应京津冀、长三角、珠三角、中原和关中平原、长江中游、成渝等重点城市群，采用这一标准考察地区差异对推动区域协调发展更具参考价值（2018 年 11 月 18 日，中共中央、国务院发布的《关于建立更加有效的区域协调发展新机制的意见》明确指出，以京津冀城市群、长三角城市群、粤港澳大湾区、成渝城市群、长江中游城市群、中原城市群、关中平原城市群等城市群推动国家重大区域战略融合发展，建立以中心城市引领城市群发展、城市群带动区域发展新模式，推动区域板块之间融合互动发展）。

续表

划分标准	地区	增加值增长倍数均值（倍）	劳动生产率增长倍数均值（倍）
南北方	南方	3.77	2.24
	北方	2.71	2.09
东中西部	中部	4.46	2.39
	西部	3.86	2.55
	东部	2.06	1.76

表 8 - 3 　　　　　　　　　　中国地区划分标准

地区	东部	中部	西部
北方	东北 黑龙江、吉林、辽宁 北部沿海 北京、天津、河北、山东	黄河中游 河南、山西、内蒙古、陕西	大西北 宁夏、甘肃、青海、新疆
南方	东部沿海 江苏、上海、浙江 南部沿海 福建、广东、海南	长江中游 安徽、江西、湖北、湖南	大西南 重庆、四川、云南、贵州、广西

　　注：因港澳台和西藏自治区相关数据无法获取，因此研究对象包括除港澳台和西藏自治区外的30个省级行政单元。2005 年，国务院发展研究中心提出了"四大板块八大经济区"方案：将全国划分为东部、中部、西部、东北四大板块，并将这四大板块划分为八大综合经济区，即东部板块划分为北部沿海、东部沿海、南部沿海三个综合经济区；中部板块划分为黄河中游、长江中游两个综合经济区；西部板块划分为大西南、大西北两个综合经济区，东北板块即东北综合经济区。为了研究框架的清晰，笔者在其基础上稍作调整，将东北综合经济区纳入东部和北方范畴。

（三）发明专利密集型产业的增长率显著下滑

　　第二个问题是发明专利密集型产业的增长率出现了显著下滑。与2007—2011 年相比，2012—2016 年中国发明专利密集型产业增加值、就业量和劳动生产率的增长率均出现了显著下滑。全国 30 个省份发明专利密集型产业增加值、就业量和劳动生产率的年均增长率从2007—2011 年的 20.3%、7.0% 和 12.6% 分别下降到了 2012—2016 年的 8.3%、1.5% 和 7.0%，下降幅度分别达到 12.0 个、5.5 个和5.6 个百分点（在 1% 的显著性水平下显著），大于各省份全部行业增加值增长率的下降幅度（5.4 个百分点）。

表 8-4　　　中国发明专利密集型产业增加值、就业量和劳动

生产率增长率变动（2007—2016 年）　　　单位:%

年份	各省份增加值增长率均值	各省份就业量增长率均值	各省份劳动生产率增长率均值
2007	26.6	7.68	17.8
2008	19.2	12.98	5.7
2009	12.4	2.30	9.9
2010	28.1	11.03	15.5
2011	15.0	1.13	14.0
2012	6.5	8.55	−1.3
2013	15.8	−1.56	17.8
2014	9.1	4.29	4.9
2015	3.4	−1.58	5.0
2016	6.6	−2.15	8.8
2007—2011 年组（A）	20.3	7.0	12.6
2012—2016 年组（B）	8.3	1.5	7.0
均值差（B−A）	−12.0***	−5.5***	−5.6***

注:"均值差"为组间差异检验结果，*** 表示 $p < 0.01$。

（四）劳动生产率是改善发明专利密集型产业地区差异和增速下滑问题的关键

就业量和劳动生产率是决定增加值增长的两大因素。对于发明专利密集型产业的增长来说，与就业相比，劳动生产率影响更大。从对

增加值增长的贡献率看，增加值增长前 15 名的各省份劳动生产率增长的贡献率平均达到 62.49%，而就业量增长的贡献仅占 37.51%；增加值增长后 15 名的各省份劳动生产率增长的贡献率平均达到 92.47%，而就业量增长的贡献仅占 7.53%（见表 8 - 5）。因此，相比就业量变化，劳动生产率对发明专利密集型产业的地区差异影响更大。表 8 - 6 给出了发明专利密集型产业就业量高增长组和低增长组、劳动生产率高增长组和低增长组增加值增长率的组间均值差异检验，结果显示：就业量高增长组的增加值增长率比低增长组平均每年高出 8.4 个百分点，而劳动生产率高增长组的增加值增长率比低增长组平均每年高出 10.5 个百分点（见表 8 - 6）。说明劳动生产率增长率对各地区增加值增长率差异影响更大。

针对发明专利密集型产业的增速下滑问题，在就业量层面，随着中国人口拐点出现，剩余劳动力已经从无限供给真正转向了有限剩余，2012—2016 年的 5 年中，有 3 年各省份发明专利密集型产业的平均就业量出现了下滑且下滑趋势不断加剧，从 2013 年的 - 1.56% 下滑到 2016 年的 - 2.15%。就业量的这种增长下滑趋势中短期内由人口结构和机器对人的替代决定，不具有可逆性，推动发明专利密集型产业的增长，必须从提高劳动生产率上下功夫。

表 8 - 5　中国各省份发明专利密集型产业增长概况（2007—2016 年）

增加值增长前 15 名省份	2007—2016 年增长倍数（倍）		劳动生产率增长贡献率（%）	增加值增长后 15 名省份	2007—2016 年增长倍数（倍）		劳动生产率增长贡献率（%）
	增加值	劳动生产率			增加值	劳动生产率	
	A	B	ln（B）/ln（A）		A	B	ln（B）/ln（A）
湖南	7.12	3.48	63.51	天津	2.93	2.33	78.72
重庆	6.29	3.18	62.85	河北	2.84	1.95	63.87
江西	6.17	2.50	50.26	内蒙古	2.50	2.29	90.55

续表

增加值增长前15名省份	2007—2016 年增长倍数（倍）		劳动生产率增长贡献率（%）	增加值增长后15名省份	2007—2016 年增长倍数（倍）		劳动生产率增长贡献率（%）
	增加值	劳动生产率			增加值	劳动生产率	
	A	B	ln（B）/ ln（A）		A	B	ln（B）/ ln（A）
湖北	5.77	2.94	61.59	云南	2.43	2.26	91.50
安徽	5.09	2.09	45.18	吉林	2.13	1.42	46.47
青海	4.93	3.38	76.30	广东	2.12	1.69	69.59
广西	4.87	2.54	58.96	山东	2.10	1.57	60.91
新疆	4.79	2.23	51.33	浙江	2.05	2.00	96.08
河南	4.46	1.74	37.12	北京	1.76	1.67	91.29
四川	3.42	2.20	64.01	甘肃	1.70	2.43	167.67
陕西	3.26	2.47	76.43	黑龙江	1.59	2.17	167.20
贵州	3.20	2.35	73.62	山西	1.27	1.58	190.07
宁夏	3.10	2.37	76.19	辽宁	1.26	1.76	242.57
江苏	3.08	2.01	62.09	上海	1.21	1.30	137.03
福建	2.93	2.31	77.84	海南	0.83	0.69	−206.39
平均值	4.57	2.52	62.49	平均值	1.91	1.81	92.47

注："2007—2016 年增长倍数" ＝2016 年数值/2007 年数值。

表 8 - 6　　　**中国发明专利密集型产业增加值增长率的组间**

均值差异检验（2007—2016 年）　　　单位:%

分组依据	低增长组	高增长组	均值差（高增长组－低增长组）
就业量增长率	10.1	18.5	8.4 ***
劳动生产率增长率	9.0	19.5	10.5 ***

注：组间均值差异检验步骤，第一步，按照分组依据将样本划分为两组，以就业量增长率为例，每年将各省份发明专利密集型产业就业量增长率从高到低排序，前50%为就业量增长率高增长组，后50%为就业量增长率低增长组；第二步，分组计算发明专利密集型产业增加值增长率的均值；第三步，计算两组增加值增长率均值的差，并进行差异显著性检验。*** 表示 $p < 0.01$。

二　中国发明专利密集型产业的驱动因素

为了分析发明专利密集型产业劳动生产率增长的驱动因素，笔者依托 Henderson 和 Russell① 的四重分解模型将劳动生产率增长率分解为物质资本积累、人力资本积累、技术水平提升和技术效率变化四项驱动因素，该模型主要依赖数据包络法（DEA 方法）。传统的增长核算法以新古典增长理论为基础，可以将劳动生产率的变化分解为物质资本积累、人力资本积累和全要素生产率的变化，方法简单、结论直观，但需要对生产函数进行设定，模型设定对结果的影响较大。与增长核算法相比，使用 DEA 方法分解劳动生产率有如下优点：一是属于非参数方法，不需要对生产函数做出任何限制，避免了模型的误设和研究者主观判断对结果的影响；二是能够实现对全要素生产率的进一步分解，考察技术水平和技术效率变化对劳动生产率的影响。

为了实现对劳动生产率的分解，需要增加值、就业量、物质资本投入、人力资本投入等数据，增加值和就业量的数据来源和估算方式前一部分已经说明，物质资本和人力资本的测算过程如下：（1）物质资本投入测算：参照王家庭等② 的研究，使用永续盘存法计算各省份工业大类行业的物质资本存量。首先，确定基期资本存量，以 2006年固定资产净值作为基期资本存量，并使用固定资产价格指数将其调至 2016 年不变价；其次，计算折旧率，本年折旧率 ＝（本年累计折旧 － 上年累计折旧）／上年固定资产原值；再次，计算可比价投资额，本年可比价投资额 ＝（本年固定资产原值 － 上年固定资产原值）／固

---

① Henderson D. J., Russell R. R., "Human Capital and Convergence: A Production-Frontier Approach", *International Economic Review*, 2005, 46（4）: 1167 – 1205.

② 王家庭等:《中国制造业劳动生产率增长动能转换：资本驱动还是技术驱动》,《中国工业经济》2019 年第 5 期。

定资产价格指数；最后，计算物质资本存量，本年物质资本存量 = 上年物质资本存量 ×（1 − 本年折旧率）+ 本年可比价投资额。上述固定资产数据来自历年《中国工业经济统计年鉴》，固定资产价格指数数据来自历年《中国价格统计年鉴》。（2）人力资本投入测算：参照 Hall 和 Jones[1] 的方法估算人力资本存量。人力资本存量估算公式为 $h = e^{\varphi(\in)}$，其中 $\in$ 为平均受教育年限，根据不同受教育程度的人口比重和相应受教育年限进行估算，数据来自《中国人口和就业统计年鉴》；$\varphi(\in)$ 为教育收益率，参照 George 和 Patrinos[2] 的研究，将中国小学阶段、中学阶段和高等教育阶段的教育收益率分别确定为 0.180、0.134 和 0.151。

（一）劳动生产率四重分解模型

首先，令 Y_t、L_t、K_t、h_t 分别表示某省份发明专利密集型产业在 t 年的增加值、劳动投入、物质资本投入、人力资本投入，该省份发明专利密集型产业在 t 年的劳动生产率为 $y_t = Y_t / L_t$，人力资本调整的劳动生产率为 $\widehat{y_t} = Y_t / (L_t h_t)$，则 $t+1$ 年劳动生产率和 t 年劳动生产率有如下关系：

$$\frac{y_{t+1}}{y_t} = \frac{h_{t+1}}{h_t} \times \frac{\widehat{y_{t+1}}}{\widehat{y_t}} \qquad (8-1)$$

其次，令人力资本调整的人均资本为 $\widehat{k_t} = K_t / (L_t h_t)$，$\lambda_t$ 为该省份在 t 年的效率指数（实际产出水平与前沿产出水平的距离），则 $\widehat{k_t}$ 水平下的前沿产出水平为 $\bar{y}_t(\widehat{k_t}) = \widehat{y_t} / \lambda_t$。此外，另 $\tilde{k}_t = K_t / (L_t h_{t+1})$、$\tilde{k}_{t+1} = K_{t+1} / (L_{t+1} h_t)$，则人力资本调整的劳动生产率增长率可以按照

① Hall R. E., Jones C. I., "Why do Some Countries Produce so Much More Output Per Worker than Others", *Quarterly Journal of Economics*, 1999, 114（1）: 83 − 116.

② George P., Patrinos H. A., "Returns to Investment in Education: A Decennial Review of the Global Literature", *Education Economics*, 2018, 26（5）: 445 − 458.

式（8-2）或式（8-3）分解为四项：

$$\frac{\widehat{y}_{t+1}}{\widehat{y}_t} = \frac{\lambda_{t+1}}{\lambda_t} \times \frac{\overline{y}_{t+1}(\widehat{k}_{t+1})}{\overline{y}_t(\widehat{k}_{t+1})} \times \frac{\overline{y}_t(\tilde{k}_{t+1})}{\overline{y}_t(\widehat{k}_t)} \times \frac{\overline{y}_t(\widehat{k}_{t+1})}{\overline{y}_t(\tilde{k}_{t+1})} \qquad (8-2)$$

$$\frac{\widehat{y}_{t+1}}{\widehat{y}_t} = \frac{\lambda_{t+1}}{\lambda_t} \times \frac{\overline{y}_{t+1}(\widehat{k}_t)}{\overline{y}_t(\widehat{k}_t)} \times \frac{\overline{y}_{t+1}(\widehat{k}_{t+1})}{\overline{y}_{t+1}(\tilde{k}_t)} \times \frac{\overline{y}_{t+1}(\tilde{k}_t)}{\overline{y}_{t+1}(\widehat{k}_t)} \qquad (8-3)$$

再次，将式（8-2）和式（8-3）代入式（8-1），可以将劳动生产率增长率按照式（8-4）或式（8-5）分解为四项：

$$\frac{y_{t+1}}{y_t} = \frac{\lambda_{t+1}}{\lambda_t} \times \frac{\overline{y}_{t+1}(\widehat{k}_{t+1})}{\overline{y}_t(\widehat{k}_{t+1})} \times \frac{\overline{y}_t(\tilde{k}_{t+1})}{\overline{y}_t(\widehat{k}_t)} \times \left[\frac{\overline{y}_t(\widehat{k}_{t+1})}{\overline{y}_t(\tilde{k}_{t+1})} \times \frac{h_{t+1}}{h_t} \right]$$

$$= EF \times TE^{t+1} \times KA^t \times HA^t \qquad (8-4)$$

$$\frac{y_{t+1}}{y_t} = \frac{\lambda_{t+1}}{\lambda_t} \times \frac{\overline{y}_{t+1}(\widehat{k}_t)}{\overline{y}_t(\widehat{k}_t)} \times \frac{\overline{y}_{t+1}(\widehat{k}_{t+1})}{\overline{y}_{t+1}(\tilde{k}_t)} \times \left[\frac{\overline{y}_{t+1}(\tilde{k}_t)}{\overline{y}_{t+1}(\widehat{k}_t)} \times \frac{h_{t+1}}{h_t} \right]$$

$$= EF \times TE^t \times KA^{t+1} \times HA^{t+1} \qquad (8-5)$$

最后，为避免时期选择的随意性可能导致的差异，用式（8-4）和式（8-5）的几何平均值作为衡量从 t 年到 $t+1$ 年劳动生产率的变化指数，构建出劳动生产率的四维分解模型：

$$\Delta y_{t+1} = \frac{y_{t+1}}{y_t} = EF \times (TE^t \times TE^{t+1})^{\frac{1}{2}} \times (KA^t \times KA^{t+1})^{\frac{1}{2}}$$

$$\times (HA^t \times HA^{t+1})^{\frac{1}{2}}$$

$$= EF \times TE \times KA \times HA \qquad (8-6)$$

其中，EF、TE、KA、HA 是劳动生产率的四项驱动因素，分别表示技术效率变化、技术水平提升、物质资本积累和人力资本积累，全要素生产率的变化由技术效率变化和技术水平提升的乘积表示。技术效率变化，是指在现有技术水平下，通过增加各种资源要素间的协调性，使既有技术水平的潜能得以更大限度释放；技术水平提升，指的是通过引进更为先进的生产技术，让既定要素投入下的可能产出获得提升，即在技术上实现以同样的投入组合生产出更多的产出。以农业为例，技术效率提升是指，通过农业管理水平的不断提高、农户种植养殖技能的提升、土地流转、农业专业化合作等，使各种要素优化配置，要素利用效率得以提高，从而提高农产品产量；技术水平提升则是指，在劳动和资本两种投入要素比例不变的情况下，通过采用新的育种技术和灌溉技术、大棚智能温度控制等，大幅提高农产品产量。从作用机理上看，技术效率的变化和技术水平的提升存在着很大的不同，如果用生产可能性曲线表示，技术效率的变化意味着生产点从生产可能性曲线的内部向曲线边界的移动（改善）或与曲线边界的远离（恶化），而技术水平的提升则意味着生产可能性曲线的外推。各个变量的增长率 = （指数 − 1）×100。因此，当各项指数大于 1 时，说明是增长；当指数等于 1 时，说明增长率为 0；当指数小于 1 时，说明是减小。

（二）发明专利密集型产业劳动生产率的驱动因素

表 8 − 7 展示了发明专利密集型产业劳动生产率四项驱动因素的增长情况和贡献率。从增长情况看，30 个省份的技术水平和人力资本水平全部得到了不同程度的提升，25 个省份的物质资本水平也实现了增长，2016 年各省份的技术水平、人力资本水平和物质资本水平分别平均提升到了 2007 年的 1.67 倍、1.30 倍和 1.21 倍；但是除青海、湖南、湖北、贵州、宁夏、重庆、新疆、广西，22 个省份的技术效率出现了恶化，2016 年各省份技术效率水平平均仅相当于2007 年的 0.84 倍。

从对劳动生产率增长的贡献率看，技术水平提升是绝大部分省份（26 个省份）劳动生产率增长的主要驱动因素，有 24 个省份技术水平的贡献率超过了 50%；人力资本积累也是驱动各省份劳动生产率增长的重要因素，有 12 个省份人力资本的贡献率超过了 40%；各省份技术水平提升和人力资本积累对劳动生产率增长的贡献率平均达到了 75.98% 和 39.13%；物质资本积累对各省份劳动生产率的增长也有不小的贡献，各省份的贡献率平均为 25.73%，但贡献效果不一，河南、河北、山东、福建、北京、江西、浙江等省市物质资本积累的贡献率均超过了 40%，新疆、吉林、云南、青海等省区物质资本积累的贡献率不足 3%，贵州、宁夏、海南等省区物质资本的贡献率甚至为负；技术效率恶化严重拖累了各省份劳动生产率的增长，有 11 个省市技术效率恶化对劳动生产率增长的拖累超过 -40%，技术效率变化对各省份劳动生产率增长的平均贡献率达到 -47.51%。

表 8-7　　　　中国各省份发明专利密集型产业劳动生产率的
驱动因素增长和贡献

省份	2007—2016 年增长倍数（倍）					对劳动生产率增长的贡献率（%）			
	劳动生产率	物质资本积累	人力资本积累	技术水平提升	技术效率变化	物质资本积累	人力资本积累	技术水平提升	技术效率变化
湖南	3.48	1.32	1.27	1.55	1.34	22.40	19.08	35.21	23.31
青海	3.38	1.00	1.35	1.57	1.59	0.26	24.87	36.84	38.04
重庆	3.18	1.35	1.37	1.70	1.01	26.08	27.11	45.76	1.05
湖北	2.94	1.14	1.29	1.84	1.08	11.90	23.84	56.73	7.52
广西	2.54	1.44	1.24	1.43	1.00	39.00	22.91	38.09	0
江西	2.50	1.46	1.15	1.65	0.90	41.66	15.08	55.08	-11.82
陕西	2.47	1.27	1.31	1.82	0.82	26.20	30.20	66.14	-22.54
甘肃	2.43	1.36	1.44	1.76	0.71	34.43	41.02	63.35	-38.81
宁夏	2.37	0.99	1.34	1.75	1.02	-1.01	33.96	65.11	1.95
贵州	2.35	0.99	1.21	1.90	1.03	-0.69	22.07	75.17	3.46
天津	2.33	1.20	1.36	1.55	0.92	21.53	36.15	51.53	-9.21
福建	2.31	1.48	1.33	1.32	0.89	46.85	33.94	33.13	-13.92
内蒙古	2.29	1.09	1.29	1.87	0.87	10.31	30.73	75.60	-16.64
云南	2.26	1.00	1.27	1.82	0.97	0.58	29.10	73.78	-3.46
新疆	2.23	1.02	1.28	1.71	1.00	2.01	31.08	66.83	0.07
四川	2.20	1.32	1.28	1.76	0.74	34.97	30.87	72.10	-37.94
黑龙江	2.17	1.29	1.21	1.78	0.78	32.99	24.26	74.56	-31.81

续表

省份	2007—2016 年增长倍数（倍）					对劳动生产率增长的贡献率（%）			
	劳动生产率	物质资本积累	人力资本积累	技术水平提升	技术效率变化	物质资本积累	人力资本积累	技术水平提升	技术效率变化
安徽	2.09	1.23	1.32	1.77	0.72	28.51	38.17	<u>77.49</u>	-44.16
江苏	2.01	1.22	1.44	1.65	0.69	28.42	52.36	<u>72.01</u>	-52.78
浙江	2.00	1.33	1.41	1.35	0.79	40.72	<u>49.46</u>	43.64	-33.82
河北	1.95	1.41	1.32	1.79	0.59	51.27	41.24	<u>87.13</u>	-79.65
辽宁	1.76	1.24	1.25	1.81	0.63	38.31	39.58	<u>104.79</u>	-82.69
河南	1.74	1.43	1.25	1.68	0.58	64.46	40.67	<u>92.99</u>	-98.12
广东	1.69	1.13	1.29	1.32	0.88	22.61	48.68	<u>53.20</u>	-24.49
北京	1.67	1.24	1.37	1.34	0.73	41.80	<u>61.58</u>	57.21	-60.59
山西	1.58	1.15	1.29	1.62	0.66	30.21	55.56	<u>105.94</u>	-91.70
山东	1.57	1.25	1.30	1.87	0.52	49.81	58.34	<u>139.02</u>	-147.17
吉林	1.42	1.01	1.20	1.84	0.64	1.81	51.09	<u>173.86</u>	-126.77
上海	1.30	1.09	1.37	1.51	0.61	33.58	97.36	<u>158.07</u>	-189.01
海南	0.69	0.97	1.27	1.62	0.35	-8.95	63.47	<u>128.93</u>	-283.45
平均值	2.16	1.21	1.30	1.67	0.84	25.73	39.13	75.98	-47.51
标准差	0.59	0.16	0.07	0.17	0.24	18.31	16.77	34.85	67.01

注：①"2007—2016 年增长倍数（倍）" ＝2016 年数值/2007 年数值，其计算包括两步，第一步依据劳动生产率的四重分解模型计算出 30 个省份 2007—2016 年四项驱动因素每年的增长率（当年/上一年），第二步将 2008—2016 年各驱动因素各年的增长率连乘即可得到表中数值；②倍数大于 1 表示增长，等于 1 表示不变，小于 1 表示恶化；③带下划线的数值所对应的为各个省份对劳动生产率增长贡献最大的驱动因素。

（三）发明专利密集型产业劳动生产率驱动因素的地区差异

表 8-8 展示了各地区发明专利密集型产业劳动生产率的驱动因素增长和贡献情况。从整体看，对于所有地区来说，技术水平提升都是推动发明专利密集型产业劳动生产率提升最重要的驱动因素，物质资本积累和人力资本积累也显著推动了各地区发明专利密集型产业劳

动生产率的提升,技术效率则普遍拖累了各个地区发明专利密集型产业劳动生产率的增长(大西北地区除外),这与前一部分的核心结论一致。当然,各个地区间还是存在一定差异。

从增长速度差异看,南北方四项驱动因素的增长率整体差异不明显,东中西部在人力资本积累增长率上的差异不明显,但是在其他三项驱动因素上存在较为显著的差异。具体来看,东部和中部地区的物质资本积累速度快于西部地区,中部地区和西部地区的技术水平提升速度快于东部地区,西部地区的技术效率整体实现了提升,但是中部地区和东部地区的技术效率却分别恶化为2007年的0.87倍和0.69倍。

从贡献率差异看,南北方物质资本积累和人力资本积累的贡献率差异不大,但是技术水平提升和技术效率变化的贡献存在一定差异,技术水平提升对北方发明专利密集型产业劳动生产率增长的贡献比南方更大,同时技术效率恶化对北方发明专利密集型产业劳动生产率增长的拖累也比南方更大。东中西部之间四项驱动因素对发明专利密集型产业劳动生产率的贡献率存在较大差异,东部和中部地区的物质资本积累贡献率大于西部地区,东部地区人力资本积累贡献率大于中部地区和西部地区,东中西部技术水平提升和技术效率变化的贡献率差异最大,东部地区技术水平提升的贡献率分别比中部和西部地区高出19.89个和10.98个百分点,东部地区技术效率变化对劳动生产率的拖累分别比中部和西部地区高出55.57个和27.81个百分点。

表8-8　中国各地区发明专利密集型产业劳动生产率的驱动因素增长和贡献

地区	2007—2016年增长倍数(倍)					对劳动生产率增长的贡献率(%)			
	劳动生产率	物质资本积累	人力资本积累	技术水平提升	技术效率变化	物质资本积累	人力资本积累	技术水平提升	技术效率变化
东北	1.78	1.18	1.22	1.81	0.68	24.37	38.31	117.74	-80.42

续表

地区	2007—2016 年增长倍数（倍）					对劳动生产率增长的贡献率（%）			
	劳动生产率	物质资本积累	人力资本积累	技术水平提升	技术效率变化	物质资本积累	人力资本积累	技术水平提升	技术效率变化
东部沿海	1.77	1.21	1.38	1.50	0.70	34.24	66.39	91.24	-91.87
北部沿海	1.88	1.28	1.34	1.64	0.69	41.10	49.33	83.72	-74.16
南部沿海	1.56	1.19	1.30	1.42	0.71	20.17	48.70	71.75	-107.29
长江中游	2.75	1.29	1.26	1.70	1.01	26.12	24.04	56.13	-6.29
黄河中游	2.02	1.24	1.29	1.75	0.73	32.80	39.33	85.17	-57.25
大西北	2.60	1.09	1.35	1.70	1.08	8.92	32.73	58.03	0.31
大西南	2.51	1.22	1.27	1.72	0.95	19.99	26.41	60.98	-7.38
北方	2.09	1.20	1.30	1.72	0.80	26.96	40.02	84.06	-51.04
南方	2.24	1.23	1.30	1.61	0.87	24.51	38.23	67.89	-43.97
东部	1.76	1.22	1.31	1.60	0.69	30.83	50.58	90.54	-87.34
中部	2.39	1.26	1.27	1.73	0.87	29.46	31.67	70.65	-31.77
西部	2.55	1.16	1.31	1.71	1.01	15.07	29.22	59.67	-3.96

注：①"2007—2016 年增长倍数（倍）"＝2016 年数值/2007 年数值，其计算包括三步，第一步依据劳动生产率的四重分解模型计算出 30 个省份 2007—2016 年四项驱动因素每年的增长率（当年/上一年），第二步将 2008—2016 年各驱动因素各年的增长率连乘可得到各省十年的增长倍数，第三步计算各地区所包含省份增长倍数的均值；②倍数大于 1 表示增长，等于 1 表示不变，小于 1 表示恶化。

（四）发明专利密集型产业劳动生产率地区差异和增长下滑的影响因素

劳动生产率增长地区差异的原因方面，从表 8-9 的组间均值差异检验结果看，物质资本高增长组的劳动生产率年平均增长率比低增长组显著高出 3.5 个百分点，技术效率高增长组的劳动生产率年平均增长率比低增长组显著高出 8.2 个百分点，说明物质资本积累和技术效率变化都显著影响了劳动生产率增长的地区差异，而且技术效率是主要的影响因素。此外,从表8-7可以看出,技术效率变化的标准差显著高于其他三项驱动因素,能解释41%(0.24/0.59)的劳动生产率差异,进一步支持了技术效率是导致地区差异主要影响因素的结论。

劳动生产率增速下滑的原因方面,表8-10的结果显示,与2007—2011年相比,2012—2016年四项驱动因素的平均增长率都有了显著改变:人力资本、技术水平和技术效率的年平均增长率分别显著下降了1.1个、3.6个和2.7个百分点,物质资本的年平均增长率则显著上升了2.0个百分点。说明技术水平、技术效率和人力资本增速下降共同导致了发明专利密集型产业劳动生产率增长速度的下滑,其中技术水平增长率下降是主导因素;而物质资本增长率的上升一定程度上缓解了发明专利密集型产业劳动生产率增长率的下滑。

表8-9　　　中国发明专利密集型产业劳动生产率增长率的
组间均值差异检验（2007—2016年）　　　单位:%

分组依据	低增长组	高增长组	均值差 （高增长组－低增长组）
物质资本增长率	8.0	11.6	3.5 ***
人力资本增长率	9.8	9.9	0.1
技术水平增长率	9.8	9.8	0.0
技术效率增长率	5.7	13.9	8.2 ***

注:组间均值差异检验步骤,第一步,按照分组依据将样本划分为两组,以就业量增长率为例,每年将各省份发明专利密集型产业就业量增长率从高到低排序,前50%为就业量增长率高增长组,后50%为就业量增长率低增长组;第二步,分组计算发明专利密集型产业增加值增长率的均值;第三步,计算两组增加值增长率均值的差,并进行差异显著性检验。*** 表示 $p < 0.01$。

表 8 - 10　　　　四项驱动因素增长率两个时间阶段的组间
　　　　　　均值差异检验（2007—2016 年）　　　　单位：%

指标	2007—2011 年组 （A）	2012—2016 年组 （B）	均值差 （B - A）
物质资本增长率	1.2	3.3	2.0 **
人力资本增长率	3.4	2.3	- 1.1 **
技术水平增长率	9.0	5.4	- 3.6 ***
技术效率增长率	- 0.5	- 3.2	- 2.7 **

　　注：组间均值差异检验步骤，第一步，依据年份将样本划分为 2007—2011 年组和
2012—2016 年组；第二步，分组计算物质资本增长率等各项指标的均值；第三步，计算两
组增长率均值的差，并进行差异显著性检验。** 表示 $p < 0.05$，*** 表示 $p < 0.01$。

三　中国发明专利密集型产业增长与
要素市场的关系

（一）基准回归分析

　　为了考察要素市场对发明专利密集型产业劳动生产率的影响，笔
者构建了 30 个省份 2012—2016 年①的平衡面板数据。在基准回归中，
首先单独考察了资金、土地、人才、技术四大要素市场对发明专利密
集型产业劳动生产率和四项驱动因素的影响。

$$Y_{i,t} = \alpha_0 + \alpha_1 \times Loan\_rate_{i,t-1} + \alpha_2 \times \ln\_Land_{i,t-1} + \alpha_3 \times \ln\_Work_{i,t-1}$$
$$+ \alpha_4 \times Tech\_rate_{i,t-1} + \lambda_t + \mu_i + \varepsilon_{i,t} \qquad (8-7)$$

　　其中，$Y_{i,t}$ 是因变量，在不同的回归中分别代指 i 省份 t 年劳动生产
率增长率的自然对数 $\ln\_YL_{i,t}$、物质资本增长率的自然对数 $\ln\_KA_{i,t}$、
人力资本增长率的自然对数 $\ln\_HA_{i,t}$、技术水平增长率的自然对数

---

　　① 受限于部分自变量数据的可得性，面板数据时间只有 5 年（加上滞后期有 6 年，即
2011—2016 年）。

$\ln\_TE_{i,t}$、技术效率增长率的自然对数 $\ln\_EF_{i,t}$；$Loan\_rate_{i,t-1}$ 是 i 省份 $t-1$ 年资金要素市场的代理变量，用"人民币存款余额/人民币贷款余额"衡量，数据来自历年《中国金融年鉴》；$\ln\_Land_{i,t-1}$ 是 i 省份 $t-1$ 年土地要素市场的代理变量，用"工业用地土地出让金总额的自然对数"衡量，数据来自 CSMAR 国泰安数据库；$\ln\_Work_{i,t-1}$ 是 i 省份 $t-1$ 年人才要素市场的代理变量，用"发明专利密集型产业就业量的自然对数"衡量，数据由笔者测算（具体方法见前文）；$Tech\_rate_{i,t-1}$ 是 i 省份 $t-1$ 年技术要素市场的代理变量，用"技术市场成交额/发明专利密集型产业增加值"衡量，技术市场成交额数据来自国家统计局官网，发明专利密集型产业增加值数据由笔者测算[①]；模型控制了个体效应和年份效应，λ_t、μ_i、$\varepsilon_{i,t}$ 分别代指年份固定效应、个体固定效应和随机误差，α_1、α_2、α_3 和 α_4 是四个回归系数，α_0 为常数项。基准回归使用 OLS 模型，为了缓解异方差问题，使用了聚类稳健的标准误。

表 8-11 的基准回归结果显示：资金要素市场对技术效率提升有显著正向影响，对技术水平提升有显著负向影响，对物质资本和人力资本积累的影响不显著，对劳动生产率的整体影响也不显著；土地要素市场对技术效率提升有显著正向影响，对物质资本积累有显著负向影响，对人力资本积累和技术水平提升没有显著影响，对劳动生产率的整体影响也不显著；人才要素市场对技术效率提升、物质资本积累和劳动生产率整体均有显著正向影响，但对人力资本积累和技术水平提升没有显著影响；技术要素市场尽管对物质资本和人力资本积累有显著负向影响，对技术水平提升无显著影响，但对技术效率提升和劳动生产率整体均有显著正向影响。

---

① 具体方法见前文，下同。

表 8 – 11　　　　　　　　　　　　　基准回归结果

回归	（1）	（2）	（3）	（4）	（5）
变量	$\ln\_YL_{i,t}$	$\ln\_KA_{i,t}$	$\ln\_HA_{i,t}$	$\ln\_TE_{i,t}$	$\ln\_EF_{i,t}$
$Loan\_rate_{i,t-1}$	0.097	0.059	– 0.020	– 0.278 ***	0.337 **
	（0.963）	（1.193）	（– 0.759）	（– 4.336）	（2.663）
$\ln\_Land_{i,t-1}$	0.063	– 0.036 *	– 0.002	– 0.003	0.104 **
	（1.506）	（– 1.714）	（– 0.186）	（– 0.100）	（2.291）
$\ln\_Work_{i,t-1}$	0.392 ***	0.157 *	– 0.016	0.013	0.239 **
	（4.026）	（1.715）	（– 0.605）	（0.184）	（2.549）
$Tech\_rate_{i,t-1}$	0.209 **	– 0.136 ***	– 0.025 *	– 0.041	0.410 ***
	（2.134）	（– 3.721）	（– 1.794）	（– 0.706）	（4.136）
个体效应	是	是	是	是	是
年份效应	是	是	是	是	是
观测值	150	150	150	150	150
R^2	0.640	0.391	0.478	0.486	0.503

　　注：表中括号内为聚类稳健 t 值；*** 表示 $p < 0.01$，** 表示 $p < 0.05$，* 表示 $p < 0.1$，截距项结果因篇幅原因省略。

　　上述结果说明，一方面，要素市场的发展整体上确实能有效推动发明专利密集型产业劳动生产率的提升；另一方面，各个要素市场虽然对劳动生产率和四项驱动因素的影响存在显著差异，但是对技术效率提升都有显著影响，也就是说，要素市场主要通过影响技术效率来影响劳动生产率。当然，由于存在内生性等问题，基准回归结果的有效性和稳健性还有待进一步考察和验证。

（二）内生性讨论

　　基准回归中使用滞后期的解释变量作为工具变量，一定程度上缓解了互为因果导致的内生性问题；但是因为影响劳动生产率和四项驱动因素的因素很多，所以，本部分研究主要面临的是因遗漏变量带来的内生性问题，笔者尝试从两个方面来缓解这一问题：一是使用固定效应模型：固定效应模型消去不能观察到的不随时间变化的个体异质效应，能够有效减弱异质性和遗漏变量的影响，霍斯曼检验结果也支持使用固定效应模型。二是增加控制变量：在上述四项要素市场变量的基础上，笔者在模型中加入了创新行为（研发投入、专利申请）、基础设施、基本公共服务（基础教育、公共医疗）、政府支持、产业发展（工资水平、IT 产业发展）等因素对劳动生产率的影响，加入的具体控制变量见式（8－8）。欧阳志刚和陈普发现，整体而言，就业人数、城市工业用地、科技禀赋、物质资本、高速公路里程数是工业行业最重要的投入要素，对先进制造业而言，国内专利申请授权数也是重要的投入要素[①]；郭凯明和王藤桥发现，基础设施投资能够从价格效应、投资效应和收入效应等三个渠道影响产业结构转型，也能够有效提高劳动生产率增速[②]；鞠一格发现，基本公共服务能够提升人力资本集聚和资金集聚，进而带动制造业的产业集聚[③]；李华和董艳玲发现，基本公共服务均等化能够有效缩小地区绿色 TFP 的增长差距[④]；叶祥松和刘敬发现，政府支持也能有力地促进高端制造业的科技进步[⑤]；黄群慧等发现，互联网技术发展能够通过降低交易成本、减少资源错配以及促进创新三项机制提升制造业的生产率[⑥]。

---

① 欧阳志刚、陈普：《要素禀赋、地方工业行业发展与行业选择》，《经济研究》2020 年第 1 期。

② 郭凯明、王藤桥：《基础设施投资对产业结构转型和生产率提高的影响》，《世界经济》2019 年第 11 期。

③ 鞠一格：《基本公共服务对制造业产业集聚的影响研究——基于面板数据的中介效应分析》，《产业创新研究》2020 年第 18 期。

④ 李华、董艳玲：《基本公共服务均等化是否缩小了经济增长质量的地区差距?》，《数量经济技术经济研究》2020 年第 7 期。

⑤ 叶祥松、刘敬：《政府支持与市场化程度对制造业科技进步的影响》，《经济研究》2020 年第 5 期。

⑥ 黄群慧、余泳泽、张松林：《互联网发展与制造业生产率提升：内在机制与中国经验》，《中国工业经济》2019 年第 8 期。

$$Y_{i,t} = \alpha_0 + \alpha_1 \times Loan\_rate_{i,t-1} + \alpha_2 \times \ln\_Land_{i,t-1} + \alpha_3 \times \ln\_Work_{i,t-1} +$$

$$\alpha_4 \times Tech\_rate_{i,t-1} + \alpha_5 \times R\&D\_rate_{i,t-1} + \alpha_6 \times Patent\_rate_{i,t-1} +$$

$$\alpha_7 \times \ln\_Road_{i,t-1} + \alpha_8 \times \ln\_Teacher_{i,t-1} + \alpha_9 \times \ln\_Doctor_{i,t-1} +$$

$$\alpha_{10} \times \ln\_Public_{i,t-1} + \alpha_{11} \times \ln\_Salary_{i,t-1} + \alpha_{12} \times IT\_rate_{i,t-1} +$$

$$\lambda_t + \mu_i + \varepsilon_{i,t} \tag{8-8}$$

其中，$R\&D\_rate_{i,t-1}$ 是 i 省份 $t-1$ 年研发投入的代理变量，用"规模以上工业企业研发经费/发明专利密集型产业增加值"衡量；$Patent\_rate_{i,t-1}$ 是 i 省份 $t-1$ 年专利申请的代理变量，用"规模以上工业企业发明专利申请量/年末常住人口"衡量；$\ln\_Road_{i,t-1}$ 是 i 省份 $t-1$ 年基础设施的代理变量，用"交通设施密度的自然对数"衡量，交通设施密度 = （铁路总里程 + 公路总里程 + 内河航道总里程）/行政面积；$\ln\_Teacher_{i,t-1}$ 是 i 省份 $t-1$ 年基础教育水平的代理变量，用"初中生师生比（教师人数 = 1）的自然对数"衡量；$\ln\_Doctor_{i,t-1}$ 是 i 省份 $t-1$ 年公共医疗水平的代理变量，用"每万人拥有卫生技术人员数"衡量；$\ln\_Public_{i,t-1}$ 是 i 省份 $t-1$ 年政府支持能力的代理变量，用"地方财政一般预算收入的自然对数"衡量；$\ln\_Salary_{i,t-1}$ 是 i 省份 $t-1$ 年工资水平的代理变量，用"制造业城镇私营单位就业人员平均工资的自然对数"衡量；$IT\_rate_{i,t-1}$ 是 i 省份 $t-1$ 年 IT 产业发展水平的代理变量，用"IT 行业法人数量/全部行业法人数量"衡量。除发明专利密集型产业增加值外，其他相关数据均来自国家统计局官网。

表 8 – 12 和表 8 – 13 分别展示了式（8 – 7）和式（8 – 8）使用固定效应模型回归的结果。表 8 – 12 中固定效应模型的回归结果和表 8 – 11 中 OLS 模型的回归结果没有显著性差异，进一步提升了前述基准回归结果的有效性。表 8 – 13 的结果与表 8 – 12 略有差异，主要体现为资金要素市场对物质资本积累的影响由不显著变成显著为正，人才要素市场对物质资本积累的影响由显著为正变为不显

著，技术要素市场对人力资本积累的影响由显著为负变为不显著；但是要素市场的发展整体上能有效推动发明专利密集型产业劳动生产率的提升，各个要素市场虽然对劳动生产率和四项驱动因素的影响存在显著差异，但是对技术效率提升都有显著影响的核心结论没有变化。

表8–13中控制变量的一些结果也值得我们关注：研发投入的增加和路网密度的提升能够显著推动技术水平提升，进而推动劳动生产率提升；发明专利的提升和IT产业的发展能够显著推动人力资本积累，进而提升劳动生产率。

表8–12　　　　　　固定效应模型回归结果

回归	(1)	(2)	(3)	(4)	(5)
变量	$\ln\_YL_{i,t}$	$\ln\_KA_{i,t}$	$\ln\_HA_{i,t}$	$\ln\_TE_{i,t}$	$\ln\_EF_{i,t}$
$Loan\_rate_{i,t-1}$	0.097	0.059	− 0.020	− 0.278 ***	0.337 ***
	(1.080)	(1.339)	(− 0.852)	(− 4.865)	(2.988)
$\ln\_Land_{i,t-1}$	0.063	− 0.036 *	− 0.002	− 0.003	0.104 **
	(1.689)	(− 1.923)	(− 0.208)	(− 0.112)	(2.571)
$\ln\_Work_{i,t-1}$	0.392 ***	0.157 *	− 0.016	0.013	0.239 ***
	(4.517)	(1.924)	(− 0.678)	(0.206)	(2.861)
$Tech\_rate_{i,t-1}$	0.209 **	− 0.136 ***	− 0.025 *	− 0.041	0.410 ***
	(2.394)	(− 4.175)	(− 2.013)	(− 0.793)	(4.641)
个体效应	是	是	是	是	是
年份效应	是	是	是	是	是
观测量	150	150	150	150	150
R^2	0.568	0.275	0.419	0.472	0.424
省份数量	30	30	30	30	30
F	14.37	12.29	4.722	17.13	20.53

注：表中括号内为聚类稳健 t 值；*** 表示 $p < 0.01$，** 表示 $p < 0.05$，* 表示 $p < 0.1$，截距项结果因篇幅原因省略。

表 8 – 13 增加控制变量后固定效应模型回归结果

回归	（1）	（2）	（3）	（4）	（5）
变量	$\ln\_YL_{i,t}$	$\ln\_KA_{i,t}$	$\ln\_HA_{i,t}$	$\ln\_TE_{i,t}$	$\ln\_EF_{i,t}$
$Loan\_rate_{i,t-1}$	0.086	0.073 *	− 0.018	− 0.273 ***	0.304 ***
	（0.880）	（1.917）	（− 0.615）	（− 4.366）	（2.787）
$\ln\_Land_{i,t-1}$	0.055	− 0.040 **	0.009	− 0.004	0.091 **
	（1.623）	（− 2.177）	（0.724）	（− 0.160）	（2.224）
$\ln\_Work_{i,t-1}$	0.575 ***	0.181	0.002	0.088	0.303 **
	（4.719）	（1.547）	（0.089）	（1.233）	（2.371）
$Tech\_rate_{i,t-1}$	0.213 *	− 0.142 ***	0.002	0.002	0.350 ***
	（1.888）	（− 3.526）	（0.097）	（0.033）	（3.241）
$R\&D\_rate_{i,t-1}$	0.204 **	0.016	0.012	0.097 **	0.078
	（2.262）	（0.384）	（0.721）	（2.171）	（0.894）
$Patent\_rate_{i,t-1}$	0.007 ***	0.001	0.002 ***	0.001	0.003
	（3.468）	（0.783）	（3.128）	（0.378）	（1.255）
$\ln\_Road_{i,t-1}$	− 0.072	0.007	0.063	0.511 ***	− 0.654 **
	（− 0.292）	（0.040）	（0.785）	（3.293）	（− 2.345）
$\ln\_Teacher_{i,t-1}$	− 0.010	− 0.113	0.011	0.002	0.090
	（− 0.079）	（− 0.748）	（0.271）	（0.017）	（0.492）
$\ln\_Doctor_{i,t-1}$	0.113	− 0.017	− 0.001	0.096	0.035
	（1.152）	（− 0.348）	（− 0.059）	（0.679）	（0.248）
$\ln\_Public_{i,t-1}$	− 1.066	0.666	− 0.017	− 1.678 ***	− 0.037
	（− 1.275）	（1.055）	（− 0.076）	（− 2.874）	（− 0.044）
$\ln\_Salary_{i,t-1}$	− 0.397	− 0.098	− 0.144 ***	− 0.182 **	0.027
	（− 1.600）	（− 0.761）	（− 3.250）	（− 2.192）	（0.140）
$IT\_rate_{i,t-1}$	0.743	0.105	1.072 **	0.500	− 0.934
	（0.647）	（0.096）	（2.568）	（0.416）	（− 0.384）
个体效应	是	是	是	是	是
年份效应	是	是	是	是	是
观测量	149	149	149	149	149
R^2	0.641	0.313	0.499	0.528	0.447

续表

回归	（1）	（2）	（3）	（4）	（5）
变量	$\ln\_YL_{i,t}$	$\ln\_KA_{i,t}$	$\ln\_HA_{i,t}$	$\ln\_TE_{i,t}$	$\ln\_EF_{i,t}$
省份数量	30	30	30	30	30
F	22.98	11.39	17.64	47.44	29.55

注：表中括号内为聚类稳健 t 值；*** 表示 $p < 0.01$，** 表示 $p < 0.05$，* 表示 $p < 0.1$，截距项结果因篇幅原因省略。

（三）稳健性检验

为了进一步验证前述结论的稳健性，笔者采用两种方案进行了稳健性检验：一是将样本分别划分为东部地区和中西部地区、北方地区和南方地区，考察子样本的结果；二是将因变量由连续变量调整成分组的二元变量，将回归模型由固定效应模型调整为 Probit 模型。

表 8-14 给出了子样本的回归结果（基于篇幅限制，本书只汇报了劳动生产率和技术效率的结果）。结果显示：首先，无论对于东部地区还是中西部地区，无论对于北部地区还是南部地区，要素市场对劳动生产率都有显著的正向影响；而且在大部分地区（东部、中西部、北方），大部分要素市场对技术效率都有显著的正向影响；这证实了前述核心结论的稳健性。其次，对于不同地区，要素市场的影响确实存在差异；对东部和北方而言，人才要素市场和技术要素市场对劳动生产率都有显著的正向影响；对中西部而言，则是人才要素市场和土地要素市场有显著正向影响；对南方而言，只有人才市场对劳动生产率有显著的推动作用。

表 8-15 给出了调整因变量后的回归结果。结果显示：资金要素市场、土地要素市场和人才要素市场的发展都能显著推动技术效率的提升，并从整体上推动劳动生产率的提升，这进一步证实了前述核心结论的稳健性；资金要素市场和人才要素市场对物质资本积累也有显著的推动作用，但是资金要素市场对技术水平提升有显著的负向影

表8-14　　分地区子样本固定效应模型回归结果

因变量	$\ln\_YL_{i,t}$				$\ln\_EF_{i,t}$			
地区	东部	中西部	北方	南方	东部	中西部	北方	南方
$Loan\_rate_{i,t-1}$	0.033	-0.014	-0.018	0.114	0.337**	0.168	0.055	0.316*
	(0.331)	(-0.083)	(-0.206)	(0.769)	(2.894)	(0.828)	(0.330)	(2.107)
$\ln\_Land_{i,t-1}$	0.026	0.106*	0.064	0.039	0.120**	0.117*	0.107*	-0.039
	(0.772)	(1.889)	(1.026)	(0.704)	(2.219)	(1.809)	(1.861)	(-0.769)
$\ln\_Work_{i,t-1}$	0.373**	0.524***	0.459***	0.326**	0.337	0.306***	0.377***	0.026
	(2.523)	(3.686)	(3.991)	(2.748)	(1.730)	(2.738)	(3.968)	(0.236)
$Tech\_rate_{i,t-1}$	0.144**	0.298	0.214**	0.832	0.410***	0.379**	0.526***	-0.430
	(2.269)	(1.732)	(2.428)	(1.692)	(5.063)	(2.166)	(5.286)	(-0.703)
个体效应	是	是	是	是	是	是	是	是
年份效应	是	是	是	是	是	是	是	是
观测量	65	85	75	75	65	85	75	75
R^2	0.717	0.568	0.628	0.539	0.431	0.453	0.695	0.150
省份数量	13	17	15	15	13	17	15	15
F	22.75	7.119	24.96	6.262	194.4	10.66	168.5	6.616

注：表中括号内为聚类稳健 t 值；*** 表示 $p < 0.01$，** 表示 $p < 0.05$，* 表示 $p < 0.1$，截距项结果因篇幅原因省略。

表 8 - 15

Probit 模型回归结果

回归 变量	(1) $Group\_YL_{i,t}$	(2) $Group\_KA_{i,t}$	(3) $Group\_HA_{i,t}$	(4) $Group\_TE_{i,t}$	(5) $Group\_EF_{i,t}$
$Loan\_rate_{i,t-1}$	7.120**	3.784*	-0.295	-6.824**	7.630***
	(2.383)	(1.708)	(-0.120)	(-2.074)	(2.713)
$\ln\_Land_{i,t-1}$	1.023*	-0.263	-0.180	0.034	1.206**
	(1.787)	(-0.292)	(-0.373)	(0.055)	(2.269)
$\ln\_Work_{i,t-1}$	6.437**	7.179**	-3.264**	0.190	3.223*
	(2.455)	(2.563)	(-2.542)	(0.101)	(1.820)
$Tech\_rate_{i,t-1}$	2.372	-0.116	-2.197	-1.239	4.228
	(1.096)	(-0.079)	(-1.455)	(-0.630)	(1.279)
个体效应	是	是	是	是	是
年份效应	是	是	是	是	是
Observations	120	115	145	150	150

注：表中括号内为聚类稳健 t 值；**** 表示 $p<0.01$，** 表示 $p<0.05$，* 表示 $p<0.1$，截距项结果因篇幅原因省略。$Group\_YL_{i,t}$、$Group\_KA_{i,t}$、$Group\_HA_{i,t}$、$Group\_TE_{i,t}$ 和 $Group\_EF_{i,t}$ 均为二元分组变量，每年分别按照劳动生产率增长率、物质资本增长率、人力资本增长率、技术水平增长率和技术效率增长率分成两组，高增长组为 1，低增长组为 0。

响，人才要素市场对人力资本积累有显著的负向影响。此外，从地区差异的角度看，上述结果意味着通过推动要素市场发展，能够有效提升各省份发明专利密集型产业技术效率的提升和物质资本的积累，进而推动劳动生产率低增长组的省份向高增长组迈进，从而减小劳动生产率增长的地区差异。

（四）解释分析

上述研究的结果进一步印证了要素市场发展能够显著提升中国产业技术效率和劳动生产率的结论。要素市场扭曲对资源配置效率的影响主要有以下几个方面：首先，由于要素市场的不完善，导致大量低效和无效的"僵尸企业"存在，占有大量经济资源而不产生效益，严重拖累了效率提升的步伐；其次，由于要素市场不完善，减缓了先进技术和管理方式的扩散速度；最后，由于要素市场不完善，出现大量低效投资，部分领域过度投资、造成产能过剩的现象十分突出。这些都严重影响了资源配置效率，进一步影响了技术效率的提升。李旭超发现，僵尸企业的存在导致了显著的行业层面的资源错配[1]。盖庆恩等分析了要素市场扭曲对全要素生产率的影响机制，发现要素市场扭曲不仅通过影响在位企业的资源配置效率直接降低全要素生产率，而且会通过垄断势力改变企业的进入退出行为，间接降低全要素生产率；其实证分析表明，若资本市场扭曲和劳动力市场扭曲得到改善，制造业的全要素生产率平均可以提高 57.79 个和 33.12 个百分点[2]。董昀等发现，新企业进入壁垒的持续抬升、超大型企业的日渐强势，以及政府反垄断政策的孱弱，会导致技术变革的成效难以均匀地从创

---

① 李旭超：《市场扭曲、资源错配与中国全要素生产率》，博士学位论文，浙江大学，2017 年。

② 盖庆恩、朱喜、程名望、史清华：《要素市场扭曲、垄断势力与全要素生产率》，《经济研究》2015 年第 5 期。

新巨头渗透到小企业当中，从而令技术扩散进程受阻①。李勇刚和罗海艳发现土地资源错配是制约中国产业结构升级的重要因素，土地资源错配强化了以中低端制造业为主导的产业结构刚性，抑制了产业结构从低级形态向高级形态的转变②。

体制机制障碍是要素市场出现扭曲的重要原因。赵新宇和郑国强检验了地方经济增长目标对要素市场扭曲的影响，发现地方政府为了实现经济增长目标，会通过干预信贷资源配置、扩大土地出让和压低劳动力工资等方式扭曲要素市场③。李勇刚和罗海艳指出，地方政府低价过度出让工业用地、高价限制性出让商业和住宅用地的"双二手"供地策略是土地资源错配的根源，而破除阻碍要素正常流动的各项体制机制障碍，强化制度创新，提升要素流动的市场化程度，能够有力推动要素市场发展④。李旭超发现，推动金融市场发育和国有企业改革，减小政府对市场的干预和市场分割能显著促进区域内资源配置的改善⑤。赵新宇和郑国强发现，随着金融制度、法律制度和产权制度的改善，经济增长目标对要素市场的扭曲效应将会减弱⑥。邓慧慧等以浙江"亩均论英雄"改革作为准自然实验，评估了土地资源配置制度创新对工业全要素生产率的影响及其内在机制，发现"亩均论英雄"改革将资源要素的差别化配置与"亩产效益"结合，通过

---

① 董昀、张明、郭强：《美国技术扩散速度放缓：表现、成因及经济后果》，《经济学家》2020 年第 7 期。

② 李勇刚、罗海艳：《土地资源错配阻碍了产业结构升级吗？——来自中国 35 个大中城市的经验证据》，《财经研究》2017 年第 9 期。

③ 赵新宇、郑国强：《地方经济增长目标与要素市场扭曲》，《经济理论与经济管理》2020 年第 10 期。

④ 李勇刚、罗海艳：《土地资源错配阻碍了产业结构升级吗？——来自中国 35 个大中城市的经验证据》，《财经研究》2017 年第 9 期。

⑤ 李旭超：《市场扭曲、资源错配与中国全要素生产率》，博士学位论文，浙江大学，2017 年。

⑥ 赵新宇、郑国强：《地方经济增长目标与要素市场扭曲》，《经济理论与经济管理》2020 年第 10 期。

纠正土地资源错配、提升土地利用效率以及倒逼企业创新，显著提升
了工业全要素生产率①。

四　总结与启示

本章实证考察了2007—2016年中国发明专利密集型产业发展的现
状特征、驱动因素和要素支撑情况。研究发现：第一，中国发明专利密
集型产业的规模和占比均实现了大幅增长，已经成为许多省份的支柱型
产业；第二，中国发明专利密集型产业增长率存在显著的地区差异，既
有显著的"东西差异"，也有显著的"南北差异"，且"东西差异"大
于"南北差异"；第三，中国发明专利密集型产业的增长率出现了显著
下滑，与2007—2011年相比，2012—2016年中国发明专利密集型产业
增加值、就业量和劳动生产率的增长率均出现了显著下滑；第四，中国
发明专利密集型产业增加值77.48%的增长由劳动生产率贡献，劳动生
产率是改善发明专利密集型产业地区差异和增速下滑问题的关键；第
五，中国发明专利密集型产业的物质资本和人力资本投入在不断增加，
技术水平也在不断进步，三者都推动了发明专利密集型产业劳动生产率
的增加，其中技术水平提升是最主要的驱动因素；第六，中国发明专利
密集型产业的技术效率在不断恶化，拖累了劳动生产率的增长，既是导
致劳动生产率地区增长差异的主要原因，也是导致劳动生产率增长率下
降的重要原因；第七，资金、土地、人才和技术等要素市场的发展，能
够有效提升各省份发明专利密集型产业的技术效率，进而推动劳动生产
率提升，减小劳动生产率增长的地区差异。

上述的研究结果给我们带来的启示是：首先，技术水平提升在发
明专利密集型产业劳动生产率增长中扮演核心驱动作用，说明发明专

---

① 邓慧慧、赵晓坤、李慧榕：《土地配置制度创新与工业全要素生产率：基于合成控
制法的评估》，《浙江社会科学》2021年第1期。

利密集型产业对于推动中国新旧动能转换具有重要意义，应当进一步支持发明专利密集型产业的发展。其次，技术水平的不断提升和技术效率的不断恶化，说明了中国发明专利密集型产业目前主要还是以单点创新的模式为主，局部技术效率虽有提升，但是整体的创新水平远远滞后于技术水平的提升速度，中国需要制定更加普惠性的创新政策，在鼓励创新的同时，促进地区内和地区间的学习模仿和技术流动，提升技术扩散的速度和广度，从着重技术水平提升的单轮驱动转换到技术水平和技术效率提升的双轮驱动。最后，完善资金、土地、人才、技术等要素市场，破除相关体制机制障碍，促进要素自主有序流动，不断提高要素配置效率，进一步激发全社会创造力和市场活力；围绕加快推进地区市场一体化建设的政策体系，着眼国内国际双循环，加快破除城乡地区壁垒，构建统一开放、竞争有序、制度完备、治理完善的高标准市场体系。

第三部分　政策梳理与分析

第九章 国外创新产业支持政策梳理

本章梳理了美国、德国、日本等典型创新型国家高新技术产业、战略性新兴产业和知识产权密集型产业等创新产业的支持政策。为了推动创新产业的发展，第二次世界大战以来，各主要发达国家采取了诸多支持措施。美国从20世纪50年代就开始采用政府采购等财政政策对创新产业进行支持，80年代开始又增加了税收政策和公共服务政策的支持；德国政府从70年代就开始系统性地推动国家的创新发展；日本从60年代开始对创新产业进行财政、税收、公共服务等一系列政策支持。进入21世纪，为了继续保持国家竞争优势以及持续的经济增长动力，三个国家更是积极推动创新产业发展战略（见图9－1），进一步加强政策力度，丰富措施手段，完善政策体系，为各自创新产业的发展提供了有效支撑。

一 美国

（一）政策概况

美国能够成为当前全球知识产权保护最为领先和知识产权密集型产业最为发达的国家，得益于其从开国之初便一直坚持的对知识产权保护的重视。美国1787年宪法在开篇便对作品和发明的独占权做出了明文规定，明确提出"为发展科学和实用技术，国会有权保障作者和发明人在有限的时间内对其作品和发明享有独占权"。1790年，美

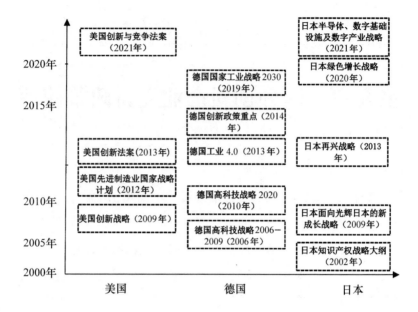

图 9 - 1　美国、德国、日本创新产业相关战略（2000—2021 年）

资料来源：笔者整理。

国第一部专利法正式出台，成为当时世界范围内最全面的专利法。专利制度的重视对美国经济发展和企业创新起到了积极的促进作用。19世纪美国所创造的财富有 85% 与发明专利直接相关。

20 世纪初，过度的专利保护造成了大公司的垄断，破坏了美国的自由竞争环境。为提升经济发展的活力，美国从 20 世纪 30 年代开始对知识产权实施弱保护策略。尽管对知识产权的弱保护对抑制专利垄断起到了积极的作用，但是在很大程度上降低了知识产权制度的效率和作用。随着时间流逝，知识产权弱保护的负面效果越来越显著，对美国的经济发展和科技创新起到了极大的阻碍作用。

20 世纪 70 年代末，随着美国经济的不断下滑，美国政府开始反思知识产权弱保护政策的弊端，政策风向开始转向对知识产权的强保护。自 20 世纪 80 年代开始，美国先后制定和颁布了 20 多部支持知识产权相关产业发展的法律，从 1976 年的《国家科学技术政策、组织和重点领域法案》、1980 年的《拜耶—杜尔专利商标法案》到 2000 年的《技术转让商业化法案》，这些法案成为美国知识产权相关产业发展的有力支撑。

2008 年国际金融危机之后，为了争夺全球制造业的领军地位，美国政府提出了再工业化的战略，先后推出了《美国创新战略》(2009)、《小企业就业法案》(2010)、《美国发明法案》(2011)、《美国先进制造业国家战略计划》(2012)、《美国创新法案》(2013)、《保护商业秘密法案》(2016) 等一系列政策，激励技术创新和产品创新，促进技术转移，增进经济效率，创造新的经济增长点。

此外，美国还在进一步强化战略性新兴产业相关领域的知识产权保护。2018 年，美国国会通过《外商投资风险审查法案》，赋予美国外商投资监管部门更大的权利，以保护对美国国家安全至关重要的技术和知识产权。在生物技术领域，根据《美国发明法案》，美国在美国国立卫生研究院（NIH）新建了一个国家转化科学促进中心（NCATS），以帮助生物医药企业缩短新药和诊疗方法商业化的时间，降低成本。同时，《美国复苏与再投资法案》等法案也高度关注新能源等新兴产业的发展，加大了投入和对相应新技术的保护。

2021 年 6 月，美国参议院通过了一揽子立法——《2021 美国创新与竞争法案》。该法案整合了此前的多个法律提案，包括《无尽前沿法案》《2021 战略竞争法案》和《2021 迎接中国挑战法案》等，旨在加强美国与中国进行技术竞争能力。

（二）具体措施

财政政策方面，20 世纪 50 年代，美国开始通过集中采购合同对高科技产业及战略性产业进行扶持，美国硅谷的发展就直接得益于政府采购政策的实施；1989 年布什政府和 1992 年克林顿政府上台后又进一步放宽了政府采购的范围和领域，进一步加强对高新技术产业的支持，鼓励在开发和生产方面的创新，强调采购对市场需求的拉动和示范作用。1992 年克林顿执政后，提出了 R&D 经费达到 GDP 占比 3% 的目标。90 年代以来，美国政府先后实施国家信息基础设施计划、高性能计算机和信息计划、国家环境战略计划等十余项高技术计划，加大对基础设施、民用技术开发投入的比例，并注意将其军用与航空航天技术转化为民用技术。2021 年，《2021 美国创新与竞争法案》计划授权约 1900 亿美元从总体上增强美国科技，包括为美国国家科学基金会、美国能源部研发能源相关供应链关键技术和美国宇航局的载人着陆系统计划拨款，以及 540 亿美元专门拨款用于增加半导体、微芯片和电信设备生产。

税收政策方面，美国政府在 20 世纪 80 年代之前采取高税率政策。1981 年里根总统签署了《经济复兴税法》，美国的高新技术产业才得到税收优惠政策的支持，1986 年美国国会颁布了《税收改革法》，1997 年美国国会又通过了《投资收益税降低法案》，进一步降低了高新技术产业的税收成本。美国政府主要采取减免税、费用扣除、投资抵免、加速折旧四项措施推动高新技术产业的发展，这些税收优惠不限定特定行业，传统行业中的 R&D 也可以依法享受美国高新技术产业税收优惠政策。

金融政策方面，美国金融市场发达，政府的金融政策使用不多，更多是市场推动。美国的知识产权融资机制由证券化、信托、融资担保等机制构成，在政府积极扶持下，以市场化为主导，配套机制完善。具体内容包括知识产权证券化、知识产权信托、知识产权融资担保、中小企业特殊融资渠道等。

公共服务政策方面，20 世纪 80 年代开始，美国政府进一步从公共服务上对高新技术产业进行支持，包括出台鼓励高新技术产业发展的法律法规（《杜拜法案》等）、成立专门的政府科技协调机构、重视教育投资和研究型人才的培养等内容。此外，80 年代起，美国开始将知识产权作为其战略手段，并从法律和政策的层面完善知识产权制度。21

世纪以来，美国专利商标局采取了一系列措施优化知识产权相关制度，主要措施包括以下四点：一是优化专利申请及审查制度，实行先发明原则和实质审查制度，将专利权授予最先完成发明的人，而不是最先提交申请的人。对所有申请的专利都要进行形式审查和实质审查，在专利申请阶段不公开申请内容，只有在专利授权后才予以公布。二是鼓励技术转移与商业化，先后出台了《国家技术转让与促进法》《技术转让商业法》《联邦技术转让商业化法》《拜耶—杜尔专利商标法案》等一系列法律推动产业创新，从法律层面对技术转移和商业化进行激励。三是扩大专利保护客体，将许多新兴领域纳入到专利保护的范畴。四是将知识产权保护与对外贸易挂钩，美国国会通过了《贸易和竞争综合法》，设定了"特别301条款"专门进行知识产权贸易保护。

二　德国

（一）政策概况

德国是全球制造业领域的创新典型。从20世纪70年代起，德国政府开始系统性地推动国家的创新发展，先后出台了《中小企业促进法》《中小企业增加就业法》等法律，并发布了多项针对科技研发的支持政策，为私营部门的研发活动创造了良好的条件和基础设施，有力保障了德国的全球竞争力。

作为制造业强国，德国多数产业集中在全球价值链的上游，在研发、设计方面创造着较高的产业附加值。但是21世纪后，德国工业制造业的优势不断面临新的挑战。从外部来看，中国等新兴经济体的工业水平快速提高，在全球价值链上逐步从中端向两端攀升，同时美欧等发达经济体也在通过国家工业政策实施"再工业化"；从内部来看，德国面临着路径依赖锁定效应的负面影响。

为应对新时期的挑战，2006年，德国政府打破了以往只重视秩序政策和过程政策的传统，开始将注意力转移到具体的产业政策上，制定了《德国高科技战略（2006—2009 年）》，重点扶持包括能源、健康和生物技术在内的 17 个未来新兴领域，旨在将德国重新带回全球创新领导者行列。

2010 年，德国政府推出了《德国高科技战略 2020》，挑选了气候和能源、健康和食品、交通工具、安全和通信五大领域作为"未来项目"（future project）重点支持。2013 年，德国政府提出"工业 4.0"战略，作为《德国高科技战略 2020》的一部分，强调价值链数字化以及价值链横向与纵向的融合，推进"信息—物理"融合系统在物联网和服务网络上的应用。2014 年，德国政府发布题为《新高科技战略——为德国而创新》（*Die neue Hightech-Strategie：Innovationen für Deutschland*）的报告，强化对跨行业的创新产业的支持，并提出了新的创新促进政策工具。

2017 年，德国联邦经济与能源部发布《创新政策重点》，提出了到 2025 年研发强度达 3.5%、企业创新比例达 50%、创业投资占GDP 比重达 0.06% 的目标。《创新政策重点》指出，德国将大力推进中小企业创新和数字化，并使德国在关键技术领域未来处于领先地位。一方面，对不同技术方向持开放态度，由企业自主决定技术投资方向，通过促进各类创新、刺激创业、加快数字化、加大公共创新采购、开展创新友好型监管，使更多创新潜力成为可能。另一方面，为占领未来世界科技领先地位，将加强产学研合作，发展"工业 4.0"，完善质量保证基础设施，考虑部分借鉴美国国防高级研究计划局（DARPA），新设德国战略性创新中心，并着重发展微电子、人工智能、生物技术、量子技术四大关键技术①。

---

① http：//views. ce. cn/view/ent/201712/06/t20171206_ 27122329. shtml#：~：text = %E4% B8% BA% E4% BD% BF% E5% BE% B7% E5% 9B% BD% E6% 99% 8B% E5% 8D% 87% E5% 85% A8% E7% 90% 8306% 25% E7% 9A% 84% E7% 9B% AE% E6% A0% 87% E3% 80% 82.

2019 年，德国联邦经济与能源部发布《国家工业战略 2030》（*Nationale Industriestrategie 2030*），旨在有针对性地扶持重点工业领域，进一步提高德国的创新能力，以在新一轮世界产业竞争中保持德国的领先地位。

（二）具体措施

财政政策方面，一方面，德国政府结合欧盟"里斯本战略规划"和"欧洲 2020"发展计划，在 2000—2013 年为德国高科技战略发展投入了 140 亿欧元。另一方面，德国政府的科研投入，已经从 2004 年的 75 亿欧元提高到 2018 年的 320 亿欧元；自 2018 年起，除原有高校科研经费外，德国政府每年额外投入 3.85 亿欧元专门资助精英大学开展科学研究；2021—2030 年，德国政府对主要从事基础研究的马普学会、亥姆霍兹联合会等研究机构的资助每年递增 3%。

税收政策方面，德国早在 1984 年便开始实行针对中小企业的税收优惠政策，相关政策主要包括对大部分中小手工业企业免征营业税；将中小企业设备折旧率从 10% 提高到 20%；中小企业所得税下限降低到 19%。通过各种税收优惠，德国中小企业一般可减少一半以上的税收。2019 年 5 月，德国联邦政府决定，自 2020 年 1 月 1 日起在德国实行研究税收补贴，这一研究税收补贴适用于所有规模的企业，补贴额度为企业自身研究和委托研究中研发人员费用的 25%，每个企业每年最高获得 50 万欧元补贴[①]。

金融政策方面，德国建立了以德国复兴信贷银行（KFW）和 18 家州立担保银行等开发性金融机构为主导的金融服务体系，广泛参与商业金融。KFW 银行利用国家信贷支持发行债券，筹集低成本资金，

---

① http://www.casisd.cn/zkcg/ydkb/kjzcyzxkb/kjzczxkb2019/kjzczx201907/201910/t20191015_ 5408051.html.

然后将资金批发给中小银行，并为实施政府银行信贷的项目提供技术援助。此外，德国建立了公私合营的风险投资基金。2005 年，德国联邦政府、德国 KFW 银行集团、巴斯夫公司、德国电信和西门子公司共同设立了高科技创业基金（HTGF），为德国的高科技企业提供创新融资，截至目前，HTGF 旗下已经拥有 3 支子基金，基金总额达到 8.95 亿欧元，为机器人技术、物联网、能源、医疗及生物技术、化学、软件开发等领域的 600 余家德国初创企业提供了融资支持，撬动近 300 亿欧元的社会资金，成为德国最为活跃的初创企业投资者①。此外，德国政府还通过"欧洲复兴计划创新项目"（ERP）为中小型科技企业提供长期低息贷款，为专注于技术或服务研发的初创型企业提供必要的资金保障。

公共服务政策是德国推动创新产业发展的核心政策，主要包括以下三点：一是为技术创新提供完善的市场制度框架。德国将公平竞争的市场环境视作推动创新的决定性力量，将维护市场秩序视作政府的主要责任，先后制定并完善了《反对不正当竞争法》《反垄断法》《反对限制竞争法》等法律，禁止企业的不正当竞争行为，并维护中小企业平等竞争的市场地位。这些法律和其他相关法律一起构成系统、完善且行之有效的公平竞争法律体系。二是致力于建设完善科技公共服务体系。在大力支持基础性研究的同时，德国政府还致力于建设完善的科技公共服务体系，建立了史太白经济促进基金会（Stein-beis Foundation）等技术转移中心和弗劳恩霍夫协会（Fraunhofer-Ge-sellschaft）等中介服务结构，作为全国性的技术交易平台和综合性科技服务公共平台，为企业提供无偿服务。技术转移中心分布在德国各地，负责开展技术供需信息的收集和咨询、技术咨询和服务、交易项目的受理与评估、寻找合作伙伴、专利保护咨询等服务。三是积极支

---

① https://www.htgf.de/en/about-us/.

持创新联盟与创新集群的发展。德国先后制订实施了"创新联盟计划""创新联盟促进计划"和"创新网络计划"等诸多联盟政策，并对产业技术创新联盟给予多方位的支持和资助，还建立合作联盟网站为联盟的合作、交流、发展和服务提供平台，推动创新主体积极合作建立产业技术创新联盟。

三 日本

（一）政策概况

日本是由追赶型经济向创新型经济转型的典型国家。20 世纪 50 年代初，日本政府提出了"贸易立国"战略，大搞加工贸易，从国外大量进口廉价的资源和能源，向国外大量出口工业制成品和机械设备。通过大量引进美欧先进技术，在消化吸收的基础上进行二次开发，日本在工业品制造方面逐渐建立起了自己的世界优势。

20 世纪 60 年代，日本开始实现历史罕见的持续高速增长，跻身于发达经济大国行列，但是日本经济发展水平与美欧国家的差距仍较大，美欧国家涌现出大量应用新技术的新兴产业部门，为了缩小与发达国家的差距，1960 年 12 月，日本池田内阁提出《国民收入倍增计划》，提出了促进产业结构高级化的目标，并改变出口商品结构，形成以附加值高的重化学工业品出口为主的出口结构，以增加外汇收入，增加国民财富。

20 世纪 80 年代，日本政府提出了"技术立国"战略，开始从技术模仿走向技术创新。1995 年，日本颁布了《科学技术基本法》，将"技术立国"战略升级为"科技创新立国"战略，产业创新内容从改进型技术（以外观设计为主）向独立的发明创造转变。《科学技术基本法》成为指导日本发展科学技术的纲领性法律，日本政府以此为纲领每 5 年制订一期《科学技术基本计划》，提出人才、基础研究、科技创新、重点技术、国际合作等科技发展战略，2021 年该计划已经进入第六期（2015—2021 年）。

20 世纪 90 年代，随着美欧等发达国家在知识产权方面给日本施加的压力不断增大，日本在信息技术等高新技术领域渐渐落后，在劳动密集型产品和传统工业方面又面临着亚洲新兴工业国家和地区的竞争，其经济陷入了长期的低迷。为了振兴经济，日本再次进行了国家的战略调整。2002 年 7 月，日本颁布了《知识产权战略大纲》，成为世界上第一个以战略大纲的形式对知识产权战略进行系统规划的国家。作为一项举国战略性的知识产权政策，该大纲立足于实现知识产权立国，从知识产权的创造、保护、应用以及人才培养等层面系统构筑国家知识产权战略的基本体系。2002 年 12 月，日本国会又通过了《知识产权基本法》，以法律形式将知识产权从部门主管的事务上升到国家性事务的高度，为知识产权战略的实施提供法律保障。2003 年，日本开始推出《知识产权推进计划》，作为落实知识产权立国方针的重要举措。该计划为日本的知识产权文化建设提供宏观政策指引和总体规划，是指导日本年度战略工作开展的纲领性文件。计划从知识产权的创造、知识产权的保护、知识产权的运营、知识产权的人才等方面提出了明确具体的推进措施，并针对各项措施安排了具体负责的政府部门。目前该计划已经更新至《知识产权推进计划 2019》。

2009 年，日本推出了《面向光辉日本的新成长战略》，提出要充分发挥日本的优势，推动环境能源和健康（包括医疗、护理、医药）两大方向的产业发展，重点发展环保型汽车、电力汽车、医疗与护理、文化旅游和太阳能发电等产业。2013 年，日本正式出台"日本再兴战略"并通过了《产业竞争力强化法案》，着力通过产业振兴、刺激民间投资、放宽行政管制和扩大贸易自由化提升日本的产业竞争力。

2020 年 12 月，日本经济产业省发布了《绿色增长战略》，确定了日本到 2050 年实现"碳中和"目标，以此来促进日本经济的持续复苏，战略针对包括海上风电、燃料电池、氢能等在内的 14 个产业提出了具体的发展目标和重点发展任务。

2021 年 6 月，日本经济产业省宣布已完成对日本半导体、数字基础设施及数字产业战略的研究汇总工作，确立了以扩大日本国内生产能力为目标的半导体数字产业战略。根据这一战略，日本将加强与海外合作，联合开发尖端半导体制造技术并确保生产能力；将加快数字投资，强化尖端逻辑半导体设计和开发；将促进绿色创新；优化国内半导体产业布局，加强产业韧性。

（二）具体措施

财政政策方面，日本主要通过财政补贴、政府采购和科技支出等方式支持创新产业发展。第一，日本政府历来重视通过财政预算拨款对符合政策规定的企业提供财政补贴。例如，为了推动新能源产业的发展，日本政府逐年增加对节能技术产品研发和应用的财政补贴，2020 年 12 月，日本政府制订了一项价值 73.6 万亿日元的新经济刺激计划，其中包括价值约 40 万亿日元的财政补贴。第二，明确政府采购目录清单，助推日本新兴企业加速发展。例如，日本在振兴汽车产业时规定，政府单位必须 100% 购买国产车，驻外公司汽车零件的 30% 须在日本采购，其他产品外商采购的比例不得超过总金额的 20%，通过这样的政府采购，日本的新兴产业获得了长足的发展空间。第三，日本政府通过科技支出支持基础研究等科技创新活动，早在 1971 年，日本政府便提出了在 20 世纪 70 年代将研发经费提高到占当年 GDP 比例 3% 的目标，虽然因为世界经济下滑的影响未能实现，但在 1975 年依然达到了 2.11% 的占比，超过了当时英国、法国两国研发费用的总和，同时，日本基础研究的经费也在不断增加，到 1987 年时已占到研发总经费的 14.5%，但是 20 世纪 90 年代以后，由于日本经济的下滑和日本财政收入的减少，日本的科技预算从 1996 年开始基本没有太大的增长，前后 5 期的投资计划也基本没有完成。

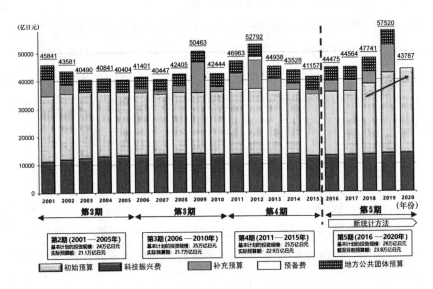

图 9 - 2　日本政府历年科技预算（2001—2020 年）

资料来源：日本内阁府"科技相关预算 2020 年度初始预算案，2019 年度补充预算概要"，ht-tps：//www. keguanjp. com/kgjp_ keji/kgjp_ kj_ etc/pt20 200220000002. html。

税收政策方面，日本的税收优惠主要集中在信息产业、中小企业，包括优惠税率、税收抵免、加速折旧以及对天使投资的税收优惠等。如在优惠税率方面，日本税法规定，对资本总额在 1 亿日元以下的中小企业法人，所得额超过 800 万日元的部分征收 37.5% 的法人税，所得额低于 800 万日元的部分，按 28% 征税；对具有公益法人性质的中小企业的年度所得按 27% 征税。在加速折旧方面，中小企业进行设备现代化改造，可实行特别折旧，第一年可提 30%，对新兴产业的设备使用期限缩短到 4—5 年。

金融政策方面，日本是较为典型的"银行主导型"金融体制，银行的间接融资占科技企业总融资的 40%，因此日本针对创新产业的金融支持政策主要是通过银行机构实现的。一方面，日本政府建立了一系列政策性金融机构，如国民金融公库、中小企业金融公库、商工组合中央公库、环境卫生金融公库等，介入科技型中小企业的融资活动，扶持科技型中小企业发展。另一方面，日本的银行根据政府各个时期制定的法律向电子等基础工业、新兴工业部门及重点产业部门提供优惠贷款。此外，日本政府还采取了一系列措施推动风险投资的发展，拓宽科技型企业的融资渠道。早在 1963 年，日本政府便按照《中小企业投资育成公司法》，在东京、名古屋和大阪设立了风险投资公司、中小投资育成公司；1997 年，日本制定《天使投资税制》，促进各类风险资本不断投入风险投资领域，保证了科技型企业多元化的资金来源；2009 年，日本政府根据《促进工业振兴和其他促进日本工业活动创新的特别措施法》，成立株式会社产业革新机构（IN-CJ），为创新型企业提供大额资金支持。

公共服务政策方面，一方面，日本政府以产业发展为导向建构了完备的知识产权法律制度体系。目前，日本已形成以《知识产权基本法》为基础，以《版权法》《专利法》《实用新型法》《外观设计法》《集成电路布图设计法》等多部法律为主体，辅之以大量的知识产权产业立法的较为系统的知识产权法律制度体系。另一方面，日本建立了系统的产学政合作体系，积极推动技术转移和商业化。1998 年，日本颁布了《大学技术转移促进法》，推动大学、研究院所设立创业企业或衍生公司，促使大学和研究机构设立孵化器，提供新设公司必要资金，扩展研究机构与私人企业间的合作计划等；随后，日本建立了筑波科学城和关西科学城等两大科学城，以及一系列跨学科研究领域创新中心、尖端创新中心、研发和展示基地等产学政合作平台，推动创新人力资源在不同组织（大学、科研院所、企业）之间循环流动，以促进科技成果的有效转化。此外，日本政府还通过一系列措施提升知识产权资产的利用，具体包括加强政府研发项目的知识资产管理、提升专利信息的检索和提供能力、建设加速审查系统、提升专利审查系统能力、应对商业变化启动集合审查、向大学提供专家支持、开展避免知识产权泄露培训、大力推进专利标准化和国际专利合作等。

四　总结

综合分析美国、德国、日本等代表性国家创新产业的支持政策状况，能够发现以下三点趋势特征。

第一，各国均综合使用财政、税收、金融、公共服务四种政策，并依据自身市场特点各有侧重。美、德、日综合采用财政、税收、金融和公共服务四类政策对高新技术企业、中小企业或知识产权相关企业的发展进行支持。财政政策包括财政直接投入、财政补贴、政府采购和财政担保四方面的内容；税收政策主要包括费用扣除、税收信贷、税率优惠、加速折旧、技术研发准备金提取等内容；金融政策涵盖了多元资本市场的构建、直接融资工具的创新、间接融资渠道的开拓和优惠等多个层面的内容；公共服务政策涵盖了法律、产业孵化、咨询、管理、资源、技术、人才等多个方面。从政策侧重来看，美国金融市场发达，对中小企业、高新技术企业和知识产权相关企业的金融支持主要由市场主导，政府只起部分推动作用，因而政策主要集中在财政、税收和公共服务方面。德国在公共服务政策方面更多依赖其独具特色的产业园区，产业园区包括高新技术工业园区、高新技术研究园区、科技企业创新中心，分别侧重于提供技术研发支撑、促进科技成果转化和企业培育。日本则在税收政策和金融政策方面进行了广泛的布局，税收政策覆盖了知识产权从生产到转化的各个阶段，金融政策方面则依托政策性银行、产业基金等对相关产业的发展进行定向支持。

第二，各国政策手段逐渐趋同，公共服务政策成为重点。20世纪90年代以前，虽然各国在创新产业支持政策的选择上大多以财政或税收政策为主，但是差异化较为明显；90年代开始，各国在政策的选择上出现了明显的趋同性，在继续使用财政和税收政策的同时，政策重点更多转向服务型政策，公共服务政策逐渐成为几项政策中的重点和核心政策。

第三，各国产业政策的力度和多样性均有增强趋势。20世纪80年代以来，美国、德国、日本等国陆续将高新技术的发展和知识产权战略上升为国家战略，因而在政策的力度上和多样性上都在逐渐加强。财政政策方面，美国、德国和日本研发投入的GDP占比提升力度都很大，政府的财政支持范围也基本涵盖了从研发到最终成果商业化的各个阶段；税收政策方面，三国进一步加大了税收优惠的力度和范围，例如通过立法多次降低高新技术企业的税率，将对高新技术企业的税收优惠扩大到对高新技术人才的税收激励等；公共服务政策方面，各国陆续通过多项法律，对相关支持措施进行完善，公共服务政策的内容从政府支持机构的建立、产业园区的设立，扩大到人才政策的支持、产学研政策的推动，国际知识产权保护的合作等多个方面。

第十章　中国创新产业支持政策梳理

中国在 1988 年发布了《国家高新技术产业化发展计划》，2010 年发布了《国务院关于加快培育和发展战略性新兴产业的决定》，2014 年发布了《深入实施国家知识产权战略行动计划（2014—2020 年)》。这些战略和规划的制定和实施，使中国基本形成了以高新技术产业、战略性新兴产业和知识产权密集型产业为核心的创新产业支持政策体系。在这些政策中，有一些是通用性的政策，如知识产权相关政策，有一些则是专门针对各类创新产业的专项政策。整体上看，高新技术产业已经形成了较为系统的政策体系，战略性新兴产业的政策体系也在快速推进，但是知识产权密集型产业还缺少系统性的专项政策。本章先对中国知识产权相关政策进行梳理，再对各类创新产业的专项政策进行说明。

表 10－1　　　　　　　中国创新产业代表性政策文件

类型	高新技术产业	战略性新兴产业	知识产权密集型产业
通用性法律法规	◇《中华人民共和国专利法》 ◇《中华人民共和国商标法》 ◇《中华人民共和国著作权法》 ◇《计算机软件保护条例》 ◇《中华人民共和国种子法》 ◇《中华人民共和国植物品种权保护条例》 ◇《中华人民共和国产品质量法》 ◇《地理标志产品保护规定》 ◇《中华人民共和国科学技术进步法》 ◇《国家科学技术奖励条例》 ◇《中华人民共和国反不正当竞争法》 ◇《实施国际著作权条约的规定》 ◇《中华人民共和国知识产权海关保护条例》		

续表

类型	高新技术产业	战略性新兴产业	知识产权密集型产业
通用性政策	◇《国务院关于印发国家知识产权战略纲要的通知》（国发〔2008〕18 号） ◇《深入实施国家知识产权战略行动计划（2014—2020 年）》（国办发〔2014〕64 号） ◇《国务院关于新形势下加快知识产权强国建设的若干意见》（国发〔2015〕71 号） ◇《"十三五"国家知识产权保护和运用规划》（国发〔2016〕86 号） ◇《国务院办公厅关于印发知识产权综合管理改革试点总体方案的通知》（国办发〔2016〕106 号） ◇《关于强化知识产权保护的意见》（中办发〔2019〕56 号） ◇《知识产权强国建设纲要（2021—2035 年）》		
专项规划和指导意见	◇《国家高新技术产业开发区技术创新纲要》（国科发火字〔2005〕16 号） ◇《国家高新技术产业开发区"十三五"发展规划》（国科发高〔2017〕90 号） ◇《国务院关于促进国家高新技术产业开发区高质量发展的若干意见》（国发〔2020〕7 号）	◇《国务院关于加快培育和发展战略性新兴产业的决定》（国发〔2010〕32 号） ◇《"十三五"国家战略性新兴产业发展规划》（国发〔2016〕67 号） ◇《关于扩大战略性新兴产业投资 培育壮大新增长点增长极的指导意见》（发改高技〔2020〕1409 号）	—
专项政策措施	◇《国家高新技术产业开发区若干政策的暂行规定》（国发〔1991〕12 号） ◇《国家高新技术产业开发区管理暂行办法》（国科发火字〔1996〕061 号） ◇《国家高新技术产业开发区创新驱动战略提升行动实施方案》（国科发火〔2013〕388 号） ◇《高新技术企业认定管理办法》（国科发火〔2016〕32 号）	◇《新兴产业创投计划参股创业投资基金管理暂行办法》（财建〔2012〕668 号） ◇《关于进一步鼓励软件产业和集成电路产业发展企业所得税政策的通知》（财税〔2012〕27 号） ◇《战略性新兴产业专项债券发行指引》（发改办财金〔2015〕756 号） ◇《关于加快推进战略性新兴产业产业集群建设有关工作的通知》（发改高技〔2019〕1473 号） ◇《新时期促进集成电路产业和软件产业高质量发展的若干政策》（国发〔2020〕8 号）	◇《国家知识产权试点示范园区管理办法》（国知发管字〔2016〕43 号） ◇《国家知识产权示范企业培育工作方案》和《国家知识产权优势企业培育工作方案》（国知办发管字〔2015〕10 号）

资料来源：笔者整理。

一　知识产权相关政策

（一）政策概况

中国知识产权保护工作在中华人民共和国成立后不久就开始了。1950 年，中国颁布了《保障发明权与专利权暂行条例》《商标注册暂行条例》等知识产权法规，对实施专利、商标制度作出了初步探索。党的十一届三中全会以后，中国知识产权工作逐步走上正规化轨道。党的十八大以来，以习近平同志为核心的党中央把知识产权保护工作摆在更加突出的位置，作出一系列重大部署，使中国知识产权事业实现了较大发展和提升。

在顶层设计方面，中国制定了《中华人民共和国专利法》《中华人民共和国商标法》《中华人民共和国著作权法》《计算机软件保护条例》《中华人民共和国种子法》《植物品种权保护条例》《中华人民共和国产品质量法》《地理标志产品保护规定》《中华人民共和国科技进步法》《国家科学技术奖励条例》《中华人民共和国反不正当竞争法》《实施国际著作权条约的规定》《知识产权海关保护条例》等法律法规及一系列部门规章，基本建立起符合国际通行规则、门类较为齐全的知识产权法律制度，实现了专利、商标、地理标志等知识产权的全方位、立体化保护。此外，国家先后发布了《国家知识产权战略纲要》《深入实施国家知识产权战略行动计划（2014—2020 年）》《关于新形势下加快知识产权强国建设的若干意见》《"十三五"国家知识产权保护和运用规划》《知识产权综合管理改革试点总体方案》《关于强化知识产权保护的意见》等重要文件，知识产权保护运用工作的顶层设计日益完善。

2021 年 3 月，《中华人民共和国国民经济和社会发展第十四个五年规划和 2035 年远景目标纲要》（以下简称《"十四五"规划》）发布，其中提及知识产权相关内容是历次规划中最多的一次。在创新驱动发展篇中，《"十四五"规划》将"健全知识产权保护运用体制"单独作为一节，部署了实施知识产权强国战略等重大任务。其他相关部分中，也有许多涉及知识产权内容，包括对鼓励金融机构发展知识产权质押融资、加强中央在知识产权保护方面事权、支持香港建设区域知识产权贸易中心等进行了专门部署。

2021年9月，中共中央、国务院印发了《知识产权强国建设纲要（2021—2035年）》，为统筹推进知识产权强国建设，全面提升知识产权创造、运用、保护、管理和服务水平，充分发挥知识产权制度在社会主义现代化建设中的重要作用，提出了"建设面向社会主义现代化的知识产权制度、建设支撑国际一流营商环境的知识产权保护体系、建设激励创新发展的知识产权市场运行机制、建设便民利民的知识产权公共服务体系、建设促进知识产权高质量发展的人文社会环境、深度参与全球知识产权治理"等一系列措施，并提出了"到2025年，知识产权强国建设取得明显成效，知识产权保护更加严格，社会满意度达到并保持较高水平，知识产权市场价值进一步凸显，品牌竞争力大幅提升，专利密集型产业增加值占GDP比重达到13%，版权产业增加值占GDP比重达到7.5%，知识产权使用费年进出口总额达到3500亿元，每万人口高价值发明专利拥有量达到12件和"到2035年，我国知识产权综合竞争力跻身世界前列，知识产权制度系统完备，知识产权促进创新创业蓬勃发展，全社会知识产权文化自觉基本形成，全方位、多层次参与知识产权全球治理的国际合作格局基本形成，中国特色、世界水平的知识产权强国基本建成"的知识产权发展目标。

这些规划或者意见在知识产权制度建设和环境培育方面给予了重点关注，也包含了各类投融资改革、政府管理方式改革等配套措施。这些制度性措施实际上减少了知识产权密集型产业发展的交易成本，间接起到了促进知识产权密集型产业发展的作用。

第七章　完善科技创新体制机制

第二节"健全知识产权保护运用体制"专节

实施知识产权强国战略，实行严格的知识产权保护制度，完善知识产权相关法律法规，加快新领域新业态知识产权立法。加强知识产权司法保护和行政执法，健全仲裁、调解、公证和维权援助体系，健全知识产权侵权惩罚性赔偿制度，加大损害赔偿力度。优化专利资助奖励政策和考核评价机制，更好保护和激励高价值专利，培育专利密集型产业。改革国有知识产权归属和权益分配机制，扩大科研机构和高等院校知识产权处置自主权。完善无形资产评估制度，形成激励与监管相协调的管理机制。构建知识产权保护运用公共服务平台。

——《"十四五"规划》知识产权相关专节

表 10 - 2　　　　中国知识产权密集型产业重要政策文件

序号	政策文件	文号/年份
1	《国务院关于印发国家知识产权战略纲要的通知》	国发〔2008〕18 号
2	《国务院办公厅关于转发知识产权局等单位深入实施国家知识产权战略行动计划（2014—2020 年）的通知》	国办发〔2014〕64 号
3	《国务院关于新形势下加快知识产权强国建设的若干意见》	国发〔2015〕71 号
4	《国务院关于印发"十三五"国家知识产权保护和运用规划的通知》	国发〔2016〕86 号
5	《国务院办公厅关于印发知识产权综合管理改革试点总体方案的通知》	国办发〔2016〕106 号
6	《关于强化知识产权保护的意见》	中办发〔2019〕56 号
7	《知识产权强国建设纲要（2021—2035 年)》	2021 年

资料来源：笔者整理。

（二）具体措施

为了强化知识产权保护，加入世贸组织以来，中国先后多次修订专利法、商标法和著作权法等法律，基本形成了知识产权"严保护"的法律制度体系。此外，中国已加入几乎所有主要的知识产权国际公约，与全球80多个国家和地区以及国际组织建立了知识产权合作关系，知识产权保护国际合作不断加强；在北京、上海、广州、海南等地设立知识产权法院，在南京、武汉、深圳等地成立知识产权法庭，最高人民法院挂牌成立知识产权法庭，审理全国范围内知识产权上诉案件，建成了知识产权专业化审判体系；调整知识产权执法监管机制，组建了国家市场监督管理总局，将商标、专利等执法职能统一由市场监管执法队伍承担，进一步加强了知识产权执法监管力度；在全国建立了36家知识产权保护中心，完善快速授权、快速确权、快速维权的协调联动机制，为社会提供便捷、高效、低成本的维权渠道①。

为了强化知识产权的转化运用，国务院进行机构改革，重新组建了国家知识产权局，实现了专利、商标、地理标志等知识产权类别的集中统一管理；颁布了《关于新形势下加快建设知识产权信息公共服务体系的若干意见》（国知发服字〔2019〕46号）、《关于提升高等学校专利质量促进转化运用的若干意见》（教科技〔2020〕1号）、《关于推动科研组织知识产权高质量发展的指导意见》（国知发运字〔2021〕7号）、《关于深化知识产权领域"放管服"改革优化创新环境和营商环境的通知》（国知发服字〔2021〕10号）、《国家知识产权局办公室关于加强专利导航工作的通知》（国知办发运字〔2021〕30号）、《关于进一步加强知识产权质押融资工作的通知》（银保监发〔2019〕34号）、《知识产权质押融资入园惠企行动方案（2021—

---

① 求是网，http：//www.qstheory.cn/dukan/qs/2021-01/31/c_1127044323.htm。

2023 年)》（国知发运字〔2021〕17 号）、《关于实施专利转化专项计划助力中小企业创新发展的通知》（财办建〔2021〕23 号）等一系列政策文件；围绕优势产业发展，开展产业专利导航，积极培育高价值专利；完善知识产权服务链条，引导产业知识产权联盟建设，构建产业知识产权运营体系；对知识产权转移转化给予财政金融支持。

二　高新技术产业专项政策

（一）政策概况

20 世纪 70 年代，以美国为首的发达国家利用信息、生物、装备制造等领域的技术进步，积极推进高新技术产业化。为了在全球经济竞争中不掉队，中国在 1988 年提出“火炬计划”，将高新技术产业列入国家发展计划。该计划是中国在 20 世纪末为迎接世界性新技术革命的挑战，促进高新技术产业化，使国民经济保持健康、快速、持续稳定发展而制定的战略。

高新技术产业是改革开放后中国明确从国家层面培育发展的第一类创新产业。从 20 世纪 80 年代开始，中国在高新技术产业领域发布了一系列政策（见表 10 - 3），经过 30 多年的发展，已经形成了以高新技术产业开发区为核心，以中央和地方两个层面为支撑，涵盖企业和园区两类主体的支持政策体系。国家负责制定包括高新技术企业的税收优惠政策和高新技术产业开发区的总体发展规划在内的一般性政策；地方政府和开发区则一方面负责落实国家一般性政策，另一方面以培育适宜产业发展的营商环境和产业集群为主要政策导向，制定地方性政策。数据显示，2010 年，中国有 83 家国家级高新技术产业开发区和 3.2 万家高新技术企业；2019 年，国家级高新技术产业开发区和高新技术企业数量分别增长到 169 家和 21.9 万家。① 2019 年，

---

① 笔者依据《中国火炬统计年鉴》相关数据整理。

169 家国家级高新技术产业开发区实现生产总值 12.2 万亿元，上缴税费 1.9 万亿元，分别占国内生产总值的 12.3%、占国家总税收收入的 11.8%。①

2020 年 7 月，国务院发布的《关于促进国家高新技术产业开发区高质量发展的若干意见》（以下简称《国家高新区高质量发展意见》）明确提出，继续坚持"发展高科技、实现产业化"方向，以深化体制机制改革和营造良好创新创业生态为抓手，以培育发展具有国际竞争力的企业和产业为重点，以科技创新为核心着力提升自主创新能力，围绕产业链部署创新链，围绕创新链布局产业链，培育发展新动能，提升产业发展现代化水平，将国家高新区建设成为创新驱动发展示范区和高质量发展先行区。

2021 年 3 月，《"十四五"规划》发布，要求"强化国家自主创新示范区、高新技术产业开发区、经济技术开发区等创新功能"。

表 10 – 3 　　　　　　　中国高新技术产业重要政策文件

序号	政策文件	文号/年份
1	《国家高新技术产业化发展计划》	1988 年
2	《关于深化高新技术产业开发区改革，推进高新技术产业发展的决定》	1991 年
3	《高新技术产业开发区评价指标体系（试行）》	1999 年
4	《科学技术部关于印发〈关于加速国家高新技术产业开发区发展的若干意见〉的函》	国科发火字〔1999〕302 号
5	《科技部关于印发〈国家高新技术产业开发区高新技术企业认定条件和办法〉的通知（2000 修订)》	国科发火字〔2000〕324 号

① 新华社：《2019 年 169 家国家高新区 GDP 占全国总量的 12.3%》，2020 – 07 – 23，www. xinhuanet. com/fortune/2020 – 07/23/c_ 1126277983. htm。

续表

序号	政策文件	文号/年份
6	《国家高新技术产业开发区"十五"和2010年发展规划纲要》	国科发高字〔2001〕343号
7	《科学技术部关于进一步支持国家高新技术产业开发区发展的决定》	国科发火字〔2002〕32号
8	科学技术部关于印发《关于国家高新技术产业开发区管理体制改革与创新的若干意见》的通知	国科发政字〔2002〕61号
9	科学技术部关于印发《国家高新技术产业开发区技术创新纲要》的通知	国科发火字〔2005〕16号
10	科学技术部、国家发展改革委、国土资源部、建设部关于印发《促进国家高新技术产业开发区进一步发展增强自主创新能力的若干意见的通知》	国科发高字〔2007〕152号
11	科学技术部关于印发《关于进一步加强火炬工作促进高新技术产业化的指导意见的通知》	国科发火〔2011〕259号
12	科学技术部关于印发《国家高新技术产业开发区创新驱动战略提升行动实施方案的通知》	国科发火〔2013〕388号
13	科技部关于印发《国家高新技术产业开发区"十三五"发展规划》的通知	国科发高〔2017〕90号
14	《国务院办公厅关于推进农业高新技术产业示范区建设发展的指导意见》	国办发〔2018〕4号
15	《国务院关于促进国家高新技术产业开发区高质量发展的若干意见》	国发〔2020〕7号

资料来源：笔者整理。

（二）具体措施

在税收政策方面，《中华人民共和国税收征收管理法》《中华人民共和国税收征收管理法实施细则》《高新技术企业认定管理办法》《企业所得税法》等文件规定了针对高新技术企业的税收优惠标准：在企业所得税方面，高新技术企业可享受税率为15%的企业所得税，比一般企业低10个百分点；在进出口税方面，对企业为生产《国家新技术产品目录》中产品而进口的设备，免征关税和进口环节增值税；对企业直接用于科学研究、科学试验和教学的进口仪器、设备购置，免征增值税；企业由于技术进步等原因而投入的固定资产，确需加速折旧的，可以缩短折旧年限或者采取加速折旧的方法。

在金融政策方面，《国家高新区高质量发展意见》提出了以下措施：鼓励商业银行在国家高新区设立科技支行。支持金融机构在国家高新区开展知识产权投融资服务，支持开展知识产权质押融资，开发完善知识产权保险，落实首台（套）重大技术装备保险等相关政策。大力发展市场化股权投资基金，引导创业投资、私募股权、并购基金等社会资本支持高成长企业发展。鼓励金融机构创新投贷联动模式，积极探索开展多样化的科技金融服务。创新国有资本创投管理机制，允许园区内符合条件的国有创投企业建立跟投机制。支持国家高新区内高成长企业利用科创板等多层次资本市场挂牌上市。支持符合条件的国家高新区开发建设主体上市融资。

在土地政策方面，《国家高新区高质量发展意见》提出符合条件的国家高新区可以申请扩大区域范围和面积。省级人民政府在安排土地利用年度计划时，统筹考虑国家高新区用地需求，优先安排创新创业平台建设用地。

在管理体制机制改革方面，《国家高新区高质量发展意见》提出建立授权事项清单制度，赋予国家高新区相应的科技创新、产业促进、人才引进、市场准入、项目审批、财政金融等省级和市级经济管理权限。建立国家高新区与省级有关部门直通车制度。优化内部管理架构，实行扁平化管理，整合归并内设机构，实行大部门制，合理配置内设机构职能。鼓励有条件的国家高新区探索岗位管理制度，实行聘用制，并建立完善符合实际的分配激励和考核机制。支持国家高新区探索新型治理模式。

在营商环境方面，《国家高新区高质量发展意见》提出进一步深化"放管服"改革,加快国家高新区投资项目审批改革,实行企业投资项目承诺制、容缺受理制,减少不必要的行政干预和审批备案事项。进一步深化商事制度改革,放宽市场准入,简化审批程序,加快推进企业简易注销登记改革。在国家高新区复制推广自由贸易试验区、国家自主创新示范区等相关改革试点政策,加强创新政策先行先试。

三 战略性新兴产业专项政策

(一)政策概况

21 世纪以来,科技和产业革命不断深化,许多科学技术领域都在孕育着重大的创新突破,这为中国提供了赶超发达国家历史机遇的同时,也对中国尚未构筑起国际竞争力的新兴产业发展带来了巨大冲击;此外,2007 年次贷危机的发生使国内经济下行压力增大,中国经济同时也面临劳动力成本提高、制造业国际竞争力下降的挑战,国内急需新的产业增长点带动经济发展。为了应对国内经济发展的挑战和国际新兴产业的竞争压力,2010 年国务院出台了《关于加快培育战略性新兴产业的决定》,战略性新兴产业成为国家产业政策支持的重点。此后国务院又先后发布了战略性新兴产业的"十二五"规划和"十三五"规划,对战略性新兴产业培育发展的目标和措施给予了进一步细化。

2020 年 9 月,国家发展改革委、科技部、工业和信息化部、财政部联合印发《关于扩大战略性新兴产业投资 培育壮大新增长点增长极的指导意见》(以下简称《指导意见》),进一步推动战略性新兴产业发展。针对扩大战略性新兴产业投资,《指导意见》提出了聚焦重点产业投资领域、打造产业集聚发展新高地、增强资金保障能力三个方面的重点任务;围绕优化投资服务环境,提出了深化"放管服"

改革、优化项目要素配置、完善包容审慎监管、营造良好投资氛围等四方面政策保障措施。《指导意见》提出深入推进国家战略性新兴产业集群发展工程，综合运用财政、土地、金融、科技、人才、知识产权等政策，协同支持产业集群建设、领军企业培育、关键技术研发和人才培养等项目。

2021 年 3 月，《"十四五"规划》设专章强调"发展壮大战略性新兴产业"，要求"十四五"时期要"着眼于抢占未来产业发展先机，培育先导性和支柱性产业，推动战略性新兴产业融合化、集群化、生态化发展，战略性新兴产业增加值占 GDP 比重超过 17%"，提出"深入推进国家战略性新兴产业集群发展工程，健全产业集群组织管理和专业化推进机制，建设创新和公共服务综合体，构建一批各具特色、优势互补、结构合理的战略性新兴产业增长引擎。发挥产业投资基金引导作用，加大融资担保和风险补偿力度。在科教资源优势突出、产业基础雄厚的地区，布局一批国家未来产业技术研究院，加强前沿技术多路径探索、交叉融合和颠覆性技术供给。实施产业跨界融合示范工程，打造未来技术应用场景，加速形成若干未来产业"。

表 10 - 4　　　　　　**中国战略性新兴产业重要政策文件**

序号	政策文件	文号
1	《国务院关于加快培育和发展战略性新兴产业的决定》	国发〔2010〕32 号
2	《国务院办公厅转发知识产权局等部门关于加强战略性新兴产业知识产权工作若干意见的通知》	国办发〔2012〕28 号
3	《国务院关于印发"十二五"国家战略性新兴产业发展规划的通知》	国发〔2012〕28 号
4	《国务院关于印发"十三五"国家战略性新兴产业发展规划的通知》	国发〔2016〕67 号

序号	政策文件	文号
5	《关于加快推进战略性新兴产业产业集群建设有关工作的通知》	发改高技〔2019〕1473号
6	《关于扩大战略性新兴产业投资 培育壮大新增长点增长极的指导意见》	发改高技〔2020〕1409号

资料来源：笔者整理。

（二）具体措施

与高新技术产业相比，战略性新兴产业的支持政策还未形成完整的体系，各类政策分散在多个专项性的政策文件中。战略性新兴产业的支持政策以产业发展专项基金和行业性税收优惠为主要形式。在制定战略性新兴产业政策时面临的一个突出问题是政策对象不易确定。一方面，战略性新兴产业行业划分难以和标准产业目录匹配；另一方面，战略性新兴产业与高新技术产业在政策对象上有重复，因此，战略性新兴产业在税收优惠上多依托已有的行业政策。例如，《国务院关于印发进一步鼓励软件产业和集成电路产业发展若干政策的通知》（国发〔2011〕4号）规定了软件产业和集成电路产业适用的增值税、企业所得税等优惠政策；《中华人民共和国企业所得税法》及《〈中华人民共和国企业所得税法〉实施条例》规定，企业购买环境保护专用设备、节能节水设备投资额的10%可以从企业当年的应纳所得税额中抵免；《关于调整重大技术装备进口税收政策有关目录及规定的通知》（财关税〔2015〕51号）对"资源综合利用""节能减排""技术先进型服务企业""重大技术装备进口"等方面也规定了相应的税收优惠。

在金融支持方面，一是提高战略性新兴产业企业的直接融资比重；二是推动金融机构针对战略性新兴产业特点进行金融产品和服务创新。具体内容包括政府通过产业发展基金为战略性新兴产业提供融资支持，鼓励银行探索建立新兴产业金融服务中心或事业部，构建保险等中长期资金投资战略性新兴产业机制，制定战略性新兴产业上市公司分类指引，优化发行上市制度，加大科创板等对战略性新兴产业的支持力度，加大战略性新兴产业企业（公司）债券发行力度，支持创业投资、私募基金等投资战略性新兴产业。

在培育载体方面，国家开始强化战略性新兴产业集群的发展。2019 年，国家发展改革委下发了《关于加快推进战略性新兴产业产业集群建设有关工作的通知》（发改高技〔2019〕1473 号），在 12 个重点领域公布了第一批国家级战略性新兴产业集群建设名单，共涉及 22 个省份的 66 个集群。

四　知识产权密集型产业专项政策

（一）政策概况

知识产权密集型产业近年来刚刚起步，现阶段与之直接相关的支持政策还不多，目前主要内容为国家战略中与知识产权密集型产业发展有关的指导性意见。

2014 年，《深入实施国家知识产权战略行动计划（2014—2020年）》（国办发〔2014〕64 号）中提出"知识产权密集型产业增加值占国内生产总值的比重显著提高"的目标以及"建设一批知识产权密集型产业集聚区，在产业集聚区推行知识产权集群管理，构筑产业竞争优势"等具体举措。

2015 年，《国务院关于新形势下加快知识产权强国建设的若干意见》（国发〔2015〕71 号）提出"培育知识产权密集型产业。探索制定知识产权密集型产业目录和发展规划。引导社会资金投入知识产权密集型产业。加大政府采购对知识产权密集型产品的支持力度，试点建设知识产权密集型产业集聚区和知识产权密集型产业产品示范基地"。

2016 年，《"十三五"国家知识产权保护和运用规划》（国发〔2016〕86 号）提出"大力发展知识产权密集型产业。制定知识产权密集型产业目录和发展规划，发布知识产权密集型产业的发展态势报告。运用股权投资基金等市场化方式，引导社会资金投入知识产权密集型产业。加大政府采购对知识产权密集型产品的支持力度。鼓励有条件的地区发展知识产权密集型产业集聚区，构建优势互补的产业协调发展格局。建设一批高增长、高收益的知识产权密集型产业，促进产业提质增效升级"。

2020 年，《关于做好 2020 年知识产权运营服务体系建设工作的通知》（财办建〔2020〕40 号）提出"建立并实施城市专利密集型产业增加值、地理标志产品产值统计制度；开展专利密集型产品认定试点，完善政府采购等扶持政策，认定一批知识产权自主性和竞争力较强的专利密集型产品"。

2021 年 9 月，中共中央和国务院印发《知识产权强国建设纲要（2021—2035 年）》，指出要"打通知识产权创造、运用、保护、管理和服务全链条，更大力度加强知识产权保护国际合作，建设制度完善、保护严格、运行高效、服务便捷、文化自觉、开放共赢的知识产权强国，为建设创新型国家和社会主义现代化强国提供坚实保障"，提出"加强专利密集型产业培育，建立专利密集型产业调查机制"，提出"到 2025 年，专利密集型产业增加值占 GDP 比重达到 13%，版权产业增加值占 GDP 比重达到 7.5%"。

（二）具体措施

在具体的政策措施方面，目前国家层面对知识产权密集型产业的财政、税收、金融支持主要依托高新技术产业和战略性新兴产业的相关政策，其他公共服务相关的政策主要依赖知识产权相关的普适性政策。此外，国家知识产权局正在推动知识产权试点示范园区作为培育发展知识产权密集型产业的主要载体。2012 年，国家知识产权局制定了《国家知识产权试点示范园区评定管理办法》（国知发管字〔2012〕84 号），2016 年对管理办法进行了修订，形成了《国家知识产权试点示范园区管理办法》（国知发管字〔2016〕43 号）。截至2021 年 7 月，共确定国家知识产权试点园区 74 家，国家知识产权示范园区 48 家，且国家知识产权试点示范园区主要分布在江苏、广东、山东等东部沿海地区。知识产权试点示范园区以提升产业专利运用能力为核心，以支撑产业发展为目标，以服务企业为重点，对培育发展知识产权密集型产业起到了很好的支撑作用。

表 10 - 5　　中国国家知识产权试点示范园区各省分布情况

省份	国家知识产权试点园区数量	国家知识产权示范园区数量	总计
江苏	30	10	40
广东	6	5	11
山东	1	8	9
浙江	4	2	6
安徽	5	1	6
上海	3	2	5
四川	3	2	5
湖北	3	2	5
重庆	2	2	4
湖南	2	2	4
河南	1	2	3
天津	2	1	3
陕西	—	3	3
云南	3	—	3
北京	1	1	2
福建	2	—	2
广西	2	—	2

续表

省份	国家知识产权试点园区数量	国家知识产权示范园区数量	总计
江西	2	—	2
新疆	—	1	1
吉林	—	1	1
海南	1	—	1
内蒙古	—	1	1
河北	—	1	1
贵州	1	—	1
辽宁	—	1	1
总计	74	48	122

资料来源：笔者整理。

第四部分　问题与建议

第十一章 中国知识产权密集型产业
面临的问题

一 产业发展存在的问题

（一）知识产权密集型产业基础要素投入还需进一步提升

经济合作组织（OECD）的最新数据显示，2019 年美国研发投入
6127.14 亿美元，居全球第一；2000 年以来，中国的研发投入飞速增
长，2014 年超越欧盟，2019 年研发投入 5147.98 亿美元[①]，居全球第
二，2020 年达到 24426 亿元[②]。但是中国研发投入的 GDP 占比与发达
经济体差距较为显著。2019 年中国研发费用占 GDP 的比例为
2.24%，超过了欧盟 27 国 2.10% 的比例，略低于 OECD 国家 2.48%
的比例，但与日本 3.24%、德国 3.18%、美国 3.07% 的比例相比，
仍有较大差距（见表 11 - 1）。此外，欧盟委员会发布的《欧盟工业
研发投资记分牌 2020》（*The 2020 EU Industrial R&D Investment Score-
board*）数据显示，2019 年，全球研发排名前 20 名企业中，中国仅有
华为一家公司上榜（排名 3，下同），在前 100 名中，仅有华为（3）、

---

① 参见经济合作组织（OECD）官方网站，https：//data. oecd. org/rd/gross-domestic-
spending-on-r-d. htm#indicator-chart。

② 参见中国国家统计局官方网站，http：//www. stats. gov. cn/tjsj/zxfb/202102/
t20210227_ 1814154. html。

阿里巴巴（26）、腾讯（46）、中建工程（54）、百度（66）、中国铁建（73）、中铁集团（74）、中石油（78）、上汽集团（81）、中兴（95）10家企业上榜（见表11-2）①。

从各国研发人员占总就业的比例来看，在研发人员超过20万人的国家中，韩国（平均1.06%）、日本（平均1.00%）、法国（平均0.89%）、英国（平均0.85%）、美国（平均0.84%）和德国（平均0.79%）研发人员占总就业的比例较高，俄罗斯（平均0.65%）、西班牙（平均0.62%）和意大利（平均0.42%）也不低，中国虽然研发人员总数多，但2000—2019年占总就业的平均比例仅为0.34%（见表11-3）。

表11-1 美德日中四国研发经费的规模和GDP占比（2000—2019年）

年份	研发经费的规模（亿美元）				研发经费的GDP占比（%）			
	美国	德国	日本	中国	美国	德国	日本	中国
2000	3611.49	791.46	1332.69	398.06	2.63	2.41	2.91	0.89
2001	3674.61	802.95	1368.57	454.02	2.65	2.40	2.97	0.94
2002	3612.91	811.98	1389.60	557.42	2.56	2.44	3.01	1.06
2003	3723.97	819.00	1424.41	649.61	2.57	2.48	3.04	1.12
2004	3771.81	815.42	1449.39	775.72	2.50	2.44	3.03	1.22
2005	3927.00	823.66	1547.16	930.21	2.52	2.44	3.18	1.31
2006	4104.39	865.74	1617.20	1097.14	2.56	2.47	3.28	1.37
2007	4302.32	887.24	1674.62	1257.99	2.63	2.46	3.34	1.37
2008	4518.97	952.06	1655.11	1451.92	2.77	2.62	3.34	1.45
2009	4475.61	941.63	1515.84	1828.83	2.81	2.74	3.23	1.67
2010	4464.20	976.55	1533.28	2082.80	2.74	2.73	3.14	1.71
2011	4582.91	1042.87	1584.08	2370.43	2.77	2.81	3.25	1.78

---

① 参见欧盟委员会官方网站，https://iri.jrc.ec.europa.eu/scoreboard/2020-eu-industrial-rd-investment-scoreboard#field_data。

续表

年份	研发经费的规模（亿美元）				研发经费的GDP占比（%）			
	美国	德国	日本	中国	美国	德国	日本	中国
2012	4544.35	1075.65	1590.09	2746.11	2.68	2.88	3.21	1.91
2013	4679.62	1063.23	1675.40	3092.05	2.71	2.84	3.32	2.00
2014	4815.44	1102.76	1724.93	3362.51	2.72	2.88	3.40	2.02
2015	4958.93	1140.98	1685.14	3660.81	2.72	2.93	3.28	2.06
2016	5172.25	1169.04	1630.04	3993.90	2.79	2.94	3.16	2.10
2017	5404.06	1245.77	1691.81	4303.30	2.85	3.05	3.21	2.12
2018	5762.37	1288.24	1732.80	4647.05	2.95	3.12	3.28	2.14
2019	6127.14	1319.32	1726.14	5147.98	3.07	3.18	3.24	2.24

注：研发经费投入数据为2010年购买力平价汇率（PPP）美元价格。

资料来源：笔者依据OECD数据库相关数据整理。

表11-2　　全球研发排名前100名中的中国公司（2019年）

序号	公司	2019年全球研发排名	2019年研发投入（亿欧元）	2019年研发投入增长率（%）
1	华为投资控股有限公司	3	167.1	31.23
2	阿里巴巴集团控股有限公司	26	54.9	15.08
3	腾讯控股有限公司	46	38.7	32.49
4	中国建筑工程总公司	54	27.9	37.46
5	百度集团股份有限公司	66	23.4	16.32
6	中国铁建股份有限公司	73	21.1	42.83
7	中国国家铁路集团有限公司	74	21.0	22.89
8	中国石油天然气集团有限公司	78	20.0	11.16
9	上海汽车集团股份有限公司	81	18.8	-7.25
10	中兴通讯股份有限公司	95	16.6	13.65

资料来源：笔者依据《欧盟工业研发投资记分牌2020》相关数据整理。

表 11 - 3　　　　　研发人员超过 20 万人的国家研发人员
占总就业的比例（2000—2019 年）　　　　单位:%

年份	韩国	日本	法国	英国	美国	德国	俄罗斯	西班牙	意大利	中国
2000	0.51	0.99	0.67	0.62	0.71	0.65	0.78	0.46	0.29	0.12
2001	0.63	1.00	0.68	0.66	0.73	0.66	0.78	0.46	0.28	0.13
2002	0.64	0.96	0.71	0.71	0.76	0.67	0.74	0.47	0.30	0.14
2003	0.68	1.01	0.74	0.77	0.81	0.69	0.73	0.51	0.29	0.15
2004	0.69	1.01	0.77	0.80	0.78	0.69	0.71	0.53	0.30	0.16
2005	0.79	1.04	0.77	0.86	0.77	0.69	0.68	0.56	0.34	0.18
2006	0.86	1.04	0.79	0.87	0.77	0.71	0.67	0.56	0.35	0.20
2007	0.94	1.03	0.82	0.86	0.77	0.72	0.66	0.58	0.37	0.23
2008	0.99	0.99	0.84	0.85	0.81	0.74	0.64	0.62	0.38	0.26
2009	1.03	1.00	0.87	0.88	0.88	0.78	0.64	0.67	0.41	0.30
2010	1.10	1.00	0.91	0.88	0.85	0.80	0.63	0.69	0.42	0.34
2011	1.18	1.00	0.92	0.86	0.88	0.82	0.63	0.69	0.43	0.38
2012	1.26	0.99	0.95	0.86	0.87	0.84	0.62	0.69	0.45	0.43
2013	1.27	1.01	0.98	0.89	0.89	0.84	0.62	0.69	0.48	0.46
2014	1.33	1.04	0.99	0.90	0.90	0.82	0.62	0.68	0.49	0.49
2015	1.36	1.00	1.01	0.91	0.91	0.90	0.62	0.66	0.51	0.49
2016	1.37	1.00	1.04	0.91	0.89	0.92	0.59	0.67	0.54	0.51
2017	1.43	1.00	1.06	0.92	0.92	0.95	0.57	0.69	0.56	0.53
2018	1.52	0.99	1.09	0.94	0.98	0.97	0.56	0.71	0.60	0.58
2019	1.59	0.98	1.10	0.97	—	0.99	0.56	0.71	0.63	0.64
平均	1.06	1.00	0.89	0.85	0.84	0.79	0.65	0.62	0.42	0.34

　　资料来源：笔者依据 OECD 数据库和中国国家统计局相关数据整理，中国的原始数据来自国家统计局官网，其他国家的数据来自 OECD 数据库。

（二）知识产权密集型产业中间要素的积累和国际布局不足

　　知识产权的积累和国际布局是提升中国产业竞争优势的核心武器，但是当前中国知识产权的积累和国际布局整体还呈弱竞争态势。尽管中国整体的专利申请量和 PCT 专利申请量均已居世界首位，但是有效专利的积累和国际布局与美国等主要创新型国家还存在差距。2019年美国有效专利量为310万件，占全球的22%；而中国有效专利量仅有270万件，占全球的15%，与美国相比还有一定差距。专利的国家布局方面，尽管中国三方专利①数量已经超过了德国，但是与美国和日本相比差距还很大，尽管中国PCT专利申请的绝对规模已经是世界第一，但是相对规模与德国、日本、美国等也还存在不小差距（见表11-4）。

此外，中国国际商标的申请与美国相比也有较大差距。2019年，美国马德里国际商标申请数量达到10087件，而同期中国马德里国际商标的申请数量只有6339件；中国海外商标的申请地主要在美国、欧盟、英国、韩国等地，地理布局比较集中和单一，而美国和德国的海外商标申请几乎遍布所有主要国家和地区。

表11-4　　中美德日四国三方专利数量和PCT专利申请占比
对比（1995—2019年）

年份	三方专利数量（件）				PCT申请占比（%）			
	德国	日本	美国	中国	德国	日本	美国	中国
1995	4914	9584	12381	22	11.11	0.75	7.50	0.55
1996	5599	10772	13115	24	12.09	1.05	9.83	0.54
1997	5795	11476	14183	43	13.84	1.24	10.97	0.67
1998	6347	11980	14925	50	16.40	1.52	11.80	0.73
1999	6436	13686	15287	64	17.66	1.85	11.76	0.55
2000	7640	18263	15627	87	20.25	2.28	12.85	1.51
2001	7233	17431	15903	154	23.20	2.70	13.19	2.73
2002	6885	17795	16447	273	24.62	3.33	12.35	1.27
2003	6746	19080	16745	357	25.06	4.22	11.99	1.23
2004	6998	20107	17210	404	25.69	4.79	12.16	1.31
2005	7145	18933	17371	524	26.55	5.82	12.00	1.44
2006	6537	19004	15465	564	27.62	6.61	12.04	1.87

---

①　"三方专利"是指在美国、欧盟和日本三大知识产权局都得到了保护的专利。

续表

年份	三方专利数量（件）				PCT申请占比（%）			
	德国	日本	美国	中国	德国	日本	美国	中国
2007	5809	18592	13878	691	29.23	7.00	11.85	2.23
2008	5481	16822	13842	828	30.21	7.36	11.32	2.11
2009	5554	17430	13509	1300	28.18	8.55	10.01	2.51
2010	5061	19303	12760	1425	29.64	9.35	9.20	3.14
2011	4826	19006	13224	1505	31.70	11.34	9.77	3.11
2012	4595	18652	13749	1952	30.57	12.70	9.55	2.85
2013	4911	17651	14818	2191	28.37	13.33	10.05	2.61
2014	4655	17615	13660	2835	27.26	13.00	10.62	2.75
2015	4673	17607	13541	3213	26.91	13.82	9.69	2.71
2016	4697	17489	12872	3792	26.96	14.20	9.35	3.22
2017	4737	17780	12768	4472	27.99	15.14	9.34	3.54
2018	4772	18645	12753	5323	29.10	15.85	9.41	3.47
2019	—	—	—	—	28.65	17.11	9.26	4.23

资料来源：笔者根据世界知识产权组织（WIPO）数据库相关数据整理。

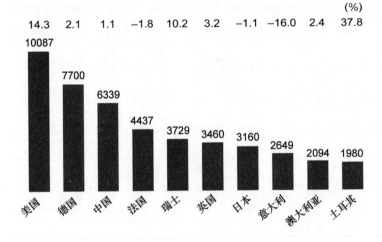

图 11 - 1 马德里国际商标申请量前十国家（2019 年）

资料来源：世界知识产权组织（WIPO）。

（三）知识产权密集型产业国际竞争力较弱，关键核心领域还需突破

知识产权使用费进出口额是各国知识产权密集型产业国际竞争力的直接体现。从全球知识产权出口来看，美国、日本、荷兰、英国、法国、德国、瑞士是全球知识产权的主要输出国，7个国家2009年的知识产权使用费出口额占据了全球总额的83.88%，尽管2019年这一比例有所下降，但也高达78.70%。其中，美国是全球知识产权出口的巨无霸，2009年，美国知识产权使用费出口额达到了857.30亿美元，占据了全球的39.97%；2019年，美国知识产权使用费出口额增长到1174.01亿美元，全球份额依然高达30.06%。与之相比，尽管中国的知识产权使用费出口额从2009年的4.29亿美元增长到2019年的66.05亿美元，全球排名从第23位上升至第12位，但是与上述7个国家相比，依然存在很大差距，中国知识产权密集型产业的国际化之路依然任重而道远。

中国虽然不是全球知识产权的主要出口国，却是全球知识产权的主要进口国。从全球知识产权进口来看，爱尔兰、荷兰、美国、日本、新加坡、中国和英国7国是全球知识产权的主要输入国，其中欧盟的爱尔兰是全球最大的知识产权输入国。爱尔兰知识产权使用费进口额从2009年的350.43亿美元增长至942.62亿美元，全球占比从14.58%增长到21.97%。荷兰和美国也是知识产权输入大国，2019年两国知识产权使用费进口额全球占比分别达到了10.07%和9.96%，位列全球第二、第三位。爱尔兰之所以在知识产权进口方面有如此突出的表现，一方面是因为其是典型的贸易外向型经济体；另一方面也是因为其是全球跨国公司的"避税天堂"。中国的知识产权使用费进口额在过去十年也经历了快速增长，从2009年的110.65亿美元增长至343.70亿美元，全球占比从4.60%增长到8.01%。这样导致的结果就是中国的全球知识产权贸易逆差不断扩大。

从知识产权使用费净出口额看，美国是全球知识产权贸易最大的顺差国，知识产权使用费净出口额从 2011 年以来一直维持在每年 700 多亿美元；德国和日本也是知识产权贸易顺差大国，2018 年和 2019 年的知识产权使用费净出口额均达到了 200 多亿美元；而中国过去 20 多年以来的全球知识产权贸易一直处于逆差状态，且逆差整体呈扩大趋势，知识产权贸易逆差从 2013 年之前的不足 200 亿美元扩大到如今的近 300 亿美元。由此可见，中国知识产权密集型产业的国际竞争力亟待加强。

表 11 - 5　　各国知识产权使用费出口额（2009 年和 2019 年）

排名	2009 年				2019 年			
	国家	金额 （亿美元）	占比 （%）	累积占比 （%）	国家	金额 （亿美元）	占比 （%）	累积占比 （%）
1	美国	857.30	39.97	39.97	美国	1174.01	30.06	30.06
2	荷兰	267.02	12.45	52.42	日本	468.53	12.00	42.05
3	日本	216.98	10.12	62.54	荷兰	418.42	10.71	52.77
4	英国	138.16	6.44	68.98	德国	361.71	9.26	62.03
5	法国	126.71	5.91	74.89	英国	252.57	6.47	68.50
6	瑞士	120.84	5.63	80.52	瑞士	239.06	6.12	74.62
7	德国	72.13	3.36	83.88	法国	159.61	4.09	78.70
8	瑞典	46.00	2.14	86.03	爱尔兰	118.68	3.04	81.74
9	加拿大	36.05	1.68	87.71	新加坡	84.73	2.17	83.91
10	意大利	32.70	1.52	89.23	瑞典	82.47	2.11	86.02
11	韩国	32.55	1.52	90.75	韩国	77.42	1.98	88.00
12	丹麦	26.08	1.22	91.97	中国	66.05	1.69	89.70
13	比利时	25.58	1.19	93.16	加拿大	53.96	1.38	91.08
14	芬兰	17.35	0.81	93.97	意大利	45.16	1.16	92.23
15	匈牙利	17.01	0.79	94.76	比利时	37.25	0.95	93.19
16	爱尔兰	17.00	0.79	95.55	丹麦	36.04	0.92	94.11
17	新加坡	14.31	0.67	96.22	芬兰	35.50	0.91	95.02

续表

排名	2009 年				2019 年			
	国家	金额（亿美元）	占比（％）	累积占比（％）	国家	金额（亿美元）	占比（％）	累积占比（％）
18	马耳他	11.66	0.54	96.76	西班牙	34.18	0.88	95.89
19	奥地利	10.05	0.47	97.23	卢森堡	26.35	0.67	96.57
20	澳大利亚	7.90	0.37	97.60	以色列	15.79	0.40	96.97
—	世界	2144.83	100	100	世界	3905.73	100	100

资料来源：笔者根据世界银行官网数据整理。

表 11 - 6　　**各国知识产权使用费进口额（2009 年和 2019 年）**

排名	2009 年				2019 年			
	国家	金额（亿美元）	占比（％）	累积占比（％）	国家	金额（亿美元）	占比（％）	累积占比（％）
1	爱尔兰	350.43	14.58	14.58	爱尔兰	942.62	21.97	21.97
2	荷兰	344.19	14.32	28.90	荷兰	432.03	10.07	32.04
3	美国	294.21	12.24	41.15	美国	427.32	9.96	42.00
4	日本	168.35	7.01	48.15	中国	343.70	8.01	50.01
5	新加坡	134.38	5.59	53.74	日本	262.67	6.12	56.13
6	中国	110.65	4.60	58.35	英国	169.36	3.95	60.07
7	英国	98.07	4.08	62.43	新加坡	161.51	3.76	63.84
8	加拿大	89.22	3.71	66.14	德国	161.49	3.76	67.60
9	法国	83.87	3.49	69.63	法国	129.82	3.03	70.63
10	韩国	73.56	3.06	72.69	瑞士	119.19	2.78	73.40
11	德国	70.09	2.92	75.61	加拿大	114.58	2.67	76.07
12	瑞士	69.96	2.91	78.52	韩国	99.52	2.32	78.39
13	意大利	61.42	2.56	81.08	印度	78.90	1.84	80.23
14	俄罗斯	39.87	1.66	82.73	俄罗斯	68.66	1.60	81.83
15	澳大利亚	28.32	1.18	83.91	瑞典	68.45	1.60	83.43
16	巴西	25.12	1.05	84.96	西班牙	68.39	1.59	85.02
17	泰国	22.48	0.94	85.89	卢森堡	61.23	1.43	86.45

续表

排名	2009 年				2019 年			
	国家	金额 (亿美元)	占比 (%)	累积占比 (%)	国家	金额 (亿美元)	占比 (%)	累积占比 (%)
18	匈牙利	19.81	0.82	86.72	泰国	53.12	1.24	87.69
19	比利时	19.35	0.81	87.52	巴西	52.46	1.22	88.91
20	印度	18.60	0.77	88.30	意大利	52.45	1.22	90.13
—	世界	2403.19	100	100	世界	4290.90	100	100

资料来源：笔者根据世界银行官网数据整理。

表 11-7　　　　　中美德日四国知识产权使用费

净出口额（2009—2019 年）　　　　单位：亿美元

年份	中国	美国	德国	日本
2009	-106.36	563.09	2.04	48.63
2010	-122.09	638.53	11.61	79.12
2011	-139.63	741.41	33.19	98.17
2012	-167.05	728.08	38.99	119.95
2013	-201.46	785.30	93.32	137.56
2014	-219.37	788.18	127.57	163.95
2015	-209.38	759.73	139.65	194.43
2016	-228.18	710.07	174.32	188.90
2017	-239.43	737.41	167.72	203.40
2018	-302.22	749.42	202.56	235.77
2019	-277.66	746.69	200.22	205.86

资料来源：笔者根据世界银行官网数据整理。

　　中国知识产权密集型产业之所以在国际竞争中竞争力较弱，主要在于关键核心领域的竞争优势不足，无法有效获得知识产权的高价值收益。

　　在发明专利密集型产业方面，中国大部分企业的核心专利少、创新质量不高，一些重点领域还处于跟踪模仿为主的阶段，一些关键核心技术受制于人。中国相当一部分高端技术装备依赖进口，例如集成电路设备、轿车制造设备和数控机床70%依赖进口，光纤制造设备和高端医疗设备也都严重依赖进口。2012年以来，中国每年进口汽车四五百亿美元，出口汽车100多亿美元，汽车贸易逆差达到300多亿美元；航空器、航天器及其零件贸易也是类似的情况，每年有200多亿美元的贸易逆差。从国际分工上看，中国发明专利密集型行业多数还处于国际分工的中下游，对美国、德国、日本、韩国等产业链上游经济体仍然有较大依赖性，而且这些产品不可替代性非常强。中国接近70%的汽车及零件、飞机等产品的进口来自美国、德国、日本、韩国等国；超过50%的光学医疗设备、机械设备等进口也来自这些国家。国务院印发的《新时期促进集成电路产业和软件产业高质量发展的若干政策》提出，中国芯片自给率要在2025年达到70%，而2019年中国芯片进口额高达3040亿美元，芯片自给率仅为30%左右。

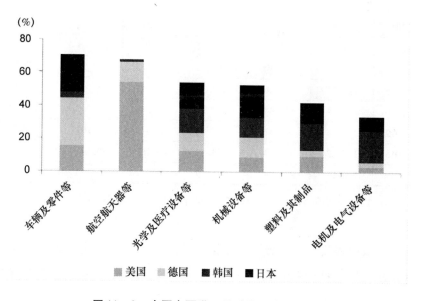

图11-2 中国主要进口品对外国的依赖度

资料来源：UN Comtrade，中泰证券研究所。

表 11 - 8　　中国汽车和航空器、航天器及其零件进出口情况

(2000—2019 年)　　　　　　单位：亿美元

年份	汽车			航空器、航天器及其零件		
	出口额	进口额	净出口额	出口额	进口额	净出口额
2000	1.94	11.93	-9.99	5.36	21.71	-16.35
2001	2.08	17.48	-15.40	4.00	45.45	-41.45
2002	2.67	31.74	-29.07	4.39	40.52	-36.13
2003	4.18	52.10	-47.92	4.39	44.61	-40.22
2004	7.80	53.34	-45.53	5.21	49.90	-44.70
2005	19.03	51.14	-32.10	7.46	65.61	-58.15
2006	29.38	75.18	-45.80	12.93	109.40	-96.47
2007	68.10	108.95	-40.85	14.14	104.68	-90.54
2008	88.78	151.25	-62.47	16.40	100.56	-84.16
2009	46.81	153.56	-106.75	9.40	105.26	-95.86
2010	61.95	305.83	-243.88	12.65	123.91	-111.26
2011	99.38	430.92	-331.54	16.30	135.42	-119.12
2012	126.71	474.88	-348.17	15.58	176.14	-160.56
2013	119.75	487.17	-367.42	19.40	231.81	-212.41
2014	125.24	606.30	-481.06	26.47	284.39	-257.91
2015	112.31	446.66	-334.35	34.71	259.52	-224.81
2016	106.87	444.84	-337.97	33.65	228.40	-194.76
2017	132.74	505.31	-372.58	36.67	254.93	-218.26
2018	147.62	505.14	-357.52	45.26	305.41	-260.15
2019	152.14	483.84	-331.69	39.01	193.33	-154.32

资料来源：笔者依据历年《中国贸易外经统计年鉴》相关数据整理。

　　在版权密集型产业方面，中国高端版权产业与美国相比还存在巨大差距。以软件产业为例，2019 年，PC 操作系统领域基本被美国微软公司的 Windows 以 87.5% 的市场份额垄断，至 2020 年 7 月，Windows 10 操作系统以 45.8% 的绝对优势占据 PC 操作系统的主导地位。

美国苹果公司的 Mac 操作系统市场份额接近 10%，Linux 等开源操作系统占据其余市场。服务器操作系统市场由 Windows Server 和 Linux 瓜分。手机操作系统由美国谷歌公司的安卓和苹果公司的 iOS 两家垄断，分别占 70.0% 和 28.8%。数据库系统甲骨文独占鳌头，甲骨文、IBM、微软、SAP 四家公司合计市场占有率超过 90%。而中国在这些领域基本没有有竞争力的产品和企业出现，尽管华为原创的鸿蒙操作系统开始崭露头角，参与竞争，但是整体而言，中国在底层软件开发等高端版权产业与美国相比还存在巨大差距。

二　发展环境存在的问题

（一）社会对知识产权密集型产业还缺乏统一认识

知识产权密集型产业的发展有赖于社会各界的协同推动。然而，当前中国社会对知识产权密集型产业的认识普遍还存在两点偏差：第一，认为提高知识产权水平等同于支持知识产权密集型产业发展，这种认识导致中国知识产权密集型产业与发达国家之间存在很大差距。知识产权是知识产权密集型产业发展的核心竞争力，但两者并不能完全等同。前者是以专利、商标和版权等为对象的垄断权利，而后者是一批以高密度知识产权为核心的企业集群。第二，认为知识产权对创新和产业转型升级的支撑作用仅仅在于激励创新。事实上，知识产权对创新发展战略和产业转型升级的支撑作用体现在"激励创新行为、引导创新方向、促进创新合作、保护市场利益"四个方面。中国大部分产业处在追随创新和逆向工程阶段，模仿与改进是中国企业创新活动的主流，通过分析创新规律和趋势，知晓竞争对手的知识产权布局并主动进行规避设计，无疑会快速提高创新效率和市场竞争力。目前，中国企业还未充分认识知识产权制度的创新引导和竞争合作功能，仅将目光聚焦到知识产权保护激励创新和应对知识产权风险方面，缺乏较为全面的认识。

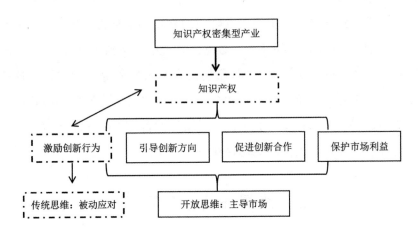

图 11 - 3　知识产权价值示意

资料来源：笔者整理。

（二）中国的创新生态系统还没有起到足够的支撑作用

知识产权密集型产业的发展需要创新生态系统的支持。创新不是在象牙塔里发明出来的，而是从研究、开发和应用这三大创意变革要素的互动之中而生，需要适当的领导、资金、政策、教育和文化等进行配合。创新生态系统本质上是创新主体与创新环境的相互作用。创新主体包括科研机构、产业组织、企业、政府、消费者、教育机构、中介机构等，创新环境包括技术、市场、制度、政策、教育、文化和金融等。当前中国的创新生态系统发育水平还不够高，对知识产权密集型产业的发展还不能起到足够的支撑作用，一些具体的表现有：第一，创新生态系统的包容性不足。创新需要包容的文化氛围，但是中国整体社会文化对创新失败的包容度不足，使得创新创业者面临很大的社会压力。第二，创新资源的流动不够顺畅。一方面，中国区域间的创新人才流动还存在阻碍；另一方面，中国知识产权交易市场、知识产权服务市场等市场发展的不足，阻碍了创新资源在创新主体间的流动，进而妨碍了创新产业支持政策的实施效果。第三，创新人才的培养存在脱节。无论是战略性新兴产业还是知识产权密集型产业，都制定了人才政策，但当前的人才培养与创新产业需求间存在脱节，难以形成完善的人才生态链。

（三）中国的全球知识产权话语权有待进一步提升

知识产权的国际话语权提升有利于知识产权密集型产业的全球化竞争。随着全球知识产权竞争不断加剧，知识产权国际规则话语权竞争更加白热化，然而，世界知识产权强国仍然是国际知识产权规则变革的主要推动者；中国作为新兴经济体，虽然国际地位和影响力不断提升，但是知识产权国际规则的话语权相对较弱。世界知识产权强国将知识产权与政治、外交、经济相结合，采取经济利益的交换和政治上的施压等方式，推动国际知识产权规则朝着有利于本国利益的方向发展，而中国对国际知识产权规则制定总体上还处于被动防守地位。中美经贸摩擦中，美国之所以能够频繁以知识产权问题向中国施压，一部分原因就在于中国的全球知识产权话语权与美国相比还存在较大差距。此外，由于中国在知识产权国际化领域相对处于后发位置，目前一些法律、法规、政策与国际规则和制度框架之间仍然存在一些不一致之处，也给提升中国的全球知识产权话语权带来了一定的阻碍[①]。

三　支持政策存在的问题

（一）知识产权密集型产业政策支持力度尚不到位

当前，中国与知识产权密集型产业相关的配套政策还十分欠缺，对知识产权密集型产业在园区、财政、税收、金融政策以及公共服务

[①] 李玲娟、温珂：《新形势下我国知识产权全球治理环境挑战与对策建议》，《中国科学院院刊》2019 年第 8 期。

政策等方面的支持力度尚不到位，制约了中国知识产权密集型产业的发展。

在园区政策方面，集群化发展是产业产生协同效应的重要条件，产业集群作为大量关联企业的集聚地，既能促进知识和信息在集聚区内的快速传播，也可以帮助集群内的企业解决履约和融资等过程中的各种困难。虽然国家知识产权局已经推动"国家知识产权试点示范园区"相关工作，确定了74家国家知识产权试点园区和48家国家知识产权示范园区，但是中国知识产权密集型产业的集群化发展还处在较低水平。

在财政政策方面，近年来，中国知识产权事业相关的财政投入力度虽有所增加，但与知识产权发展要求相比仍有较大差距，国家知识产权稳定投入增长机制尚未建立，知识产权各环节相关的财政支出结构还不够合理。

在税收政策方面，中国目前的税收政策总体上有利于知识产权密集型产业的发展，但离知识产权强国的战略要求相比还有一些差距，需要逐步完善。关于知识产权的创造，税收政策上存在一些不足：一是知识产权创造的税收制度仍需完善，生产型增值税收制度不利于知识产权的产生，个人所得税制度不利于知识产权的创造；二是知识产权创造的税收政策不完善，主要表现为税收优惠力度需要进一步加强，现行的税收政策对企业技术创新的激励力度有限。另外，现行税制也限制了知识产权的转移流动，没有专门针对知识产权交易所得进行税收上的特殊优惠。

在金融政策方面，中国对知识产权密集型产业的支持还存在以下不足：短期来看，纯知识产权质押融资份额小、依赖性大，产品服务主要以商业银行为主、其他金融机构参与度低，融资产品类型单一、信用担保服务体系尚未全面建立；中期来看，政策性金融尚未发挥更多的引导作用，知识产权的资本化和证券化水平还需进一步提升；长期来看，多级多元资本市场尚未完善，知识产权交易平台尚未普及。此外，从市场角度看，知识产权融资市场还不成熟，科技型中小企业知识产权融资难的问题仍然存在。

在公共服务政策方面，中国对知识产权密集型产业的支持还存在以下不足：一是人才公共服务机构职能定位不清，公共服务供给主体单一，对知识产权密集型产业需求变化的动态反应能力还不够强；二是知识产权服务范围比较窄，服务层次不高，产权服务集中于产权代理、资格审查等一般服务，对知识产权价值估值、产权融资、知识产权预警等高端服务仍有较大提升空间。

（二）知识产权密集型产业支持政策体系的激励机制尚不完善

知识产权密集型产业的发展涉及科研机构、企业、政府等诸多创新主体，创新主体之间的利益平衡是知识产权密集型产业健康发展的关键，因此知识产权密集型产业支持政策的有效执行依赖于完善有效的激励机制。当前，中国知识产权密集型产业支持政策体系尚未形成完善的激励机制，具体表现为以下三点。

一是当前的激励机制系统性不足。激励机制设计的核心在于平衡各方利益诉求的基础上激发各主体的行动活力，如果激励机制的设计缺乏系统性，便会造成激励效果的扭曲或失效；当前中国许多相关政策在激励机制设计上往往只侧重部分激励主体和部分激励对象，缺乏系统性，因此在政策执行过程中出现了许多无效激励；例如，由于当前的激励机制缺乏对人的关注，中国大部分的科研经费只能用于"物"，能用于"人"的费用则甚少，个人的科技创新成果同经济利益之间的关联度总体而言较低，导致科研人员的积极性不能充分发挥；再例如，由于缺乏系统的激励机制设计，部分税收优惠政策对国有企业的创新激励面临无效或低效的问题。

二是当前的激励机制差异化不足。激励机制设计的另一核心要点是差异化，缺乏差异化的激励机制也会产生激励效果的扭曲；中国当前的激励机制更侧重于产业层面的激励，缺乏微观层面的差异化的激励；例如，中国虽然对高新技术产业的研发进行大力度的支持，但是由于缺乏针对不同行业、不同企业的差异化的激励机制，导致许多高新技术企业更倾向于在研发难度低、较容易出成果的领域进行研发，而在研发难度大的原创性科学领域、关键高技术领域投入不足，从而导致中国当前面临原创性科学研究不足、关键高技术领域严重依赖国外的窘境。

三是当前的激励机制缺乏有效的退出机制。动态的调整和退出机制使得激励的长期性和有效性能够得以保证，而没有退出机制的激励机制最终会丧失激励的效果；当前许多政策由于激励机制的退出机制设计不当，导致企业只注重短期利益，只注重获取政策优惠，而后续的创新动力不足。

（三）知识产权密集型产业支持政策体系的协同水平有待提升

一是知识产权密集型产业支持政策体系的外部产业协同有待提升。高新技术产业、战略性新兴产业和知识产权密集型产业三大创新产业在中国的创新战略中都扮演着不可或缺的角色，创新产业支持政策体系应当依据三类产业的战略定位系统地设计各项政策，充分地协调三类产业的发展。然而，当前中国三大创新产业的政策协同效应并不明显，既存在各项政策之间的交叉重复，又存在某些政策的缺位。战略性新兴产业和高新技术产业的产业政策侧重于产业发展规划，虽然强调知识产权运用，但是缺乏利用知识产权在国际舞台的布局谋篇；而知识强国战略虽重视知识产权的国际布局，但是缺少具体产业作为战略落地的抓手。同时，高新技术产业政策仅限于园区政策。这导致目前围绕知识产权开展的产业结构调整、产业扶持、财政投融资、货币手段、项目审批等产业政策协调性不强，不利于中国知识产权密集型产业的发展。

二是知识产权密集型产业支持政策体系的内部产业协同有待提升。知识产权密集型产业包括专利密集型产业、版权密集型产业、商标密集型产业等诸多产业类别。专利、版权和商标成为能够带来经济收益的资产的条件和机理存在较大差异，这导致了三类知识产权密集型产业的发展基础和特征也存在较大的差异。在推进三类知识产权密集型产业的发展上，要因类施策，统一协调，维护好知识产权密集型产业的内部协同。中国当前已经开启了对专利密集型产业的培育发展，但是对版权密集型产业和商标密集型产业等其他知识产权密集型产业的关注还不够。

三是知识产权密集型产业支持政策体系的区域协同有待提升。知识产权密集型产业的发展与各地的环境、文化、产业、人才等资源禀赋紧密相关，不同区域之间的知识产权密集型产业要协同发展。在经济、技术、人才条件比较好的区域，可以发展技术含量较高、战略性较强的专利密集型产业；在经济发展水平一般的区域，可以着重发展适合本地资源要素的知识产权密集型产业；在西部等产业基础比较薄弱的区域，可以优先发展商标密集型产业或版权密集型产业。但是当前各地以知识产权为基础的产业引导性政策和规制类政策，并没有与当地的资源禀赋紧密结合，与当地产业规划和创新型省份建设任务的协同水平也有待提升，这样不仅不能发挥好各地的资源优势，还会加剧区域间知识产权的过度竞争，不利于区域的协调发展。

第十二章 中国知识产权密集型产业的发展建议

前文的分析可以看到，中国知识产权密集型产业的发展还存在诸多问题，还需要采取有力措施才能推动中国知识产权密集型产业的健康有序发展。应当把加快培育发展知识产权密集型产业放在推进产业结构升级和经济发展方式转变的重要位置。积极探索知识产权密集型产业发展规律，发挥企业主体作用，加大政策扶持力度，深化体制机制改革，着力营造良好环境，推动知识产权密集型产业快速健康发展，为建设知识产权强国提供有力支撑，为促进经济社会可持续发展作出贡献。

一 明确知识产权密集型产业的发展原则

一是坚持发挥市场配置创新资源的决定性作用。通过持续改革，明晰政府与市场的边界和关系，充分释放出市场配置创新资源的决定性力量。健全知识产权运用市场导向机制，使市场成为引导创新资源流动的关键力量。消除各种制度障碍和制约因素，以促进创新资源高效流转，实现知识产权活动经济绩效的全面提升。

二是坚持加强市场主体知识产权能力建设。一方面，强化企业知识产权运用主体地位，大幅提升企业的创新能力、知识产权产业化能力和知识产权产业贸易化能力，充分调动企业的积极性。另一方面，注重高校和科研院所、服务机构等其他主体的能力建设，形成围绕企业提供支撑和服务的知识产权网络。

三是坚持中央与地方统筹协同。促进中央与地方合理分工，形成有机协调联动的格局。国家层面要强调宏观统筹，加强整体布局，完善中央与地方的协调沟通机制，突出政策的规范性和指导性，机制和政策设计要能够充分激发地方创造性和主动性，为区域发展留有充分的空间。区域层面要在与国家宏观发展战略、布局设计有机衔接的基础之上，强调区域特色差异化发展，在主导知识产权密集型产业选择、产业集群发展等方面积极发挥地方主观能动性。

四是坚持整体推进与重点领域跨越发展相结合。要对发展知识产权密集型产业进行统筹规划、系统布局，明确发展时序，促进协调发展。同时，选择最有基础和条件的领域作为突破口，重点推进。

五是坚持以全球视野部署知识产权密集型产业布局。培育发展知识产权密集型产业时，要将中国知识产权密集型产业发展置于全球创新图景中。既要深度挖掘和激活国内需求，又要以积极的姿态和有效的策略参与国际分工和竞争；既要重视内部结构的调整和优化，又要强调主动布局全球知识产权体系。

二　优化知识产权密集型产业的发展环境

（一）优化知识产权密集型产业发展的社会文化环境

社会整体的知识产权意识不强一直是中国开展知识产权相关工作的掣肘因素，许多政策措施的初衷很好，但是往往因为中国整体知识产权意识不够高，而不能取得很好的社会和经济效果。营造"尊重知识、崇尚创新、诚信守法"的知识产权文化氛围是支撑知识产权密集型产业发展的重要内容。要通过多种形式加强对知识产权和知识产权密集型产业的宣传，形成社会对知识产权密集型产业培育发展工作重要性和紧迫性的共识，为知识产权密集型产业培育工作营造良好的文化氛围。在宣传内容上，对知识产权的意义、内容、商业价值、经典案例进行综合宣传；在宣传对象上，同时加强对消费者和企业的引导，着力提升消费者的知识产权保护意识，利用市场力量倒逼企业进一步加强对知识产权的重视；在宣传方式上，在开展知识产权户外宣传、专题讲座、专家服务日、知识产权进校园、进园区等活动的基础上，积极创新宣传手段，使用自媒体等新兴媒体进行宣传。

（二）优化知识产权密集型产业发展的商业服务环境

知识产权密集型产业的发展需要体系完整、运行高效、业态发达的知识产权服务业的支撑。积极提升知识产权服务业的发展水平也是支撑知识产权密集型产业发展的重要支柱。要创新体制机制，促使知识产权服务新兴模式不断涌现，服务主体进一步多元化；重点培育有核心产品、成长性好、竞争力强的服务企业，形成一批专业化、规模化、规范化、品牌化的知识产权服务机构；打造完整知识产权服务链条，建设一批知识产权服务业集聚发展示范区。使中国知识产权服务业的服务能力明显增强，服务质量显著提高，国际竞争力大幅提升。

（三）优化知识产权密集型产业发展的人才发展环境

知识产权人才匮乏也是制约中国知识产权密集型产业发展的瓶颈。要进一步营造更加开放、更加积极、更有活力的知识产权人才发展环境。完善知识产权人才培养、评价激励、流动配置机制。支持学位授权自主审核高校自主设立知识产权一级学科。推进论证设置知识产权专业学位。实施知识产权专项人才培养计划。依托相关高校布局一批国家知识产权人才培养基地，加强相关高校二级知识产权学院建设。加强知识产权管理部门公职律师队伍建设，做好涉外知识产权律师培养和培训工作，加强知识产权国际化人才培养。开发一批知识产权精品课程。开展干部知识产权学习教育。进一步推进中小学知识产权教育，持续提升青少年的知识产权意识。

（四）优化知识产权密集型产业发展的国际发展环境

增强知识产权密集型产业利用国际技术、人才、资本等创新资源的能力，部署和建设一批国际化发展服务平台。加强与世界先进科技园区的交流与合作，探索建立资源共享、优势互补的知识产权密集型产业国际合作机制。第一，积极参与知识产权全球治理体系改革和建设。扩大知识产权领域对外开放，完善国际对话交流机制，推动完善知识产权及相关国际贸易、国际投资等国际规则和标准。积极推进与经贸相关的多双边知识产权对外谈判。建设知识产权涉外风险防控体系。加强与各国知识产权审查机构合作，推动审查信息共享。打造国际知识产权诉讼优选地。提升知识产权仲裁国际化水平。鼓励高水平外国机构来华开展知识产权服务。健全国内外一致性的知识产权保护的法律体系。第二，构建多边和双边协调联动的国际合作网络。积极维护和发展知识产权多边合作体系，加强在联合国、世界贸易组织等国际框架和多边机制中的合作。拓展海外专利布局渠道。推动专利与国际标准制定有效结合。塑造中国商标品牌良好形象，推动地理标志互认互保，加强中国商标品牌和地理标志产品全球推介。第三，严厉打击侵犯知识产权犯罪。进一步规范法院在审理案件中直接认定专利权、商标权效力的规则，缩短案件审理周期，提高知识产权司法救济的实效性和便民性；坚决打击利用电子商务平台实施侵犯知识产权犯罪的新型犯罪行为，对知识产权犯罪实施震慑性财产惩戒。第四，有效提供国际性的知识产权服务。坚持对国内外企业的知识产权一视同仁，同等保护；建设"一带一路"知识产权公共信息服务体系，发布企业知识产权海外维权指引，涉外企业母公司所在地的知识产权管理部门应积极履行职责，给予相应支持；与国际通行做法相互衔接，加强多双边协调，开展跨境联合执法行动，共同打击知识产权违法行为，保护中国企业的创新成果及海外权益。

三　完善知识产权密集型产业的政策体系

（一）加强知识产权密集型产业的组织协调

在国家层面，由国家知识产权局统筹知识产权密集型产业培育发展工作，充分发挥国务院知识产权战略实施工作部际联席会议制度作用，做好规划组织实施工作。各省份科技部门应建立本地区培育发展知识产权密集型产业的统筹协调机制。建立国家知识产权局和地方政府共同推进知识产权密集型产业集群发展的工作机制。建立高层次政企对话咨询机制，在研究制定相关政策措施时积极听取企业意见。

（二）打造知识产权密集型产业的发展载体

鼓励有条件的地区，重点依托"国家知识产权试点示范园区"，发展知识产权密集型产业集聚区，作为培育发展知识产权密集型产业的核心载体。实施"知识产权密集型产业集聚区建设工程"，根据地方产业结构调整的战略需求和产业基础，进行知识产权密集型产业集聚区的战略规划和顶层设计，实现科学布局和有序发展。在具体设计上，协同推进以下三类知识产权密集型产业集聚区建设：一是"引领型知识产权密集型产业集聚区"。这类集聚区以培育先导型知识产权密集型产业，打造具有国际竞争力的产业集群为目标，重点发展高新技术产业、战略性新兴产业等先导型的知识产权密集型产业。引领型知识产权密集型产业集聚区以现有的国家高新区、战略性新兴产业集聚区为主要载体,依托现有的相关政策机制,与高新技术产业和战略性新兴产业形成战略协同。二是"创新型知识产权密集型产业集聚区"。这类集聚区以培育支柱型知识产权密集型产业、探索知识产权密集型产业发展模式为目标,重点发展需要转型升级的传统支柱型产业。在载体选择上,积极探索与知识产权孵化基地、知识产权创客空间、特色小镇等新兴产业平台的嫁接模式,打造创新优势、产业优势,形成区域创新中心。三是"培育型知识产权密集型产业集聚区"。这类集聚区以培育常规性知识产权密集型产业、开展相关培育试点为主要目标,通过开展产业集群、品牌基地、地理标志、知识产权服务业集聚区培育试点示范工作,探索以知识产权推动产业转型升级的有效模式,带动各类基础产业的知识产权生产运用能力的提升。

通过大力培育发展知识产权密集型企业,推动企业向价值链、产业链中高端延伸,以知识产权优势助力企业转型升级,形成一批高价值专利和行业标准,提升知识产权密集型企业的核心竞争力。在具体设计上,协同推进以下三类知识产权企业主体的培育:一是"知识产权龙头企业"。这类企业是知识产权密集型产业发展的排头兵,要充分发挥政府的引导作用,整合社会资源,按照市场规律促进创新要素向企业集聚,形成一批掌握核心技术,具有自主知识产权、自主品牌和较强国际竞争力的知识产权龙头企业。提升知识产权龙头企业的开发能力、市场占有率和盈利能力。二是"知识产权示范企业"。这类企业是知识产权密集型产业发展的领路人,要充分发挥知识产权生产运用能力强的企业的示范带头作用,依托知识产权密集型产业集聚区和相关产业联盟,加强知识产权企业发展经验的分享示范。三是"知识产权密集型中小企业"。中小企业是全面提升知识产权密集型产业发展水平的核心主体,要着力培育知识产权中小企业,实施中小企业知识产权战略推进工程,加大知识产权保护援助力度,构建服务支撑体系,扶持中小企业创新发展。

（三）完善知识产权密集型产业的激励机制

完善有效的激励机制是政策落到实处的有效保障，构建针对知识产权密集型产业的有效的多层次的激励机制，在激励内容上加快从重过程向重效果转变，在激励对象上加快从供给侧向需求侧转变。第一，从宏观、中观、微观三个层面综合进行激励机制的设计，保证激励机制的系统性。第二，保证激励机制的差异化程度，对关联带动作用强但目前尚未形成比较优势的战略性行业，可以采用财政、金融和产业组织政策培育壮大；对发展前景明朗、风险可控的潜在新兴行业，在优惠政策上给予积极倾斜；对尚未形成竞争优势、未来发展不明朗不确定的行业，加强监测分析，依靠市场机制择优汰劣。第三，建立激励机制的动态退出机制，定期对激励主体的激励效果进行考评，对于不满足考评要求的激励主体进行警告、降级或停止为其提供相关的政策优惠，最终形成长效的激励机制。

（四）完善知识产权密集型产业的政策措施

加强财政预算与政策实施的相互衔接协调，各级财政按照现行经费渠道对政策实施予以合理保障，鼓励社会资金加大知识产权投入，促进知识产权事业发展。统筹各级各部门与知识产权相关的公共资源，突出投入重点，优化支出结构，切实保障重点任务、重大项目的落实。在整合现有政策资源和资金渠道的基础上，设立知识产权密集型产业发展专项资金，增加中央财政投入。完善政府采购政策，加大对重点知识产权密集型产业及产品的支持力度。创新财政政策支持方式，发挥财政资金引导作用，创新方式吸引社会投资。鼓励有条件的地区设立知识产权密集型产业发展基金，引导社会资金设立一批知识产权密集型产业投资基金和国际化投资基金。积极运用政府和社会资本合作（PPP）等模式，引导社会资本参与重大项目建设。

在全面落实现行各项促进科技投入和科技成果转化、支持知识产权相关产业发展等方面的税收政策的基础上，结合税制改革方向和税种特征，针对知识产权密集型产业的特点，研究完善鼓励创新、引导知识产权投资和消费的税收支持政策。

深化知识产权投融资工作。优化质押融资服务机制，鼓励有条件的地区建立知识产权保险奖补机制。研究推进知识产权海外侵权责任保险工作。深入开展知识产权质押融资风险补偿基金和重点产业知识产权运营基金试点。探索知识产权证券化，完善知识产权信用担保机制，推动发展投贷联动、投保联动、投债联动等新模式，创新知识产权投融资产品。

（五）构建知识产权密集型产业的评价体系

从微观层面、中观层面、区域层面构建针对知识产权密集型产业的评价体系。建立知识产权密集型企业、知识产权密集型产业集聚区、知识产权密集型产业三个层级的统计监测制度、指标体系和考核评价机制。考核评价指标体系以创新驱动为导向，更加注重经济发展质量和效益。将知识产权对经济发展贡献度指标纳入企业、集聚区的考核指标体系。建立知识产权密集型产业发展数据统计、监测评价制度。加强对知识产权密集型产业集聚区的动态管理，根据年度评价考核和评估结果给予激励和惩戒。加强财政政策绩效考评，创新财政资金管理机制，提高资金使用效率。定期发布知识产权密集型产业的发展态势报告。

（六）强化知识产权密集型产业的战略协同

高新技术产业、战略性新兴产业和知识产权密集型产业三大创新产业在中国的创新战略中都扮演着不可或缺的角色，三者的特征不同，在创新经济中的使命也不同。高新技术产业侧重技术性，战略性新兴产业侧重于战略性，知识产权密集型产业则更具知识性、创新性、高效性。知识产权密集型产业支持政策体系是创新产业支持政策体系的有机组成部分，要充分考虑知识产权密集型产业支持政策体系与高新技术产业支持政策体系和战略性新兴产业支持政策体系的战略协同作用，有力推动中国创新产业的高质量发展。

三大创新产业支持政策体系既存在各项政策之间的交叉重复，又存在某些政策的缺位。这种状况出现的根源在于各个创新产业政策分归不同的部门制定，缺少统一的协调机制。高新技术产业、战略性新兴产业和知识产权密集型产业政策的制定分别由科技部、国家发展改革委和国家知识产权局主导。各类产业政策的覆盖面都很宽，政策边界模糊。

为解决政策重复与缺位等问题，应当完善创新产业领域的法制体系，从经济、科技、教育和管理等各方面全方位规范和保护创新成果及其产业化活动，各地区、各部门要加强地方性法规体系建设。应当成立创新产业政策的协调机构，组建跨部门的创新产业部际联席会议以及国家创新产业发展咨询委员会，对相关政策出台进行审议和评价，规范产业特征，约束政策边界。

附　录

附录一　美国知识产权密集型产业列表

附表1　　**美国发明专利密集型产业列表（2016年报告）**

序号	美国 NAICS2007 代码	行业（中类）名称
1	3251	Basic chemicals
2	3253	Pesticides, fertilizers, and other agricultural chemicals
3	3254	Pharmaceuticals and medicine
4	3255	Paint, coating, and adhesive manufacturing
5	3256	Soaps, cleaning compounds, and toilet preparations
6	3259	Other chemical product and preparation manufacturing
7	3331	Agriculture, construction, and mining machinery manufacturing
8	3332	Industrial machinery
9	3333	Commercial and service industry machinery
10	3334	Ventilation, heating, air-conditioning, and commercial refrigeration equipment manufacturing
11	3335	Metalworking machinery manufacturing
12	3336	Engine, turbine, and power transmission equipment
13	3339	Other general purpose machinery
14	3341	Computer and peripheral equipment
15	3342	Communications equipment
16	3343	Audio and video equipment manufacturing
17	3344	Semiconductors and other electronic components

序号	美国 NAICS2007 代码	行业（中类）名称
18	3345	Electronic instruments
19	3346	Manufacturing and reproducing magnetic and optical media
20	3351	Electric lighting equipment
21	3352	Household appliance manufacturing
22	3353	Electrical equipment manufacturing
23	3359	Other electrical equipment and components
24	3391	Medical equipment and supplies
25	3399	Other miscellaneous manufacturing

资料来源：笔者依据 2016 年美国知识产权密集型产业报告相关数据整理。

附表2　　**美国商标密集型产业列表（2016 年报告）**

序号	美国 NAICS2007 代码	行业（中类）名称
1	2111	Oil and gas extraction
2	2123	Nonmetallic mineral mining and quarrying
3	2211	Power generation and supply
4	2212	Natural gas distribution
5	2361	Residential building construction
6	2372	Land subdivision
7	3113	Sugar and confectionary product manufacturing
8	3114	Fruit and vegetable preserving and specialty food
9	3115	Dairy products
10	3121	Beverages
11	3162	Footwear manufacturing
12	3219	Other wood products
13	3231	Printing and related support activities
14	3251	Basic chemicals
15	3252	Resin, synthetic rubber, and artificial synthetic fibers and filaments

序号	美国 NAICS2007 代码	行业（中类）名称
16	3253	Pesticides, fertilizers, and other agricultural chemicals
17	3254	Pharmaceuticals and medicine
18	3256	Soaps, cleaning compounds, and toilet preparations
19	3261	Plastics products
20	3279	Other nonmetallic mineral products
21	3314	Nonferrous metal (except aluminum) production and processing
22	3332	Industrial machinery
23	3333	Commercial and service industry machinery
24	3336	Engine, turbine, and power transmission equipment
25	3339	Other general purpose machinery
26	3342	Communications equipment
27	3343	Audio and video equipment manufacturing
28	3345	Electronic instruments
29	3351	Electric lighting equipment
30	3359	Other electrical equipment and components
31	3369	Other transportation equipment
32	3371	Household and institutional furniture and kitchen cabinets
33	3391	Medical equipment and supplies
34	3399	Other miscellaneous manufacturing
35	4234	Commercial equipment
36	4236	Electrical and electronic goods
37	4244	Grocery and related products
38	4451	Grocery stores
39	4521	Department stores
40	4541	Electronic shopping and mail-order houses
41	4885	Freight transportation arrangement
42	5111	Newspaper, periodical, book, and directory publishers
43	5112	Software publishers
44	5121	Motion picture and video industries

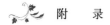

序号	美国 NAICS2007 代码	行业（中类）名称
45	5151	Radio and television broadcasting
46	5152	Cable and other subscription programming
47	5171	Wired telecommunications carriers
48	5179	Other telecommunications
49	5191	Other information services
50	5223	Activities related to credit intermediation
51	5232	Securities and commodity exchanges
52	5239	Other financial investment activities
53	5241	Insurance carriers
54	5259	Other investment pools and funds
55	5311	Lessors of real estate
56	5324	Machinery and equipment rental and leasing
57	5331	Lessors of nonfinancial intangible assets (except copyrighted works)
58	5416	Management and technical consulting services
59	5418	Advertising and related services
60	5419	Other professional and technical services
61	5619	Other support services
62	6214	Outpatient care centers
63	6215	Medical and diagnostic laboratories
64	6219	Other ambulatory health care services
65	7132	Gambling industries
66	8134	Civic and social organizations

资料来源：笔者依据 2016 年美国知识产权密集型产业报告相关数据整理。

附表 3　　**美国核心版权密集型产业列表（2016 年报告）**

序号	美国 NAICS2007 代码	行业（中类）名称
1	5111	Newspaper, periodical, book, and directory publishers
2	5112	Software publishers

续表

序号	美国 NAICS2007 代码	行业（中类）名称
3	5121	Motion picture and video industries
4	5122	Sound recording Industries
5	5151	Radio and television broadcasting
6	5152	Cable and other subscription programming
7	5191	Other information services
8	5414	Specialized design services
9	5415	Computer systems design and related services
10	5418	Advertising and related services
11	5419	Other professional and technical services
12	7111	Performing arts companies
13	7115	Independent artists, writers, and performers

资料来源：笔者依据 2016 年美国知识产权密集型产业报告相关数据整理。

附录二 欧盟知识产权密集型
产业列表

附表4　　　**欧盟商标密集型产业列表（2019 年报告）**

序号	欧盟 NACE Rev. 2 代码	行业（小类）名称
1	06.10	Extraction of crude petroleum
2	07.10	Mining of iron ores
3	08.11	Quarrying of ornamental and building stone, limestone, gypsum, chalk and slate
4	08.91	Mining of chemical and fertiliser minerals
5	08.92	Extraction of peat
6	08.93	Extraction of salt
7	08.99	Other mining and quarrying n.e.c.
8	09.10	Support activities for petroleum and natural gas extraction
9	10.20	Processing and preserving of fish, crustaceans and molluscs
10	10.31	Processing and preserving of potatoes
11	10.32	Manufacture of fruit and vegetable juice
12	10.39	Other processing and preserving of fruit and vegetables
13	10.41	Manufacture of oils and fats
14	10.42	Manufacture of margarine and similar edible fats
15	10.51	Operation of dairies and cheese making
16	10.52	Manufacture of ice cream
17	10.61	Manufacture of grain mill products

续表

序号	欧盟 NACE Rev. 2 代码	行业（小类）名称
18	10.72	Manufacture of rusks and biscuits; manufacture of preserved pastry goods and cakes
19	10.73	Manufacture of macaroni, noodles, couscous and similar farinaceous products
20	10.81	Manufacture of sugar
21	10.82	Manufacture of cocoa, chocolate and sugar confectionery
22	10.83	Processing of tea and coffee
23	10.84	Manufacture of condiments and seasonings
24	10.86	Manufacture of homogenised food preparations and dietetic food
25	10.89	Manufacture of other food products n. e. c.
26	10.91	Manufacture of prepared feeds for farm animals
27	10.92	Manufacture of prepared pet foods
28	11.01	Distilling, rectifying and blending of spirits
29	11.02	Manufacture of wine from grape
30	11.03	Manufacture of cider and other fruit wines
31	11.04	Manufacture of other non-distilled fermented beverages
32	11.05	Manufacture of beer
33	11.06	Manufacture of malt
34	11.07	Manufacture of soft drinks; production of mineral waters and other bottled waters
35	12.00	Manufacture of tobacco products
36	13.10	Preparation and spinning of textile fibres
37	13.20	Weaving of textiles
38	13.91	Manufacture of knitted and crocheted fabrics
39	13.92	Manufacture of made-up textile articles, except apparel
40	13.93	Manufacture of carpets and rugs
41	13.94	Manufacture of cordage, rope, twine and netting
42	13.95	Manufacture of non-wovens and articles made from non-wovens, except apparel

序号	欧盟 NACE Rev. 2 代码	行业（小类）名称
43	13.96	Manufacture of other technical and industrial textiles
44	13.99	Manufacture of other textiles n. e. c.
45	14.11	Manufacture of leather clothes
46	14.12	Manufacture of workwear
47	14.13	Manufacture of other outerwear
48	14.14	Manufacture of underwear
49	14.19	Manufacture of other wearing apparel and accessories
50	14.20	Manufacture of articles of fur
51	14.31	Manufacture of knitted and crocheted hosiery
52	14.39	Manufacture of other knitted and crocheted apparel
53	15.12	Manufacture of luggage, handbags and the like, saddlery and harness
54	15.20	Manufacture of footwear
55	16.22	Manufacture of assembled parquet floors
56	16.29	Manufacture of other products of wood; manufacture of articles of cork, straw and plaiting materials
57	17.12	Manufacture of paper and paperboard
58	17.22	Manufacture of household and sanitary goods and of toilet requisites
59	17.23	Manufacture of paper stationery
60	17.24	Manufacture of wallpaper
61	17.29	Manufacture of other articles of paper and paperboard
62	18.11	Printing of newspapers
63	18.13	Pre-press and pre-media services
64	18.20	Reproduction of recorded media
65	19.10	Manufacture of coke oven products
66	19.20	Manufacture of refined petroleum products
67	20.11	Manufacture of industrial gases
68	20.12	Manufacture of dyes and pigments

序号	欧盟 NACE Rev. 2 代码	行业（小类）名称
69	20.13	Manufacture of other inorganic basic chemicals
70	20.15	Manufacture of fertilisers and nitrogen compounds
71	20.16	Manufacture of plastics in primary forms
72	20.17	Manufacture of synthetic rubber in primary forms
73	20.20	Manufacture of pesticides and other agrochemical products
74	20.30	Manufacture of paints, varnishes and similar coatings, printing ink and mastics
75	20.41	Manufacture of soap and detergents, cleaning and polishing preparations
76	20.42	Manufacture of perfumes and toilet preparations
77	20.51	Manufacture of explosives
78	20.52	Manufacture of glues
79	20.53	Manufacture of essential oils
80	20.59	Manufacture of other chemical products n. e. c.
81	20.60	Manufacture of man-made fibres
82	21.10	Manufacture of basic pharmaceutical products
83	21.20	Manufacture of pharmaceutical preparations
84	22.11	Manufacture of rubber tyres and tubes; retreading and rebuilding of rubber tyres
85	22.19	Manufacture of other rubber products
86	22.21	Manufacture of plastic plates, sheets, tubes and profiles
87	22.22	Manufacture of plastic packing goods
88	22.23	Manufacture of builders' ware of plastic
89	22.29	Manufacture of other plastic products
90	23.11	Manufacture of flat glass
91	23.14	Manufacture of glass fibres
92	23.19	Manufacture and processing of other glass, including technical glassware
93	23.20	Manufacture of refractory products

序号	欧盟 NACE Rev. 2 代码	行业（小类）名称
94	23.31	Manufacture of ceramic tiles and flags
95	23.32	Manufacture of bricks, tiles and construction products, in baked clay
96	23.41	Manufacture of ceramic household and ornamental articles
97	23.42	Manufacture of ceramic sanitary fixtures
98	23.44	Manufacture of other technical ceramic products
99	23.49	Manufacture of other ceramic products
100	23.51	Manufacture of cement
101	23.62	Manufacture of plaster products for construction purposes
102	23.64	Manufacture of mortars
103	23.65	Manufacture of fibre cement
104	23.69	Manufacture of other articles of concrete, plaster and cement
105	23.91	Production of abrasive products
106	23.99	Manufacture of other non-metallic mineral products n. e. c.
107	24.32	Cold rolling of narrow strip
108	24.33	Cold forming or folding
109	24.34	Cold drawing of wire
110	24.41	Precious metals production
111	24.43	Lead, zinc and tin production
112	24.45	Other non-ferrous metal production
113	24.54	Casting of other non-ferrous metals
114	25.21	Manufacture of central heating radiators and boilers
115	25.40	Manufacture of weapons and ammunition
116	25.71	Manufacture of cutlery
117	25.72	Manufacture of locks and hinges
118	25.73	Manufacture of tools
119	25.93	Manufacture of wire products, chain and springs
120	25.99	Manufacture of other fabricated metal products n. e. c.
121	26.11	Manufacture of electronic components

序号	欧盟 NACE Rev. 2 代码	行业（小类）名称
122	26.20	Manufacture of computers and peripheral equipment
123	26.30	Manufacture of communication equipment
124	26.40	Manufacture of consumer electronics
125	26.51	Manufacture of instruments and appliances for measuring, testing and navigation
126	26.52	Manufacture of watches and clocks
127	26.60	Manufacture of irradiation, electromedical and electrotherapeutic equipment
128	26.70	Manufacture of optical instruments and photographic equipment
129	26.80	Manufacture of magnetic and optical media
130	27.11	Manufacture of electric motors, generators and transformers
131	27.20	Manufacture of batteries and accumulators
132	27.40	Manufacture of electric lighting equipment
133	27.51	Manufacture of electric domestic appliances
134	27.52	Manufacture of non-electric domestic appliances
135	27.90	Manufacture of other electrical equipment
136	28.13	Manufacture of other pumps and compressors
137	28.14	Manufacture of other taps and valves
138	28.21	Manufacture of ovens, furnaces and furnace burners
139	28.22	Manufacture of lifting and handling equipment
140	28.23	Manufacture of office machinery and equipment (except computers and peripheral equipment)
141	28.24	Manufacture of power-driven hand tools
142	28.25	Manufacture of non-domestic cooling and ventilation equipment
143	28.29	Manufacture of other general-purpose machinery n. e. c.
144	28.30	Manufacture of agricultural and forestry machinery
145	28.41	Manufacture of metal forming machinery
146	28.49	Manufacture of other machine tools
147	28.91	Manufacture of machinery for metallurgy

序号	欧盟 NACE Rev. 2 代码	行业（小类）名称
148	28. 92	Manufacture of machinery for mining, quarrying and construction
149	28. 93	Manufacture of machinery for food, beverage and tobacco processing
150	28. 94	Manufacture of machinery for textile, apparel and leather production
151	28. 95	Manufacture of machinery for paper and paperboard production
152	28. 99	Manufacture of other special-purpose machinery n. e. c.
153	29. 10	Manufacture of motor vehicles
154	30. 12	Building of pleasure and sporting boats
155	30. 91	Manufacture of motorcycles
156	30. 92	Manufacture of bicycles and invalid carriages
157	30. 99	Manufacture of other transport equipment n. e. c.
158	31. 01	Manufacture of office and shop furniture
159	31. 03	Manufacture of mattresses
160	32. 11	Striking of coins
161	32. 12	Manufacture of jewellery and related articles
162	32. 13	Manufacture of imitation jewellery and related articles
163	32. 20	Manufacture of musical instruments
164	32. 30	Manufacture of sports goods
165	32. 40	Manufacture of games and toys
166	32. 50	Manufacture of medical and dental instruments and supplies
167	32. 91	Manufacture of brooms and brushes
168	32. 99	Other manufacturing n. e. c.
169	33. 19	Repair of other equipment
170	35. 11	Production of electricity
171	35. 12	Transmission of electricity
172	35. 14	Trade of electricity
173	35. 21	Manufacture of gas

序号	欧盟 NACE Rev. 2 代码	行业（小类）名称
174	41.10	Development of building projects
175	45.31	Wholesale trade of motor vehicle parts and accessories
176	45.40	Sale, maintenance and repair of motorcycles and related parts and accessories
177	46.11	Agents involved in the sale of agricultural raw materials, live animals, textile raw materials and semi-finished goods
178	46.12	Agents involved in the sale of fuels, ores, metals and industrial chemicals
179	46.13	Agents involved in the sale of timber and building materials
180	46.14	Agents involved in the sale of machinery, industrial equipment, ships and aircraft
181	46.15	Agents involved in the sale of furniture, household goods, hardware and ironmongery
182	46.16	Agents involved in the sale of textiles, clothing, fur, footwear and leather goods
183	46.17	Agents involved in the sale of food, beverages and tobacco
184	46.18	Agents specialised in the sale of other particular products
185	46.19	Agents involved in the sale of a variety of goods
186	46.21	Wholesale of grain, unmanufactured tobacco, seeds and animal feeds
187	46.22	Wholesale of flowers and plants
188	46.24	Wholesale of hides, skins and leather
189	46.31	Wholesale of fruit and vegetables
190	46.32	Wholesale of meat and meat products
191	46.33	Wholesale of dairy products, eggs and edible oils and fats
192	46.34	Wholesale of beverages
193	46.35	Wholesale of tobacco products
194	46.36	Wholesale of sugar and chocolate and sugar confectionery
195	46.37	Wholesale of coffee, tea, cocoa and spices

续表

序号	欧盟 NACE Rev. 2 代码	行业（小类）名称
196	46.38	Wholesale of other food, including fish, crustaceans and molluscs
197	46.39	Non-specialised wholesale of food, beverages and tobacco
198	46.41	Wholesale of textiles
199	46.42	Wholesale of clothing and footwear
200	46.43	Wholesale of electrical household appliances
201	46.44	Wholesale of china and glassware and cleaning materials
202	46.45	Wholesale of perfume and cosmetics
203	46.46	Wholesale of pharmaceutical goods
204	46.47	Wholesale of furniture, carpets and lighting equipment
205	46.48	Wholesale of watches and jewellery
206	46.49	Wholesale of other household goods
207	46.51	Wholesale of computers, computer peripheral equipment and software
208	46.52	Wholesale of electronic and telecommunications equipment and parts
209	46.62	Wholesale of machine tools
210	46.64	Wholesale of machinery for the textile industry and of sewing and knitting machines
211	46.65	Wholesale of office furniture
212	46.69	Wholesale of other machinery and equipment
213	46.71	Wholesale of solid, liquid and gaseous fuels and related products
214	46.73	Wholesale of wood, construction materials and sanitary equipment
215	46.74	Wholesale of hardware, plumbing and heating equipment and supplies
216	46.75	Wholesale of chemical products
217	46.76	Wholesale of other intermediate products

序号	欧盟 NACE Rev. 2 代码	行业（小类）名称
218	46.90	Non-specialised wholesale trade
219	47.29	Other retail sale of food in specialised stores
220	47.41	Retail sale of computers, peripheral units and software in specialised stores
221	47.43	Retail sale of audio and video equipment in specialised stores
222	47.51	Retail sale of textiles in specialised stores
223	47.64	Retail sale of sporting equipment in specialised stores
224	47.65	Retail sale of games and toys in specialised stores
225	47.72	Retail sale of footwear and leather goods in specialised stores
226	47.74	Retail sale of medical and orthopaedic goods in specialised stores
227	47.75	Retail sale of cosmetic and toilet articles in specialised stores
228	47.78	Other retail sale of new goods in specialised stores
229	47.91	Retail sale via mail order houses or via Internet
230	50.30	Inland passenger water transport
231	58.11	Book publishing
232	58.12	Publishing of directories and mailing lists
233	58.13	Publishing of newspapers
234	58.14	Publishing of journals and periodicals
235	58.19	Other publishing activities
236	58.21	Publishing of computer games
237	58.29	Other software publishing
238	59.11	Motion picture, video and television programme production activities
239	59.12	Motion picture, video and television programme post-production activities
240	59.13	Motion picture, video and television programme distribution activities
241	59.20	Sound recording and music publishing activities

序号	欧盟 NACE Rev. 2 代码	行业（小类）名称
242	60.10	Radio broadcasting
243	60.20	Television programming and broadcasting activities
244	61.20	Wireless telecommunications activities
245	61.30	Satellite telecommunications activities
246	61.90	Other telecommunications activities
247	62.01	Computer programming activities
248	62.03	Computer facilities management activities
249	62.09	Other information technology and computer service activities
250	63.11	Data processing, hosting and related activities
251	63.12	Web portals
252	63.91	News agency activities
253	63.99	Other information service activities n. e. c.
254	66.00	Activities auxiliary to financial services and insurance activities
255	68.10	Buying and selling of own real estate
256	68.20	Rental and operating of own or leased real estate
257	70.21	Public relations and communication activities
258	70.22	Business and other management consultancy activities
259	72.11	Research and experimental development on biotechnology
260	72.19	Other research and experimental development on natural sciences and engineering
261	72.20	Research and experimental development on social sciences and humanities
262	73.11	Advertising agencies
263	73.12	Media representation
264	73.20	Market research and public opinion polling
265	74.10	Specialised design activities
266	74.90	Other professional, scientific and technical activities n. e. c.
267	77.21	Renting and leasing of recreational and sports goods
268	77.33	Rental and leasing of office machinery and equipment (including computers)

序号	欧盟 NACE Rev. 2 代码	行业（小类）名称
269	77.35	Rental and leasing of air transport equipment
270	77.39	Rental and leasing of other machinery, equipment and tangible goods n. e. c.
271	77.40	Leasing of intellectual property and similar products, except copyrighted works
272	79.11	Travel agency activities
273	79.12	Tour operator activities
274	79.90	Other reservation service and related activities
275	82.11	Combined office administrative service activities
276	82.30	Organisation of conventions and trade shows
277	82.91	Activities of collection agencies and credit bureaus
278	82.92	Packaging activities
279	92.00	Gambling and betting activities
280	93.00	Sports activities and amusement and recreation activities excluding 9329 – Other amusement and recreation activities

资料来源：笔者依据 2019 年欧盟知识产权密集型产业报告相关数据整理。

附表5　**欧盟发明专利密集型产业列表（2019 年报告）**

序号	欧盟 NACE Rev. 2 代码	行业（小类）名称
1	06.10	Extraction of crude petroleum
2	07.29	Mining of other non-ferrous metal ores
3	08.91	Mining of chemical and fertiliser minerals
4	08.99	Other mining and quarrying n. e. c.
5	09.10	Support activities for petroleum and natural gas extraction
6	10.62	Manufacture of starches and starch products
7	10.83	Processing of tea and coffee
8	10.86	Manufacture of homogenised food preparations and dietetic food
9	10.89	Manufacture of other food products n. e. c.
10	12.00	Manufacture of tobacco products

序号	欧盟 NACE Rev. 2 代码	行业（小类）名称
11	13.93	Manufacture of carpets and rugs
12	13.94	Manufacture of cordage, rope, twine and netting
13	13.95	Manufacture of non-wovens and articles made from non-wovens, except apparel
14	13.96	Manufacture of other technical and industrial textiles
15	13.99	Manufacture of other textiles n. e. c.
16	16.21	Manufacture of veneer sheets and wood-based panels
17	17.12	Manufacture of paper and paperboard
18	17.22	Manufacture of household and sanitary goods and of toilet requisites
19	20.11	Manufacture of industrial gases
20	20.12	Manufacture of dyes and pigments
21	20.13	Manufacture of other inorganic basic chemicals
22	20.14	Manufacture of other organic basic chemicals
23	20.16	Manufacture of plastics in primary forms
24	20.17	Manufacture of synthetic rubber in primary forms
25	20.20	Manufacture of pesticides and other agrochemical products
26	20.30	Manufacture of paints, varnishes and similar coatings, printing ink and mastics
27	20.41	Manufacture of soap and detergents, cleaning and polishing preparations
28	20.42	Manufacture of perfumes and toilet preparations
29	20.51	Manufacture of explosives
30	20.52	Manufacture of glues
31	20.53	Manufacture of essential oils
32	20.59	Manufacture of other chemical products n. e. c.
33	20.60	Manufacture of man-made fibres
34	21.10	Manufacture of basic pharmaceutical products
35	21.20	Manufacture of pharmaceutical preparations

续表

序号	欧盟 NACE Rev. 2 代码	行业（小类）名称
36	22.11	Manufacture of rubber tyres and tubes; retreading and rebuilding of rubber tyres
37	22.19	Manufacture of other rubber products
38	22.21	Manufacture of plastic plates, sheets, tubes and profiles
39	22.22	Manufacture of plastic packing goods
40	22.23	Manufacture of builders' ware of plastic
41	22.29	Manufacture of other plastic products
42	23.11	Manufacture of flat glass
43	23.14	Manufacture of glass fibres
44	23.19	Manufacture and processing of other glass, including technical glassware
45	23.43	Manufacture of ceramic insulators and insulating fittings
46	23.44	Manufacture of other technical ceramic products
47	23.49	Manufacture of other ceramic products
48	23.51	Manufacture of cement
49	23.52	Manufacture of lime and plaster
50	23.65	Manufacture of fibre cement
51	23.91	Production of abrasive products
52	23.99	Manufacture of other non-metallic mineral products n. e. c.
53	24.32	Cold rolling of narrow strip
54	24.33	Cold forming or folding
55	24.34	Cold drawing of wire
56	24.41	Precious metals production
57	24.42	Aluminium production
58	24.45	Other non-ferrous metal production
59	24.52	Casting of steel
60	25.11	Manufacture of metal structures and parts of structures
61	25.21	Manufacture of central heating radiators and boilers
62	25.30	Manufacture of steam generators, except central heating hot water boilers

序号	欧盟 NACE Rev. 2 代码	行业（小类）名称
63	25.40	Manufacture of weapons and ammunition
64	25.71	Manufacture of cutlery
65	25.72	Manufacture of locks and hinges
66	25.73	Manufacture of tools
67	25.93	Manufacture of wire products, chain and springs
68	25.94	Manufacture of fasteners and screw machine products
69	25.99	Manufacture of other fabricated metal products n. e. c.
70	26.11	Manufacture of electronic components
71	26.20	Manufacture of computers and peripheral equipment
72	26.30	Manufacture of communication equipment
73	26.40	Manufacture of consumer electronics
74	26.51	Manufacture of instruments and appliances for measuring, testing and navigation
75	26.52	Manufacture of watches and clocks
76	26.60	Manufacture of irradiation, electromedical and electrotherapeutic equipment
77	26.70	Manufacture of optical instruments and photographic equipment
78	26.80	Manufacture of magnetic and optical media
79	27.11	Manufacture of electric motors, generators and transformers
80	27.12	Manufacture of electricity distribution and control apparatus
81	27.20	Manufacture of batteries and accumulators
82	27.32	Manufacture of other electronic and electric wires and cables
83	27.33	Manufacture of wiring devices
84	27.40	Manufacture of electric lighting equipment
85	27.51	Manufacture of electric domestic appliances
86	27.90	Manufacture of other electrical equipment
87	28.11	Manufacture of engines and turbines, except aircraft, vehicle and cycle engines
88	28.12	Manufacture of fluid power equipment

续表

序号	欧盟 NACE Rev. 2 代码	行业（小类）名称
89	28.13	Manufacture of other pumps and compressors
90	28.14	Manufacture of other taps and valves
91	28.15	Manufacture of bearings, gears, gearing and driving elements
92	28.21	Manufacture of ovens, furnaces and furnace burners
93	28.22	Manufacture of lifting and handling equipment
94	28.23	Manufacture of office machinery and equipment (except computers and peripheral equipment)
95	28.24	Manufacture of power-driven hand tools
96	28.25	Manufacture of non-domestic cooling and ventilation equipment
97	28.29	Manufacture of other general-purpose machinery n. e. c.
98	28.30	Manufacture of agricultural and forestry machinery
99	28.41	Manufacture of metal forming machinery
100	28.49	Manufacture of other machine tools
101	28.91	Manufacture of machinery for metallurgy
102	28.92	Manufacture of machinery for mining, quarrying and construction
103	28.93	Manufacture of machinery for food, beverage and tobacco processing
104	28.94	Manufacture of machinery for textile, apparel and leather production
105	28.95	Manufacture of machinery for paper and paperboard production
106	28.96	Manufacture of plastics and rubber machinery
107	28.99	Manufacture of other special-purpose machinery n. e. c.
108	29.10	Manufacture of motor vehicles
109	29.20	Manufacture of bodies (coachwork) for motor vehicles; manufacture of trailers and semi-trailers
110	29.31	Manufacture of electrical and electronic equipment for motor vehicles
111	29.32	Manufacture of other parts and accessories for motor vehicles

序号	欧盟 NACE Rev. 2 代码	行业（小类）名称
112	30.11	Building of ships and floating structures
113	30.20	Manufacture of railway locomotives and rolling stock
114	30.30	Manufacture of air and spacecraft and related machinery
115	30.40	Manufacture of military fighting vehicles
116	30.91	Manufacture of motorcycles
117	30.92	Manufacture of bicycles and invalid carriages
118	30.99	Manufacture of other transport equipment n. e. c.
119	32.11	Striking of coins
120	32.12	Manufacture of jewellery and related articles
121	32.30	Manufacture of sports goods
122	32.40	Manufacture of games and toys
123	32.50	Manufacture of medical and dental instruments and supplies
124	32.91	Manufacture of brooms and brushes
125	32.99	Other manufacturing n. e. c.
126	33.14	Repair of electrical equipment
127	33.20	Installation of industrial machinery and equipment
128	35.11	Production of electricity
129	35.21	Manufacture of gas
130	45.19	Sale of other motor vehicles
131	45.31	Wholesale trade of motor vehicle parts and accessories
132	46.12	Agents involved in the sale of fuels, ores, metals and industrial chemicals
133	46.14	Agents involved in the sale of machinery, industrial equipment, ships and aircraft
134	46.43	Wholesale of electrical household appliances
135	46.46	Wholesale of pharmaceutical goods
136	46.64	Wholesale of machinery for the textile industry and of sewing and knitting machines
137	46.69	Wholesale of other machinery and equipment

续表

序号	欧盟 NACE Rev. 2 代码	行业（小类）名称
138	46.75	Wholesale of chemical products
139	47.54	Retail sale of electrical household appliances in specialised stores
140	58.29	Other software publishing
141	61.30	Satellite telecommunications activities
142	61.90	Other telecommunications activities
143	71.12	Engineering activities and related technical consultancy
144	72.11	Research and experimental development on biotechnology
145	72.19	Other research and experimental development on natural sciences and engineering
146	72.20	Research and experimental development on social sciences and humanities
147	74.90	Other professional, scientific and technical activities n. e. c.
148	77.40	Leasing of intellectual property and similar products, except copyrighted works

资料来源：笔者依据2019年欧盟知识产权密集型产业报告相关数据整理。

附表6　　**欧盟外观设计密集型产业列表（2019年报告）**

序号	欧盟 NACE Rev. 2 代码	行业（小类）名称
1	06.10	Extraction of crude petroleum
2	08.99	Other mining and quarrying n. e. c.
3	10.32	Manufacture of fruit and vegetable juice
4	10.41	Manufacture of oils and fats
5	10.51	Operation of dairies and cheese making
6	10.52	Manufacture of ice cream
7	10.72	Manufacture of rusks and biscuits; manufacture of preserved pastry goods and cakes
8	10.73	Manufacture of macaroni, noodles, couscous and similar farinaceous products

序号	欧盟 NACE Rev. 2 代码	行业（小类）名称
9	10.82	Manufacture of cocoa, chocolate and sugar confectionery
10	10.83	Processing of tea and coffee
11	10.86	Manufacture of homogenised food preparations and dietetic food
12	10.89	Manufacture of other food products n. e. c.
13	10.92	Manufacture of prepared pet foods
14	11.01	Distilling, rectifying and blending of spirits
15	11.03	Manufacture of cider and other fruit wines
16	11.07	Manufacture of soft drinks; production of mineral waters and other bottled waters
17	12.00	Manufacture of tobacco products
18	13.10	Preparation and spinning of textile fibres
19	13.20	Weaving of textiles
20	13.30	Finishing of textiles
21	13.92	Manufacture of made-up textile articles, except apparel
22	13.93	Manufacture of carpets and rugs
23	13.94	Manufacture of cordage, rope, twine and netting
24	13.96	Manufacture of other technical and industrial textiles
25	13.99	Manufacture of other textiles n. e. c.
26	14.11	Manufacture of leather clothes
27	14.12	Manufacture of workwear
28	14.13	Manufacture of other outerwear
29	14.14	Manufacture of underwear
30	14.19	Manufacture of other wearing apparel and accessories
31	14.31	Manufacture of knitted and crocheted hosiery
32	14.39	Manufacture of other knitted and crocheted apparel
33	15.12	Manufacture of luggage, handbags and the like, saddlery and harness
34	15.20	Manufacture of footwear
35	16.21	Manufacture of veneer sheets and wood-based panels

续表

序号	欧盟 NACE Rev. 2 代码	行业（小类）名称
36	16.22	Manufacture of assembled parquet floors
37	16.23	Manufacture of other builders' carpentry and joinery
38	16.29	Manufacture of other products of wood; manufacture of articles of cork, straw and plaiting materials
39	17.12	Manufacture of paper and paperboard
40	17.21	Manufacture of corrugated paper and paperboard and of containers of paper and paperboard
41	17.22	Manufacture of household and sanitary goods and of toilet requisites
42	17.23	Manufacture of paper stationery
43	18.20	Reproduction of recorded media
44	20.16	Manufacture of plastics in primary forms
45	20.20	Manufacture of pesticides and other agrochemical products
46	20.41	Manufacture of soap and detergents, cleaning and polishing preparations
47	20.42	Manufacture of perfumes and toilet preparations
48	20.51	Manufacture of explosives
49	20.52	Manufacture of glues
50	20.59	Manufacture of other chemical products n. e. c.
51	21.10	Manufacture of basic pharmaceutical products
52	22.11	Manufacture of rubber tyres and tubes; retreading and rebuilding of rubber tyres
53	22.19	Manufacture of other rubber products
54	22.21	Manufacture of plastic plates, sheets, tubes and profiles
55	22.22	Manufacture of plastic packing goods
56	22.23	Manufacture of builders' ware of plastic
57	22.29	Manufacture of other plastic products
58	23.11	Manufacture of flat glass
59	23.13	Manufacture of hollow glass

序号	欧盟 NACE Rev. 2 代码	行业（小类）名称
60	23. 19	Manufacture and processing of other glass, including technical glassware
61	23. 31	Manufacture of ceramic tiles and flags
62	23. 32	Manufacture of bricks, tiles and construction products, in baked clay
63	23. 41	Manufacture of ceramic household and ornamental articles
64	23. 42	Manufacture of ceramic sanitary fixtures
65	23. 43	Manufacture of ceramic insulators and insulating fittings
66	23. 49	Manufacture of other ceramic products
67	23. 61	Manufacture of concrete products for construction purposes
68	23. 69	Manufacture of other articles of concrete, plaster and cement
69	23. 70	Cutting, shaping and finishing of stone
70	23. 91	Production of abrasive products
71	23. 99	Manufacture of other non-metallic mineral products n. e. c.
72	24. 34	Cold drawing of wire
73	24. 45	Other non-ferrous metal production
74	24. 53	Casting of light metals
75	25. 11	Manufacture of metal structures and parts of structures
76	25. 12	Manufacture of doors and windows of metal
77	25. 21	Manufacture of central heating radiators and boilers
78	25. 71	Manufacture of cutlery
79	25. 72	Manufacture of locks and hinges
80	25. 73	Manufacture of tools
81	25. 91	Manufacture of steel drums and similar containers
82	25. 92	Manufacture of light metal packaging
83	25. 93	Manufacture of wire products, chain and springs
84	25. 99	Manufacture of other fabricated metal products n. e. c.
85	26. 11	Manufacture of electronic components
86	26. 20	Manufacture of computers and peripheral equipment

序号	欧盟 NACE Rev. 2 代码	行业（小类）名称
87	26.30	Manufacture of communication equipment
88	26.40	Manufacture of consumer electronics
89	26.51	Manufacture of instruments and appliances for measuring, testing and navigation
90	26.52	Manufacture of watches and clocks
91	26.60	Manufacture of irradiation, electromedical and electrotherapeutic equipment
92	26.70	Manufacture of optical instruments and photographic equipment
93	26.80	Manufacture of magnetic and optical media
94	27.12	Manufacture of electricity distribution and control apparatus
95	27.20	Manufacture of batteries and accumulators
96	27.32	Manufacture of other electronic and electric wires and cables
97	27.33	Manufacture of wiring devices
98	27.40	Manufacture of electric lighting equipment
99	27.51	Manufacture of electric domestic appliances
100	27.52	Manufacture of non-electric domestic appliances
101	27.90	Manufacture of other electrical equipment
102	28.11	Manufacture of engines and turbines, except aircraft, vehicle and cycle engines
103	28.13	Manufacture of other pumps and compressors
104	28.14	Manufacture of other taps and valves
105	28.21	Manufacture of ovens, furnaces and furnace burners
106	28.22	Manufacture of lifting and handling equipment
107	28.23	Manufacture of office machinery and equipment (except computers and peripheral equipment)
108	28.24	Manufacture of power-driven hand tools
109	28.25	Manufacture of non-domestic cooling and ventilation equipment
110	28.29	Manufacture of other general-purpose machinery n. e. c.
111	28.30	Manufacture of agricultural and forestry machinery

序号	欧盟 NACE Rev. 2 代码	行业（小类）名称
112	28.41	Manufacture of metal forming machinery
113	28.49	Manufacture of other machine tools
114	28.91	Manufacture of machinery for metallurgy
115	28.92	Manufacture of machinery for mining, quarrying and construction
116	28.93	Manufacture of machinery for food, beverage and tobacco processing
117	28.96	Manufacture of plastics and rubber machinery
118	28.99	Manufacture of other special-purpose machinery n. e. c.
119	29.10	Manufacture of motor vehicles
120	29.20	Manufacture of bodies (coachwork) for motor vehicles; manufacture of trailers and semi-trailers
121	29.32	Manufacture of other parts and accessories for motor vehicles
122	30.12	Building of pleasure and sporting boats
123	30.40	Manufacture of military fighting vehicles
124	30.91	Manufacture of motorcycles
125	30.92	Manufacture of bicycles and invalid carriages
126	30.99	Manufacture of other transport equipment n. e. c.
127	31.01	Manufacture of office and shop furniture
128	31.02	Manufacture of kitchen furniture
129	31.03	Manufacture of mattresses
130	31.09	Manufacture of other furniture
131	32.12	Manufacture of jewellery and related articles
132	32.13	Manufacture of imitation jewellery and related articles
133	32.20	Manufacture of musical instruments
134	32.30	Manufacture of sports goods
135	32.40	Manufacture of games and toys
136	32.50	Manufacture of medical and dental instruments and supplies
137	32.91	Manufacture of brooms and brushes

序号	欧盟 NACE Rev. 2 代码	行业（小类）名称
138	32.99	Other manufacturing n. e. c.
139	45.19	Sale of other motor vehicles
140	45.31	Wholesale trade of motor vehicle parts and accessories
141	46.11	Agents involved in the sale of agricultural raw materials, live animals, textile raw materials and semi-finished goods
142	46.13	Agents involved in the sale of timber and building materials
143	46.14	Agents involved in the sale of machinery, industrial equipment, ships and aircraft
144	46.15	Agents involved in the sale of furniture, household goods, hardware and ironmongery
145	46.16	Agents involved in the sale of textiles, clothing, fur, footwear and leather goods
146	46.18	Agents specialised in the sale of other particular products
147	46.19	Agents involved in the sale of a variety of goods
148	46.24	Wholesale of hides, skins and leather
149	46.35	Wholesale of tobacco products
150	46.37	Wholesale of coffee, tea, cocoa and spices
151	46.41	Wholesale of textiles
152	46.42	Wholesale of clothing and footwear
153	46.43	Wholesale of electrical household appliances
154	46.44	Wholesale of china and glassware and cleaning materials
155	46.45	Wholesale of perfume and cosmetics
156	46.47	Wholesale of furniture, carpets and lighting equipment
157	46.48	Wholesale of watches and jewellery
158	46.49	Wholesale of other household goods
159	46.52	Wholesale of electronic and telecommunications equipment and parts
160	46.65	Wholesale of office furniture
161	46.69	Wholesale of other machinery and equipment

 附　　录

续表

序号	欧盟 NACE Rev. 2 代码	行业（小类）名称
162	46. 72	Wholesale of metals and metal ores
163	46. 73	Wholesale of wood, construction materials and sanitary equipment
164	46. 74	Wholesale of hardware, plumbing and heating equipment and supplies
165	46. 76	Wholesale of other intermediate products
166	46. 90	Non-specialised wholesale trade
167	47. 54	Retail sale of electrical household appliances in specialised stores
168	47. 59	Retail sale of furniture, lighting equipment and other household articles in specialised stores
169	47. 65	Retail sale of games and toys in specialised stores
170	47. 72	Retail sale of footwear and leather goods in specialised stores
171	47. 91	Retail sale via mail order houses or via Internet
172	58. 11	Book publishing
173	58. 19	Other publishing activities
174	61. 90	Other telecommunications activities
175	63. 99	Other information service activities n. e. c.
176	68. 10	Buying and selling of own real estate
177	70. 21	Public relations and communication activities
178	72. 11	Research and experimental development on biotechnology
179	72. 19	Other research and experimental development on natural sciences and engineering
180	73. 11	Advertising agencies
181	74. 10	Specialised design activities
182	74. 90	Other professional, scientific and technical activities n. e. c.
183	77. 40	Leasing of intellectual property and similar products, except copyrighted works
184	82. 92	Packaging activities

资料来源：笔者依据 2019 年欧盟知识产权密集型产业报告相关数据整理。

附表7　　　　**欧盟版权密集型产业列表（2019 年报告）**

序号	欧盟 NACE Rev. 2 代码	行业（小类）名称
1	17.11	Manufacture of pulp
2	17.12	Manufacture of paper and paperboard
3	18.11	Printing of newspapers
4	18.12	Other printing
5	18.13	Pre-press and pre-media services
6	18.14	Binding and related services
7	18.20	Reproduction of recorded media
8	20.59	Manufacture of other chemical products n. e. c.
9	26.20	Manufacture of computers and peripheral equipment
10	26.30	Manufacture of communication equipment
11	26.40	Manufacture of consumer electronics
12	26.70	Manufacture of optical instruments and photographic equipment
13	27.31	Manufacture of fibre optic cables
14	28.23	Manufacture of office machinery and equipment (except computers and peripheral equipment)
15	32.11	Striking of coins
16	32.12	Manufacture of jewellery and related articles
17	32.20	Manufacture of musical instruments
18	32.40	Manufacture of games and toys
19	46.43	Wholesale of electrical household appliances
20	46.51	Wholesale of computers, computer peripheral equipment and software
21	46.52	Wholesale of electronic and telecommunications equipment and parts
22	46.66	Wholesale of other office machinery and equipment
23	46.76	Wholesale of other intermediate products
24	47.41	Retail sale of computers, peripheral units and software in specialised stores

序号	欧盟 NACE Rev. 2 代码	行业（小类）名称
25	47.43	Retail sale of audio and video equipment in specialised stores
26	47.61	Retail sale of books in specialised stores
27	47.62	Retail sale of newspapers and stationery in specialised stores
28	47.63	Retail sale of music and video recording in specialised stores
29	47.78	Other retail sale of new goods in specialised stores
30	58.11	Book publishing
31	58.12	Publishing of directories and mailing lists
32	58.13	Publishing of newspapers
33	58.14	Publishing of journals and periodicals
34	58.19	Other publishing activities
35	58.21	Publishing of computer games
36	58.29	Other software publishing
37	59.11	Motion picture, video and television programme production activities
38	59.12	Motion picture, video and television programme post-production activities
39	59.13	Motion picture, video and television programme distribution activities
40	59.14	Motion picture projection activities
41	59.20	Sound recording and music publishing activities
42	60.10	Radio broadcasting
43	60.20	Television programming and broadcasting activities
44	61.10	Wired telecommunications activities
45	61.20	Wireless telecommunications activities
46	61.30	Satellite telecommunications activities
47	61.90	Other telecommunications activities
48	62.01	Computer programming activities
49	62.02	Computer consultancy activities
50	62.03	Computer facilities management activities

序号	欧盟 NACE Rev. 2 代码	行业（小类）名称
51	62.09	Other information technology and computer service activities
52	63.11	Data processing, hosting and related activities
53	63.12	Web portals
54	63.91	News agency activities
55	63.99	Other information service activities n. e. c.
56	70.21	Public relations and communication activities
57	73.11	Advertising agencies
58	73.12	Media representation
59	74.10	Specialised design activities
60	74.20	Photographic activities
61	74.30	Translation and interpretation activities
62	77.22	Rental of video tapes and disks
63	77.29	Rental and leasing of other personal and household goods
64	77.33	Rental and leasing of office machinery and equipment (including computers)
65	77.39	Rental and leasing of other machinery, equipment and tangible goods n. e. c.
66	79.90	Other reservation service and related activities
67	82.19	Photocopying, document preparation and other specialised officesupport activities
68	85.52	Cultural education
69	90.01	Performing arts
70	90.02	Support activities to performing arts
71	90.03	Artistic creation
72	90.04	Operation of arts facilities
73	91.01	Library and archives activities
74	91.02	Museums activities
75	91.03	Operation of historical sites and buildings and similar visitors attractions

续表

序号	欧盟 NACE Rev. 2 代码	行业（小类）名称
76	93.21	Activities of amusement parks and theme parks
77	93.29	Other amusement and recreation activities
78	94.12	Activities of professional membership organisations
79	94.99	Activities of other membership organisations n. e. c.

资料来源：笔者依据2019年欧盟知识产权密集型产业报告相关数据整理。

附表8　　　**欧盟地理标志密集型产业列表（2019 年报告）**

序号	欧盟 NACE Rev. 2 代码	行业（小类）名称
1	10.51	Operation of dairies and cheese making
2	11.01	Distilling, rectifying and blending of spirits
3	11.02	Manufacture of wine from grape
4	11.05	Manufacture of beer

资料来源：笔者依据2019年欧盟知识产权密集型产业报告相关数据整理。

附表9　　　**欧盟植物品种权密集型产业列表（2019 年报告）**

序号	欧盟 NACE Rev. 2 代码	行业（小类）名称
1	01.00	Crop and animal production, hunting and related service activities
2	10.61	Manufacture of grain mill products
3	10.89	Manufacture of other food products n. e. c.
4	11.06	Manufacture of malt
5	46.11	Agents involved in the sale of agricultural raw materials, live animals, textile raw materials and semi-finished goods
6	46.21	Wholesale of grain, unmanufactured tobacco, seeds and animal feeds
7	72.11	Research and experimental development on biotechnology

序号	欧盟 NACE Rev. 2 代码	行业（小类）名称
8	72. 19	Other research and experimental development on natural sciences and engineering
9	77. 40	Leasing of intellectual property and similar products, except copyrighted works

资料来源：笔者依据 2019 年欧盟知识产权密集型产业报告相关数据整理。

附录三　中国知识产权密集型产业列表

附表 10　《专利密集型产业目录（2016）（试行）》

发明专利密集型产业列表

行业类别	中国 GB/T 4754—2011 代码	行业（中类）名称
一、信息基础产业	391	计算机制造
	392	通信设备制造
	393	广播电视设备制造
	394	雷达及配套设备制造
	396	电子器件制造
二、软件和信息技术服务业	651	软件开发
	652	信息系统集成服务
	653	信息技术咨询服务
	654	数据处理和存储服务
	655	集成电路设计
	659	其他信息技术服务业
三、现代交通装备产业	361	汽车整车制造
	366	汽车零部件及配件制造
	371	铁路运输设备制造
	374	航空、航天器及设备制造

行业类别	中国 GB/T 4754—2011 代码	行业（中类）名称
四、智能制造装备产业	342	金属加工机械制造
	343	物料搬运设备制造
	351	采矿、冶金、建筑专用设备制造
	354	印刷、制药、日化及日用品生产专用设备制造
	355	纺织、服装和皮革加工专用设备制造
	356	电子和电工机械专用设备制造
	357	农、林、牧、渔专用机械制造
五、生物医药产业	271	化学药品原料药制造
	272	化学药品制剂制造
	273	中药饮片加工
	274	中成药生产
	276	生物药品制造
	358	医疗仪器设备及器械制造
	404	光学仪器及眼镜制造
六、新型功能材料产业	261	基础化学原料制造
	263	农药制造
	264	涂料、油墨、颜料及类似产品制造
	265	合成材料制造
	266	专用化学产品制造
	268	日用化学产品制造

续表

行业类别	中国 GB/T 4754—2011 代码	行业（中类）名称
七、高效节能环保产业	341	锅炉及原动设备制造
	344	泵、阀门、压缩机及类似机械制造
	346	烘炉、风机、衡器、包装等设备制造
	352	化工、木材、非金属加工专用设备制造
	359	环保、社会公共服务及其他专用设备制造
	382	输配电及控制设备制造
	384	电池制造
	387	照明器具制造
	401	通用仪器仪表制造
	402	专用仪器仪表制造
八、资源循环利用产业	336	金属表面处理及热处理加工
	462	污水处理及其再生利用
	469	其他水的处理、利用与分配

资料来源：《专利密集型产业目录（2016）（试行)》。

附表 11　《知识产权（专利）密集型产业统计分类（2019)》

发明专利密集型产业列表

序号	中国 GB/T 4754－2017 代码	行业（小类）名称
一、信息通信技术制造业		
1	3921	通信系统设备制造
2	3922	通信终端设备制造
3	3940	雷达及配套设备制造
4	3913	计算机外围设备制造

续表

序号	中国 GB/T 4754 – 2017 代码	行业（小类）名称
5	3914	工业控制计算机及系统制造
6	3915	信息安全设备制造
7	3919	其他计算机制造
8	3931	广播电视节目制作及发射设备制造
9	3932	广播电视接收设备制造
10	3933	广播电视专用配件制造
11	3934	专业音响设备制造
12	3971	电子真空器件制造
13	3972	半导体分立器件制造
14	3973	集成电路制造
15	3974	显示器件制造
16	3975	半导体照明器件制造
17	3976	光电子器件制造
18	3979	其他电子器件制造
19	3981	电阻电容电感元件制造
20	3982	电子电路制造
21	3983	敏感元件及传感器制造
22	3984	电声器件及零件制造
23	3985	电子专用材料制造
24	3989	其他电子元件制造
25	3562	半导体器件专用设备制造
26	3563	电子元器件与机电组件设备制造
27	3569	其他电子专用设备制造
28	3961	可穿戴智能设备制造
29	3962	智能车载设备制造
30	3963	智能无人飞行器制造
31	3964	服务消费机器人制造
32	3969	其他智能消费设备制造

序号	中国 GB/T 4754 - 2017 代码	行业（小类）名称
33	3990	其他电子设备制造
二、信息通信技术服务业		
34	6312	移动电信服务
35	6331	广播电视卫星传输服务
36	6339	其他卫星传输服务
37	6421	互联网搜索服务
38	6422	互联网游戏服务
39	6429	互联网其他信息服务
40	6431	互联网生产服务平台
41	6432	互联网生活服务平台
42	6433	互联网科技创新平台
43	6434	互联网公共服务平台
44	6439	其他互联网平台
45	6440	互联网安全服务
46	6450	互联网数据服务
47	6511	基础软件开发
48	6512	支撑软件开发
49	6513	应用软件开发
50	6519	其他软件开发
51	6550	信息处理和存储支持服务
52	6571	地理遥感信息服务
53	6572	动漫、游戏数字内容服务
54	6579	其他数字内容服务
三、新装备制造业		
55	3411	锅炉及辅助设备制造
56	3412	内燃机及配件制造
57	3419	其他原动设备制造
58	3421	金属切削机床制造

序号	中国 GB/T 4754－2017 代码	行业（小类）名称
59	3422	金属成形机床制造
60	3423	铸造机械制造
61	3424	金属切割及焊接设备制造
62	3425	机床功能部件及附件制造
63	3429	其他金属加工机械制造
64	3431	轻小型起重设备制造
65	3432	生产专用起重机制造
66	3434	连续搬运设备制造
67	3441	泵及真空设备制造
68	3442	气体压缩机械制造
69	3443	阀门和旋塞制造
70	3444	液压动力机械及元件制造
71	3445	液力动力机械及元件制造
72	3446	气压动力机械及元件制造
73	3459	其他传动部件制造
74	3461	烘炉、熔炉及电炉制造
75	3463	气体、液体分离及纯净设备制造
76	3464	制冷、空调设备制造
77	3466	喷枪及类似器具制造
78	3467	包装专用设备制造
79	3474	复印和胶印设备制造
80	3491	工业机器人制造
81	3492	特殊作业机器人制造
82	3493	增材制造装备制造
83	3499	其他未列明通用设备制造业
84	3511	矿山机械制造
85	3515	建筑材料生产专用机械制造
86	3516	冶金专用设备制造

序号	中国 GB/T 4754 – 2017 代码	行业（小类）名称
87	3521	炼油、化工生产专用设备制造
88	3523	塑料加工专用设备制造
89	3529	其他非金属加工专用设备制造
90	3531	食品、酒、饮料及茶生产专用设备制造
91	3532	农副食品加工专用设备制造
92	3542	印刷专用设备制造
93	3544	制药专用设备制造
94	3551	纺织专用设备制造
95	3572	机械化农业及园艺机具制造
96	3596	交通安全、管制及类似专用设备制造
97	3597	水资源专用机械制造
98	3599	其他专用设备制造
99	3741	飞机制造
100	3742	航天器及运载火箭制造
101	3743	航天相关设备制造
102	3744	航空相关设备制造
103	3749	其他航空航天器制造
104	3630	改装汽车制造
105	3670	汽车零部件及配件制造
106	3714	高铁设备、配件制造
107	3716	铁路专用设备及器材、配件制造
108	3812	电动机制造
109	3821	变压器、整流器和电感器制造
110	3823	配电开关控制设备制造
111	3824	电力电子元器件制造
112	3825	光伏设备及元器件制造
113	3829	其他输配电及控制设备制造
114	3832	光纤制造
115	3833	光缆制造
116	3841	锂离子电池制造
117	3844	锌锰电池制造

续表

序号	中国 GB/T 4754 – 2017 代码	行业（小类）名称
118	3849	其他电池制造
119	3871	电光源制造
120	3874	智能照明器具制造
121	3879	灯用电器附件及其他照明器具制造
122	3891	电气信号设备装置制造
123	4011	工业自动控制系统装置制造
124	4012	电工仪器仪表制造
125	4013	绘图、计算及测量仪器制造
126	4014	实验分析仪器制造
127	4015	试验机制造
128	4023	导航、测绘、气象及海洋专用仪器制造
129	4025	地质勘探和地震专用仪器制造
130	4026	教学专用仪器制造
131	4028	电子测量仪器制造
132	4029	其他专用仪器制造
133	4040	光学仪器制造
134	3351	建筑、家具用金属配件制造
135	3737	海洋工程装备制造
四、新材料制造业		
136	3240	有色金属合金制造
137	3051	技术玻璃制品制造
138	3073	特种陶瓷制品制造
139	2612	无机碱制造
140	2613	无机盐制造
141	2614	有机化学原料制造
142	2619	其他基础化学原料制造
143	2624	复混肥料制造
144	2631	化学农药制造
145	2632	生物化学农药及微生物农药制造
146	2641	涂料制造
147	2642	油墨及类似产品制造

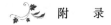

序号	中国 GB/T 4754－2017 代码	行业（小类）名称
148	2645	染料制造
149	2651	初级形态塑料及合成树脂制造
150	2659	其他合成材料制造
151	2661	化学试剂和助剂制造
152	2662	专项化学用品制造
153	2663	林产化学产品制造
154	2669	其他专用化学产品制造
155	2682	化妆品制造
156	2684	香料、香精制造
157	2829	其他合成纤维制造
五、医药医疗产业		
158	2710	化学药品原料药制造
159	2720	化学药品制剂制造
160	2730	中药饮片加工
161	2740	中成药生产
162	2750	兽用药品制造
163	2761	生物药品制造
164	2762	基因工程药物和疫苗制造
165	2770	卫生材料及医药用品制造
166	2780	药用辅料及包装材料制造
167	3581	医疗诊断、监护及治疗设备制造
168	3584	医疗、外科及兽医用器械制造
169	3585	机械治疗及病房护理设备制造
170	3586	康复辅具制造
171	3589	其他医疗设备及器械制造
六、环保产业		
172	3591	环境保护专用设备制造
173	4021	环境监测专用仪器仪表制造
174	2666	环境污染处理专用药剂材料制造
175	3360	金属表面处理及热处理加工
176	4620	污水处理及其再生利用

序号	中国 GB/T 4754－2017 代码	行业（小类）名称
七、研发、设计和技术服务业		
177	7310	自然科学研究和试验发展
178	7320	工程和技术研究和试验发展
179	7340	医学研究和试验发展
180	7491	工业设计服务
181	7492	专业设计服务
182	7512	生物技术推广服务
183	7513	新材料技术推广服务
184	7514	节能技术推广服务
185	7515	新能源技术推广服务
186	7516	环保技术推广服务
187	7517	三维（3D）打印技术推广服务
188	7519	其他技术推广服务

附表 12　　**《中国知识产权密集型产业报告 2015》**

发明专利密集型产业列表

序号	中国 GB/T 4754—2011 代码	行业（大类）名称
1	C13	农副食品加工业
2	C14	食品制造业
3	C26	化学原料和化学制品制造业
4	C27	医药制造业
5	C30	非金属矿物制品业
6	C33	金属制品业
7	C34	通用设备制造业
8	C35	专用设备制造业
9	C38	电气机械和器材制造业
10	C39	计算机、通信和其他电子设备制造业
11	C40	仪器仪表制造业
12	I65	软件和信息技术服务业

资料来源：笔者依据《中国知识产权密集型产业报告 2015》整理。

附表 13　《中国知识产权密集型产业报告 2015》商标密集型产业列表

序号	中国 GB/T 4754—2011 代码	行业（大类）名称
1	C13	农副食品加工业
2	C14	食品制造业
3	C15	酒、饮料和精制茶制造业
4	C17	纺织业
5	C18	纺织服装、服饰业
6	C19	皮革、毛皮、羽毛及其制品和制鞋业
7	C20	木材加工和木、竹、藤、棕、草制品业
8	C21	家具制造业
9	C23	印刷和记录媒介复制业
10	C24	文教、工美、体育和娱乐用品制造业
11	C26	化学原料和化学制品制造业
12	C27	医药制造业
13	C30	非金属矿物制品业
14	C33	金属制品业
15	C34	通用设备制造业
16	C35	专用设备制造业
17	C38	电气机械和器材制造业
18	C40	仪器仪表制造业
19	H61	住宿业
20	H62	餐饮业
21	L72	商务服务业

资料来源：笔者依据《中国知识产权密集型产业报告 2015》整理。

附表 14　《中国知识产权密集型产业报告 2015》
核心版权密集型产业列表

序号	中国 GB/T 4754—2011 代码	行业（大类）名称
1	I63	电信、广播电视和卫星传输服务
2	I64	互联网和相关服务

附 录

续表

序号	中国 GB/T 4754—2011 代码	行业（大类）名称
3	I65	软件和信息技术服务业
4	L72	商务服务业
5	M74	专业技术服务业
6	R86	新闻和出版业
7	R87	广播、电视、电影和录音制作业
8	R88	文化艺术业
9	R90	娱乐业

资料来源：笔者依据《中国知识产权密集型产业报告2015》整理。

319

参考文献

常滨毓：《海尔特色的知识产权管理》，《东方企业文化》2006 年第
　6 期。

陈梅、周申：《动态外资进入与企业技能就业结构优化》，《世界经济
　研究》2018 年第 1 期。

陈明媛、熊婷、邢鹏：《京东方专利布局分析与专利管理启示》，《中
　国发明与专利》2018 年第 5 期。

单晓光、姜南、漆苏：《知识产权强国之路知识产权密集型产业研
　究》，上海人民出版社 2016 年版。

单晓光、许春明：《知识产权制度与经济增长：机制·实证·优化》，
　经济科学出版社 2009 年版。

范文、谢准：《知识产权密集型产业的认定及其对经济的贡献综述》，
　《科技促进发展》2017 年第 3 期。

范文：《中美专利密集型产业研究结果及分析》，《专利代理》2017 年
　第 1 期。

葛天慧：《日本"知识产权立国"战略及启示》，《中国发明与专利》
　2010 年第 3 期。

贡光禹：《日本发展高技术产业的政策》，《中国高新技术企业》1997
　年第 3 期。

顾海兵、陈芳芳、孙挺：《美国知识产权密集型产业的特点及对我国

的启示——基于美国商务部的官方报告》，《南京社会科学》2012
年第 11 期。

顾奇志：《从数字看华为：这个"冬天"不太冷》，《中国知识产权
报》2009 年 2 月 13 日。

国家统计局：《知识产权（专利）密集型产业统计分类（2019）》，
2019 年。

国家知识产权局知识产权发展研究中心：《2019 年中国知识产权发展
状况评价报告》，2020 年。

国家知识产权局：《中国知识产权密集型产业报告 2015》，2015 年。

国家知识产权局：《专利密集型产业目录（2016）（试行）》，2016 年。

何荣华：《华为知识产权战略及保护举措》，《安庆师范学院学报》
（社会科学版）2013 年第 3 期。

何之雨：《知识产权：企业的无形资产——华为公司知识产权战略引
发的思考》，《中国知识产权法学研究会·中国知识产权法学研究
会 2015 年年会论文集》，中国知识产权法学研究会：中国人民大学
知识产权学院，2015 年。

华为：《华为创新与知识产权白皮书》（2020 年版），2020 年。

华为：《华为创新与知识产权白皮书》（2019 年版），2019 年。

黄盛：《海尔集团：多元运用专利 打造创新品牌》，《中国知识产权
报》2016 年 11 月 9 日。

姜江：《知识产权强国政策体系中的产业政策研究》，《知识产权》
2015 年第 12 期。

姜南、单晓光、漆苏：《知识产权密集型产业对中国经济的贡献研
究》，《科学学研究》2014 年第 8 期。

姜南、单晓光：《知识产权密集型产业对经济发展的推动作用——
〈知识产权与美国经济：产业聚焦〉报告简评》，《科技与法律》
2012 年第 5 期。

姜南：《专利密集型产业创新效率体系评估研究》，《科学学研究》2014 年第 7 期。

姜南：《专利密集型产业的 R&D 绩效评价研究——基于 DEA-Malmquist 指数法的检验》，《科学学与科学技术管理》2014 年第 3 期。

姜南：《专利密集型产业权利体合作关系的差异研究》，《情报杂志》2016 年第 4 期。

姜南：《自主研发、政府资助政策与产业创新方向——专利密集型产业异质性分析》，《科技进步与对策》2017 年第 3 期。

蒋塱：《我国 IT 产业知识产权保护战略研究》，硕士学位论文，西南交通大学，2008 年。

卡米尔·伊德里斯：《知识产权：推动经济增长的有力工具》，知识产权出版社 2008 年版。

黎文、梅雅妮、周霞：《贸易摩擦、企业附加值和研发投入对知识产权（专利）密集型产业专利申请的影响——基于中国 2013—2018 年上市公司数据的分析》，《科技管理研究》2020 年第 7 期。

李柏洲、王丹：《我国专利密集型产业动态效率测度及时空演化》，《科学学研究》2020 年第 11 期。

李东阳、朱梅：《我国战略性新兴产业全球价值链布局研究——以海尔集团为例》，《中国管理信息化》2018 年第 22 期。

李黎明、陈明媛：《专利密集型产业、专利制度与经济增长》，《中国软科学》2017 年第 4 期。

李黎明：《知识产权密集型产业测算：欧美经验与中国路径》，《科技进步与对策》2016 年第 14 期。

李黎明：《专利密集型产业再认识：一个新分析框架》，《科技进步与对策》2020 年第 16 期。

李黎明：《专利司法保护与产业经济发展的倒 U 型关系——测度与事

实》，《科学学研究》2016 年第 6 期。

李明星等：《知识产权密集型产业专利联盟运营模式创新研究》，《科技进步与对策》2016 年第 22 期。

李明星：《基于品牌创新的企业知识产权战略及其运用研究》，博士学位论文，武汉理工大学，2008 年。

李晓萍、李平、江飞涛：《创新驱动战略中市场作用与政府作为——德国经验及其对我国的启示》，《产经评论》2015 年第 6 期。

刘锋：《美国知识产权政策最新走向及其应对》，硕士学位论文，北京邮电大学，2012 年。

刘林青、谭畅：《中美知识产权密集型产业的竞争性与互补性研究》，《国际经贸探索》2017 年第 4 期。

刘林青、杨理斯、邓艺林：《中美欧知识产权密集型产业比较研究》，《科技管理研究》2020 年第 12 期。

毛昊：《中国专利调查综述：制度实践与研究拓展》，《科学学研究》2016 年第 8 期。

毛昊：《专利密集型产业发展的本土路径》，《电子知识产权》2017 年第 7 期。

钱孟姗：《日本知识产权立国论评介》，《科技与法律》2003 年第 3 期。

钱孟姗：《日本知识产权战略大纲》，《网络法律评论》2004 年第 1 期。

芮明杰：《芮明杰专栏｜美日德政府产业创新政策比较》，搜狐网，2017 年 3 月 23 日，https：//www. sohu. com/a/129965715_466843。

沈慧：《海尔的知识产权经营之道：从"烧钱"到"赚钱"》，《经济日报》2016 年 7 月 4 日。

盛世豪、徐竹青：《知识产权与竞争优势：区域知识产权战略研究》，中国社会科学出版社 2005 年版。

史彬：《关于知识产权滥用的制衡策略研究》，南京工业大学，2006 年。

宋志国、罗婧芝、何莉莉：《从通信行业看知识产权保护》，《山西财经大学学报》2011 年第 S3 期。

孙玮、陈燕、孙全亮：《中国专利密集型制造业及其行业特征的实证分析》，《科技和产业》2016 年第 3 期。

唐小丽、王亚利、高劼：《江苏省知识产权密集型产业统计监测及发展建议》，《中国发明与专利》2018 年第 1 期。

王博雅、蔡翼飞：《创新产业支持政策体系研究》，《宏观经济研究》2018 年第 10 期。

王博雅、蔡翼飞：《知识产权密集型产业支撑现代产业体系建设的优势分析与作用机理研究》，《江苏社会科学》2020 年第 1 期。

王博雅：《知识产权密集型产业国际竞争力问题研究及政策建议》，《知识产权》2019 年第 11 期。

王春博：《浅析华为技术公司知识产权的发展及战略》，《法制博览》2017 年第 10 期。

王磊：《中美专利密集型产业比较分析》，《产业经济评论》2014 年第 4 期。

王黎萤、王佳敏、虞微佳：《区域专利密集型产业创新效率评价及提升路径研究——以浙江省为例》，《科研管理》2017 年第 3 期。

王伦强：《华为公司知识产权战略的启示》，《中外企业家》2011 年第 21 期。

王绍媛：《日本知识产权战略特点与借鉴》，《现代日本经济》2009 年第 6 期。

王维、孟亦菲、石海娥：《创新是企业发展的源动力》，《光彩》2017 年第 10 期。

王喜生等：《陕西专利密集型产业研究》，《西安文理学院学报》（社会科学版）2016 年第 3 期。

吴汉东：《推进供给侧改革需要知识产权发力》，《中国知识产权报》2016 年 5 月 20 日第 8 版。

吴汉东：《知识产权理论的体系化与中国化问题研究》，《法制与社会发展》2014 年第 6 期。

吴汉东：《知识产权战略实施的国际环境与中国场景——纪念中国加入世界贸易组织及〈知识产权协议〉10 周年》，《法学》2012 年第 2 期。

吴卫红等：《美国促进科技成果转化的制度体系解析》，《科技管理研究》2015 年第 14 期。

武昭媛：《中印服务业在全球价值链中的竞争力比较》，硕士学位论文，首都经济贸易大学，2018 年。

谢小可：《信息资源产业对国民经济增长的影响研究》，博士学位论文，北京邮电大学，2013 年。

徐明、姜南：《我国专利密集型产业及其影响因素的实证研究》，《科学学研究》2013 年第 2 期。

徐明、姜南：《专利密集型产业对工业总产值贡献率的实证分析》，《科学学与科学技术管理》2013 年第 4 期。

徐锐：《京东方：改革开放释红利 创新发展促成长》，《上海证券报》2018 年 8 月 28 日。

杨苏：《我国专利制度运行绩效研究》，硕士学位论文，合肥工业大学，2007 年。

杨秀芬：《产学合作推动模式与创新绩效关系研究——以台湾为例》，博士学位论文，吉林大学，2010 年。

杨阳腾：《华为技术有限公司：用知识产权制度保护和促进技术创新》，《经济日报》2010 年 12 月 29 日。

姚锡长、彭艳娟：《我国知识产权政策体系的基本框架及完善对策》，《中外企业家》2011 年第 4 期。

姚远：《日本知识产权文化：制度与观念》，《学术界》2015 年第 1 期。

游寰臻：《京东方深度布局物联网生态圈　创新力成就科技小巨人》，《通信信息报》2018 年 1 月 24 日。

袁茜、吴利华、张平：《我国专利密集型产业绿色全要素生产率测度及收敛性研究》，《科技进步与对策》2020 年第 14 期。

张车伟、赵文、王博雅：《经济转型背景下中国经济增长的新动能分析》，《北京工商大学学报》（社会科学版）2019 年第 3 期。

张航燕：《德国制造的发展经验及启示》，《经济日报》2015 年 11 月 12 日。

张航燕、江飞涛：《"德国制造"的核心竞争力有哪些?》，《理论导报》2015 年第 11 期。

张乐萍、刘君、王紫露：《浙江省专利密集型产业统计监测研究》，《经济研究导刊》2020 年第 13 期。

赵喜仓、刘丹：《美国知识产权密集型产业测度方法研究》，《江苏大学学报》（社会科学版）2013 年第 4 期。

中国新闻出版研究院：《回顾与展望：中国版权产业的经济贡献》，《传媒》2017 年第 15 期。

中国新闻出版研究院：《2019 年中国版权产业经济贡献》，2020 年。

朱承亮、刘瑞明、王宏伟：《专利密集型产业绿色创新绩效评估及提升路径》，《数量经济技术经济研究》2018 年第 4 期。

祝晓莲：《美日两国知识产权战略：比较与启示》，《国际技术经济研究》2002 年第 4 期。

Dougherty D. , " A Practice-centered Model of Organizational Renewal through Product Innovation", *Strategic Management Journal*, 1992, 13 (S1): 77 – 92.

European Patent Office, "Intellectual Property Rights Intensive Industries and Economic Performance in the European Union", 2019 – 09 – 25, ht-

tp：//documents. epo. org/projects/babylon/eponet. nsf/0/9208BDA627
93D113C125847A00500CAA/ $ File/IPR-intensive_industries_and_eco-
nomic_performance_in_the_EU_2019_en. pdf.

European Patent Office, "Intellectual Property Rights Intensive Industries
and Economic Performance in the European Union", 2016 – 10 – 24, ht-
tp：//documents. epo. org/projects/babylon/eponet. nsf/0/419858BEA3
CFDD08C12580560035B7B0/ $ File/ipr_intensive_industries_report_en. pdf.

European Patent Office, "Intellectual Property Rights Intensive Industries：
Contribution to Economic Performance and Employment in the European
Union", 2013 – 09 – 30, http：//documents. epo. org/projects/babylon/
eponet. nsf/0/8E1E34349D4546C3C1257BF300343D8B/ $ File/ip_ inten-
sive_industries_en. pdf.

Fink C. , Maskus K. E. , *Intellectual Property and Development：Lessons from
Recent Research*, 1999, Washington D. C：Oxford University Press.

Gantchev D. , "The WIPO Guide on Surveying the Economic Contribution of
the Copyright Industries", *Review of Economic Research on Copyright Is-
sues*, 2004, 1（1）：5 – 15.

Ginarte J. C. , Park W. G. , "Determinants of Patent Rights：A Cross-national
Study", *Research Policy*, 1997, 26（3）：283 – 301.

Gould D. M. , Gruben W. C. , "The Role of Intellectual Property Rights in
Economic Growth", *Journal of Development Economics*, 1996, 48：323 – 350.

Grossmann V. , Steger T. M. , "Anti-competitive Conduct, In-house R&D,
and Growth", *European Economic Review*, 2008, 52（6）：987 – 1008.

Haskel J. , Westlake S. , *Capitalism Withart Capital*, 2017, Princeton：
Princeton University Press.

Hu A. G. Z. , Png I. P. L. , "Patent Rights and Economic Growth：Evi-
dence from Cross-country Panels of Manufacturing Industries", *Oxford*

Economic Papers, 2013, 65 (3): 675 – 698.

Machlup F. , *The Production and Distribution of Knowledge in the United States*, Princeton University Press, 1962.

Mansfield E. , "Patents and Innovation: An Empirical Study", *Management Science*, 1986, 32 (2): 173 – 181.

Merges R. P. , Nelson R. R. , "On the Complex Economics of Patent Scope", *Columbia Law Review*, 1990, 90 (4): 839 – 916.

Nelson R. R. , *An Evolutionary Theory of Economic Change*, Harvard University Press, 1985.

Pham N. D. , "The Impact of Innovation and the Role of Intellectual Property Rights on U. S. Productivity, Competitiveness, Jobs, Wages, and Exports", 2010 – 04 – 01, https: //static1. squarespace. com/static/52850a5ce4b068394a270176/t/52d85e2ce4b01b5207ec865d/1389911596028/NDP_IP_Jobs_Study_Hi_Res. pdf.

Romer P. M. , "Increasing Returns and Long-run Growth", *Journal of Political Economy*, 1986, 94 (5): 1002 – 1037.

Siwek S. E. , *Engines of Growth: Economic Contributions of the US Intellectual Property Industries*, Economists Incorporated, 2005.

United States Patent and Trademark Office, "Intellectual Property and the U. S. Economy: Industries in Focus", 2012 – 04 – 13, https: //www. uspto. gov/sites/default/files/news/publications/IP_ Report_ March_ 2012. pdf.

United States Patent and Trademark Office, "Intellectual Property and the U. S. Economy: 2016 Update", 2016 – 10 – 26, https: //www. uspto. gov/sites/default/files/documents/IPandtheUSEconomySept2016. pdf.